舵手证券图书
www.zqbooks.com

知浪领航财富人生
舵手俱乐部 www.duoshou108.com

如何建立高胜算交易系统

【美】安东尼·特龙戈内 著

彭清华 译

山西出版传媒集团
山西人民出版社

图书在版编目(CIP)数据

如何建立高胜算交易系统 /（美）安东尼·特龙戈内著；彭清华译.—太原：山西人民出版社，2018.4
ISBN 978-7-203-10129-1

Ⅰ.①如… Ⅱ.①安… ②彭… Ⅲ.①金融交易—教材 Ⅳ.①F830.9

中国版本图书馆 CIP 数据核字（2017）第 230823 号
著作权合同登记号　图字：04-2013-048

如何建立高胜算交易系统

著　　者：	（美）安东尼·特龙戈内
译　　者：	彭清华
责任编辑：	秦继华
复　　审：	赵虹霞
终　　审：	员荣亮
出 版 者：	山西出版传媒集团·山西人民出版社
地　　址：	太原市建设南路 21 号
邮　　编：	030012
发行营销：	0351-4922220　4955996　4956039　4922127（传真）
天猫官网：	http://sxrmcbs.tmall.com　电话：0351-4922159
E-mail　：	sxskcb@163.com　发行部
	sxskcb@126.com　总编室
网　　址：	www.sxskcb.com
经 销 者：	山西出版传媒集团·山西人民出版社
承 印 者：	大厂回族自治县德诚印务有限公司
用纸规格：	710mm×1000mm
印　　张：	20
字　　数：	316 千字
印　　数：	1-5100 册
版　　次：	2018 年 5 月　第 1 版
印　　次：	2018 年 5 月　第 1 次印刷
书　　号：	978-7-203-10129-1
定　　价：	88.00 元

如有印装质量问题请与本社联系调换

"舵手证券图书" 开篇序

20世纪末，随着中国证券投资市场的兴起，我们怀揣梦想与激情，开创了"舵手证券图书"品牌，为中国投资者分享最有价值的投资思想与技术。

世界经济风云变幻，资本市场牛熊交替，我们始终秉承"一流作者创一流作品"的方针，与约翰威立、培生教育、麦格劳-希尔、哈里曼、哈珀柯林斯等世界著名出版机构合作，引进了一批畅销全球的金融投资著作，涵盖了股票、期货、外汇、基金等主要投资领域。

时光荏苒，初心不改，我们将一如既往地与您分享专业而丰富的投资类作品。我们以书会友，与天南海北的读者成为朋友，收获了信任、支持。许许多多投资者成为我们的老师、知己，给予我们真诚的赞许、批评、建议。更有一些资深人士由此成为我们的编辑、翻译、评审，这一切我们感念于心。

我们希望与每位投资者走得更近，希望在"知识领航财富人生"理念指引下，打造综合型投资交易学习社交平台——"舵手汇"（www.duoshou108.com），通过即时动态、视频直播、有声读书、电子图书、在线聊天、知识问答、活动报名、读书会、打赏提现等多项功能，服务会员的读书分享、实战交流以及知识变现。"舵手汇"不定期邀请作者、嘉宾与会员对话，为读者答疑解惑，分享最新交易技术与理念。在这里，您可以与华尔街投资大师亲密接触；在这里，您可以与全国最聪明的投资者交流切磋；在这里，您可以体验全球最新最全的投资技术课程。这里，必将因为有您而精彩！

前 言

有些投资者简单地认为成功没有捷径，他们需要好好读读这本书。大多数投资类图书都许诺能让阅读者获利，事实却并非如此。没有投资者愿意不断寻找没有定数的赚钱方式。投资者应设法提升自己的交易技能。提升技能该从何入手呢？提升交易技能并不是花钱再购买一本投资类图书，而是要避免进入另一条死胡同。

有的投资者认为"找到完美的系统就能掌控股市"，那不过是自欺欺人——就如同相信"只要找到完美的作画景色就能成为风景画家"一样。

本书不是让你拥有完美的系统。在本书中，你将学到如何制定适用于当前交易环境的有效策略。虽然系统可能在一段时间内表现良好，但是系统所带来的成功通常都是短暂的。一旦交易系统表现不佳，不要担心，只要你使用从本书中学到的交易方式，持续的成功便指日可待了。

根据概率做决策

大多数市场人士赞同根据概率做决策，但问题是怎样进行概率分析？对许多个人投资者而言，交易期间本就事务繁多，要再进行统计分析可谓难上加难。

考虑到数字运算会让有些人头痛不已，本书中没有烦琐的计算，只对概率、平均回报率等进行高效的分析，书中还有用于记录你所学知识顺序的效能图表。

为了直接有效地实现上述目标，本书逐步举例，清晰地展示出如何使用 Excel 函数。使用 Excel 评估函数有以下优点：你不需要进行计算工作，不用求解一些费力的方程式，只要输入的公式正确，就能立即得出答案。

有了 Excel，分析过程就不再让人生畏，最令人欣慰的一点在于，你无须花钱再购买其他昂贵的应用。

用本书来完善你现有的程序

许多交易者都会使用最新的电子交易程序，有的交易者甚至有 100 多种技术指标，但是大多数交易者用到的技术指标其实很少。大部分指标得出的结果都相差无几，因为它们要么根据动量进行分析，要么使用区间交易形式进行分析，但是它们都忽略了一个重要方面：不能对当前市场状况进行统计分析。

例如，股市在开盘后的半小时交易非常活跃，随后人气减少 60%，股市回归正常。在这种情况下，你会在 10 点至收盘期间做多吗？大部分交易程序都不能进行概率和综合统计分析，也不能制作出在具体交易情况下的过往表现示意图。

制图程序无法进行统计分析，使用 Excel 函数却能快速得出这些信息，而且其他指标进行预测时关注的是单一变量，因此其预测具有局限性。本书中的大部分研究都采用累乘法。例如，移动平均值可能给出做多信号，但是它给出的买入信号是在变强还是在变弱呢？这时，系统应该把交易量等其他变量也纳入考虑范围。

每个指标本身都有其作用，但综合更多的变量，可以得出更准确的分析结果。

本书可以弥补其他交易程序的不足之处。将 Excel 与已有交易平台结合使用，能提升投资者对当前市场状况的分析能力。本书中的预测程序可以让你更灵活地研究市场动态，是更强大的武器。

大部分交易书籍对每一步操作都有严格控制，但是本书不同，你将能自主进行自己的交易决策。当然本书也对该做什么和不该做什么进行指示和讨论，它的可贵之处在于，你能够发挥自己的聪明才智来建立最适合自己的交易系统。有时你会因为事务繁忙和日常需求而不能遵守系统的指示，而如果交易系统和你的风险承受能力、交易经验、性情脾气不能相辅相成的话，即使是最好交易系统的表现，也不能得到保证。

你总要借助某些材料来开始进行自己的分析。本书将教你如何运用Excel评估函数进行分析，如何将所学知识学以致用，以及如何根据自己的决定下单，而不是随意而为。

独辟蹊径的灵活性

想要更有创意地掌控你的交易日吗？许多投资者已经凭借其创造能力击败了市场，却并不满足。柠檬总是可以挤出更多果汁，而你也可以凭借才智获取更多的收益。

坚持使用技术指标能否提高股票或期货交易技能？

使用技术指标不过是在不断重复同样的过程。当股市价格随着国内外经济环境发展趋势而变化时，有的交易者会对股市进行分析，相较之下，使用技术指标并不能提升交易技能。

归根结底，这些技术指标是完全主观的。事实上，技术人员很少就基础达成一致。如果让他们确定一个工具的支撑价，得到的回答很可能各不相同，因为选择的周期不同（例如几秒钟，1分钟，5分钟，10分钟，20分钟，几小时，几天，几周，几个月或者几年），得出的结论就会不同。

本书不承诺能建立百分之百成功的交易系统，这与大部分交易书籍不同。没有交易系统能适用于所有经济环境。你应该监测交易系统的运作，这样，当交易系统表现不佳时就能做出正确的反应，暂时不用它；当系统能够重新预测市场方向时，又可以重新取而用之。

如果你的交易表现能经常超越市场，而交易系统能够把每天的股市行情发送到你的收件箱，你会在意你的收入是否源于购买交易系统吗？我在2011年纽约交易者博览会上问过与会者这个问题，许多与会者认为交易系统太过于机械化，而不认可这种方式——取得的进步微乎其微。

我坚信，在交易中你必须展现自我，不能被交易系统牵着鼻子走，要自己掌控资金，对自己的交易决策负责，这样，你才能接受每个交易日的新挑战——迎接这些挑战会让你离你的成功目标更近。

致　谢

如果没有至亲的他们给予我鼓励和支持，这本书就不会顺利地完成。

首先，我要感谢我的妻子琳达，她是我成功背后最重要的原因。遇到问题时，我会向她寻求帮助，她会与我一起讨论我的想法，帮助我理清思路；更重要的是，她为我减少了周围的干扰因素。琳达是完美的人生伴侣，她不仅才思敏捷，而且浪漫体贴，幽默风趣，并且有着积极正确的人生观。

其次，我要感谢我的女儿萨拉·吉亚，她就读于康奈尔大学，是一名非常优秀的学生，她在她的专业领域表现出众，毫无疑问将来她会有所成就。她是源源不断的快乐的源泉。看着她青涩尽去，变得日益成熟，我的生活也充满了积极的动力。

再次，我要感谢安德烈斯，我的继子，更是我的挚友。他乐于创新，善于将所学知识运用到创新中去。他的求知欲与创新能力相契合，深深激励着我。他不断鞭策自己，激励他人，他在巨大的创造力和快速地成熟中寻求平衡，以期竭尽全力，做到最好。

接下来，我还要感谢我的父母安东尼和菲利斯，他们的慈爱与温情将永远伴随着我。

如果有幸，教育将是一个终身的过程。我为世界各地 5000 多名学生授过课，他们为我带来了宝贵的收获。我心存感激，尤其感谢我最喜欢的学生，同时也是我的好友，艾德娜·杨。

最后，我还要感谢《股票与期货技术分析》的编辑戈帕拉克里什南，他刊登了我的第一篇文章；感谢对我的工作给予了大力支持的迈娜·德尔加多，感谢凯文·卡敏斯以及史蒂文·艾萨克，感谢他们对这本书的支持。

谨以此书献给我亲爱的妻子，琳达

目 录

第 1 章　自主进行交易决策，不要依赖交易系统 ………… 1
第 2 章　根据概率做决策 ………………………………………… 11
第 3 章　表现分析 ………………………………………………… 19
第 4 章　获取表现结果 …………………………………………… 47
第 5 章　监测表现 ………………………………………………… 71
第 6 章　分解股票和期货 ………………………………………… 91
第 7 章　量化风险 ………………………………………………… 115
第 8 章　如何在走势不明的市场中进行交易 ………………… 127
第 9 章　在移动平均值中加入其他变量 ……………………… 147
第 10 章　打破常规，坚持自己的观点 ………………………… 169
第 11 章　限制性交易系统 ……………………………………… 189
第 12 章　确定交易量的变化特征 ……………………………… 209
第 13 章　因变量 ………………………………………………… 233
第 14 章　交叉套期保值策略 …………………………………… 257
第 15 章　制定交易决策 ………………………………………… 289
第 16 章　为成功做好准备 ……………………………………… 303
关于辅助专用网站 ………………………………………………… 307

第1章　自主进行交易决策，不要依赖交易系统

> 情感作用会影响清醒的理智。
>
> ——夏洛克·福尔摩斯

热衷交易的个人投资者都知道，成功源于内在，但是人们真的会努力提高自身能力吗？

在本书中，击败市场的操作性定义是逐渐改善的，也就是说，你每天都要接受股市的挑战，你会逐渐适应盈利与损失之间的不平衡。

你擅长分析图形吗

大多数技术人员声称自己擅长分析图形。图 1-1 展示的 16 只股票有望突破已经持续 340 个交易日（2007 年 10 月 31 日至 2009 年 3 月 9 日）的熊市。通过研究这些图形，你能够从中选出 4 只表现最好和 4 只表现最差的股票吗？

线形图反映了 16 个公司在熊市期间的价格变动。2009 年 3 月 10 日，"这头熊"在奔跑了 340 个交易日后终于蛰伏，牛市重现，股市在接下来的 562 个交易日内一路高歌猛进。你能够通过解读图形信息，具体判断 16 只股票的表现吗？

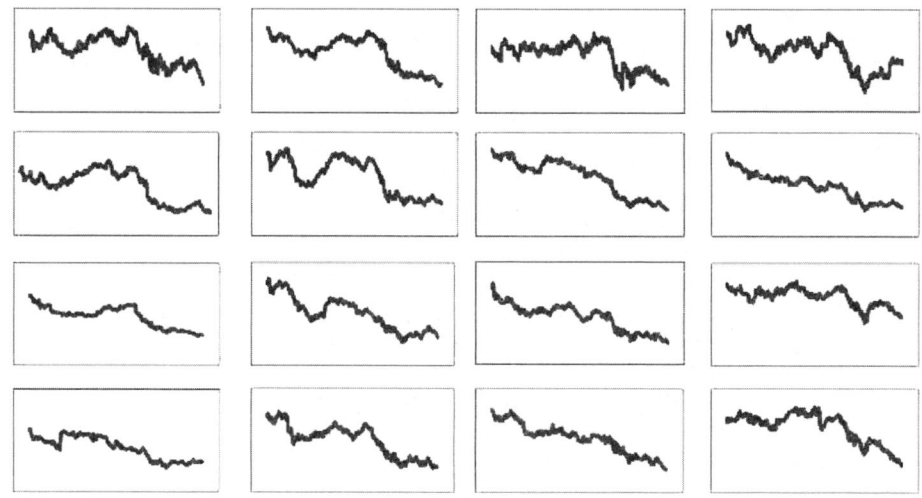

图1-1 有望突破已经持续340天熊市的16只股票的线形图，你能从中选出在接下来两年中表现最好的股票和表现最差的股票吗？

很少有投资者能够正确选出表现最好的股票。如果连表现最好和表现最差的股票都分辨不清，还能自称图表分析师吗？这个练习不是为了测试你目前选股的敏锐感，而是尝试在交易技能没有大的进步的情况下，根据几天甚至几年的过往表现来确定期货的价格模式。

根本问题在于：在这期间，你解读图形的能力能否有实质上的提升，并因此更多地获利？

当心表现不佳的交易策略

有些图表分析师浏览一下K线图就能正确预测出股市走向——这种能力是与生俱来的还是可以通过后天学习逐步获取的？认知心理学家也没有得出统一结论。

我们都想拥有这种超凡的能力，但如果你没有这种能力也不必纠结，因为最糟糕的事情莫过于自欺欺人。

如果从事交易事业多年后你仍然没有掌握这种能力，你还有没有可能在某天学会？我们不确定这种能力是否是会随着年限的增长而不断发展，但如果它真的是通过学习获取的，那这种能力有没有最佳状态？在跑步时，达到最快速度后就不能继续提速了，但在交易中就没有这种限制。

如果你只是想保持，甚至放慢自己的步调，那就必须采取其他方式才能有进一步发展。但是该怎么做呢？显然，不是每个交易系统都能为你带来持续的获利。有些交易系统不适合你的能力、性情脾气或者工作计划。每个人跑步的速度不同，要用更有建设性的系统替代效果不佳的系统，这样可以为你带来更多的获利。

原地跑

如果对某个交易系统的表现不满意，为什么还要继续使用它呢？当股市形势大好时，大部分交易系统的表现都不错。SPDR S&P 500（Standard & Poor's Depositary Receipts，即标准普尔指数存托凭证，又称 Spiders、SPY）自推出以来，1993 年 1 月 29 日至 2011 年 8 月 19 日，在每 40 个交易日中有 21 个交易日的价格上涨。① 在如此稳定的表现下，几乎任何交易系统都能为我们带来 50% 的成功机会，因此交易系统得到持续的正强化；而如果交易系统带来的获利断断续续，我们反而更难以离开它。②

当交易系统收效不佳时，我们会认为是自己运气不好，将不好的表现归咎于外部因素，或者直接归咎于自身；但是，我们仍然相信如果我们继续坚持，努力付出，不久的将来我们就能把系统综合利用起来——我们虽步履维艰，却一意孤行。

我们从来都不能主宰混沌，只能在其中不断进行创造。③ 我们不断进

---

① 在其 4675 个交易日中，SPY 的涨跌平天数为 2458-2166-51。详情请参见附录中 SPY 相关内容。

② 根据操作性条件反射原理，"经过连续性强化的行为的坚持性是最差的，而经过间歇性强化的行为的坚持性是最好的"。C. B. 菲尔斯特及 S. A. 卡伯特森，《行为原理》第三版，新泽西州恩格尔伍德克利夫斯：普伦蒂斯霍尔出版社，1982。

③ 著名存在主义作家西蒙娜·德·波伏娃提出了该观点。参见其著作 The Ethics of Ambiguity（《述模棱两可的道德》）。纽约：斯达德尔出版社，1948。

行微调。虽不能改变系统大体的表现，却能让我们时不时地获利。当遭受亏损时我们努力弥补，我们以这种方式参与市场交易，并且很难抛弃已有的股市交易方式，但是我们必须明白，这样对我们有弊无利，我们应该自己掌控交易——从根据概率做决策开始。

有的程序可谓"武装到了牙齿"，有一大串各种各样的警报和提示，包括每一种指标，这些指标会让你觉得自己一定能获利，但你还是应该明白，并不一定信息越多回报越高。

这些指标虽然会让你的交易工具增色不少，但它们并不一定会带来成功。不断跳出来的买卖信号经常适得其反，让你得出完全错误的结论。模棱两可的指标会让你分心，影响你的分析能力，因此你很可能陷入情绪化交易，从而与成功失之交臂。

你的程序擅长处理数字运算吗？它能不能得出在特定交易条件下的过往表现结果？如果主要市场指数以不足 1 美元的最低价收盘，你的交易程序能不能给出其夜间交易时段表现的统计数据？具体来说，如果你正在交易 SPY（标准普尔指数存托凭证，下同——编者注），你的程序能不能立即得出其在前 300 个交易日的胜率报告、过往表现、异常点列表，并得出满足这些要求的交易日分布图？①

完善你的分析：限制性交易系统

虽然存在上述缺陷，但我并不主张你替换掉你的程序。实际上，你应该继续使用现有的技术指标，但要用我的统计法来完善你的分析。

数字运算

下面是一个 10 年的交易情况分析表，包括夜间交易时段（OVS）分析和日间交易时段（RTS）分析。你应该在收盘时建立多头头寸，持有一晚，并在次日股市开盘时卖出平仓。相关交易日详细的历史价格可以在主流网站上获取，例如 http://finance.yahoo.com。

---

① 下载历史价格的相关知识请参见附录。

收盘时，SPY 跌至≦0.08 美元的最低价。这时你应该采取什么应对措施？如果已知此价格是该交易日的最低价格，你的交易程序能不能分析出夜间交易时段的表现？

表 1-1　夜间交易时段情况

日期	开盘价	最高价	最低价	收盘价	成交量
2011 年 6 月 16 日	127.06	127.97	126.32	127.30	307830500
2011 年 6 月 15 日	128.24	129.30	126.68	127.02	300958000

夜间交易时段：2011 年 6 月 16 日（开盘价-2011 年 6 月 15 日 1 收盘价）
夜间交易时段：2011 年 6 月 15 日（127.06-127.02）= 0.04

表 1-2　日间交易时段情况

日期	开盘价	最高价	最低价	收盘价	成交量
2011 年 6 月 16 日	127.06	127.97	126.32	127.30	307830500
2011 年 6 月 15 日	128.24	129.30	126.68	127.02	300958000

日间交易时段：2011 年 6 月 16 日（收盘价127.30-开盘价127.06）= 0.24
日间交易时段：2011 年 6 月 15 日（收盘价127.02-开盘价128.24）= -1.22

表 1-1 和 1-2 展示了夜间交易时段和日间交易时段的交易情况。下面我们来看分析结果。

科学工作假说

如果 SPY 收盘价低于 0.08 美元，是当日最低价，那其在夜间交易时段的表现将如何？[1]

交易详情

在这种情况下，我们倾向于在收盘时做多头交易，在次日开盘时卖出平仓。表 1-3 展示了这个策略的表现结果。

---

[1]　第 4 章将讨论为什么在进行价格比较时应该用涨跌幅代替价格变动。

系统得出的胜率为68%，这个示例展示了我们该如何避开对交易者有弊无利的情绪干扰，根据概率进行交易决策。

统计结果

系统对SPY整整10年的交易表现进行分析。2000年12月29日，SPY的收盘价为131.19美元；2010年12月31日，其收盘价为125.75美元。

表1-3从10年中提取7天的表现进行展示，其中有两个交易日（灰色背景）的（收盘价-最低价）之差在0.08美元以内，满足系统要求

日期	开盘价	最高价	最低价	收盘价	成交量	（收盘价-最低价）
2010年12月15日	124.44	124.93	123.89	124.10	160823100	0.21
2010年12月14日	124.75	125.23	124.29	124.67	147249600	0.38
2010年12月13日	125.05	125.20	124.52	124.56	133812600	0.04
2010年12月10日	124.14	124.60	123.73	124.48	117571700	0.75
2010年12月9日	123.97	124.02	123.15	123.76	123705100	0.61
2010年12月8日	122.98	123.38	122.41	123.28	138019200	0.87
2010年12月7日	123.94	124.01	122.76	122.83	206581000	0.07

SPY推出10年后价格出现微跌。交易系统依靠夜间交易时段价格回归，获利119次，亏损55次。虽然交易环境不太理想，但是我们建立的系统也带来了可观的收益。①

系统在175个交易日中产生了22.08美元的收益（平均每日获利0.1262美元）。系统平均每14.37天给出一次交易机会。虽然有时交易机会的时间间隔较长，但耐心通常都会为你带来获利。

上涨天数119

下跌天数55

---

① 在计算胜率时，持平被归为亏损一类。因为就算持平，你也要支付佣金。

走平天数 1
胜率 68.00%
累积获利美元 22.08
平均每天获利美元 0.1262

系统概述

我说这个交易系统是严格的系统，因为它不是每天都给出交易机会。建立系统时，通常你都希望能获得很大的成功机会，反过来说，如果系统失败的概率够高，我们也可以通过反向操作来获利。这个系统的缺陷在于每 14.37 个交易日才给出一次交易机会，但是，以过往的经验来看，你可以多建立几个严格的系统来弥补这一缺陷。①

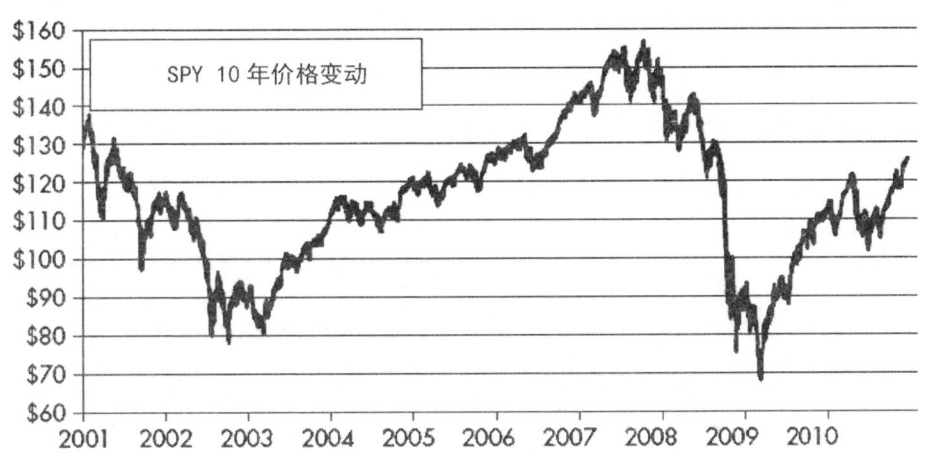

图 1-2　SPY 10 年期间价格变动的示意图，这只基金反映了标普 500 指数中 500 只股票的价格变动，但严重倾向于大市值公司

这 10 年中，金融市场发生过两次大崩溃，图 1-2 的线形图反映了这两次可怕的崩溃。要坚持进行分析，检验系统能否经受暴风雨的洗礼。

SPY 的 10 年价格图中包含了这两次大崩溃，下表展示了系统在两次

---

① 第 11 章将讲述严格的交易系统的相关知识，会包含更多的相关内容。

大崩溃的 885 个交易日中的表现结果。尽管在我们在这 885 个包含了两次大崩溃的交易日中做多，但是最后 36-19-1 的涨、跌、平天数表现不俗，56 个交易日累积获利 8.30 美元。

上涨天数 36

下跌天数 19

走平天数 1

胜率 64.29%

累积获利美元 8.30

平均每天获利美元 0.1482

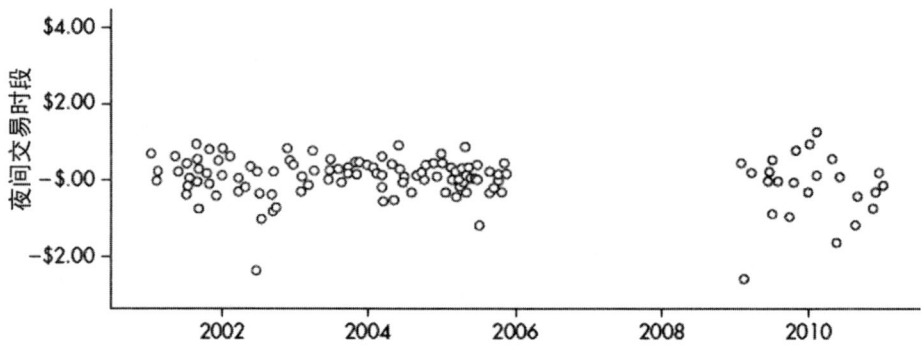

图 1-3　夜间交易时段表现结果：将获利交易日与亏损交易日区分后，远期和近期的表现结果一目了然

出人意料的是，系统在这两次经济衰退期间仍能正常运行。一般来说，在熊市做多或在牛市做空都不能带来获利。虽然违背动量指标，但严格的交易系统仍保持获利也并非不可能。

我们越深入研究，就会发现越多类似的异常点，值得我们关注。

图 1-3 清晰地展示了 10 年间使用了这个交易系统进行的 175 次交易，一个圆圈代表一次交易。

在这 10 年（2001 年至 2010 年）期间，当收盘价接近当日最低价时，做多似乎能让我们获利。

2007年的表现开始出现更多的波动性。注意观察，数值之间的间隔变得更大了，这时，过大的间隔可能意味着未来表现无效化，因此必须重新进行分析。①

改进你的操作，得到更好的结果

我再次强调，本书虽然介绍了许多系统的相关知识，但这些内容不是最重要的，这与大部分投资类图书不同。系统更像漫漫成功路上的指示路标！展开想象，以本书为导航，你才能建立起自己的交易系统，你将变得更自主，更积极。

从认知角度看，最终你在做交易决策时对外部因素的依赖将减少，你会变得更有自信，坚信不管股市情况如何糟糕，你都可以实现获利的交易。

除了全程引导你建立系统之外，本书还会讨论如何制作工作表，如何应用Excel评估函数进行分析，以及如何将你的研究结果学以致用等问题。在这些知识的基础上，我们再来讨论如何根据你的研究结果做出最好的交易决策。

请不断练习，让分析引导你走上正确的道路。只在有明显优势时才能做交易决定。记住，要根据概率来做决策；有时情况可能对你有利，但这并不保证能够成功。几笔交易不能定成败。营造积极的学习环境就成功了一半；为了实现目标，你还必须不断寻找新的获利机会。

有关之前选择16只股票的答案，请参见本书最后的附录。

---

① 第3章会对系统的持续表现进行分析，目的在于检测系统表现是否良好，其表现有无下降。

第 2 章　根据概率做决策

人人生而自由，却无人不在枷锁之中。

——让·雅克·卢梭

系统有限，想象力却无限。超越系统的限制，你才能更好地发掘并利用你的创造力。

大多数系统的交易哲学都忽略了你与生俱来的能力，它们的条条框框不容你发挥自己的创造力，最终会降低你的主动性和积极性。成功和市场的变化息息相关，牛市容易成功，熊市容易失败。如果不能使用与生俱来的能力，你对自己的交易就不会充满信心，最终只能表现平平。

当你抛开传统束缚，每个新的交易日都将是运用你聪明才智的机会。[1] 存在主义者鼓励人要做真实的自己，但是这些严格的交易程序却不这样认为。对系统加以改进会最终让你获益匪浅。[2]

在管理自己的账户时，要对自己的行为负责，这样你才能把挫折当作暂时的障碍。遇到挫折时，要坚信自己能够战胜它。虽然挫折会阻碍你前进，但是如果你能将它视为学习的机会，而不把它当作失败，你很快就能

---

[1] 亚伯拉罕·马斯洛：《动机与人格》（*Motivation and Personality*），纽约：哈珀与罗出版社，1954。

[2] 丹麦哲学家索伦·克尔凯郭尔在其著名的文章中写道："我应该做的是找到对我而言为真的真理。"霍德华·洪及艾德娜·洪合编：《克尔凯郭尔精选集》，新泽西州：Princeton Paperbacks，2002。

够回到正确的道路上来。

投资者必须根据概率进行交易决策。抛硬币出现正反面的机会都是50%，正面朝上的赔率为6∶5（即投注金额为5美元，如果出现正面朝上，你将获得6美元）。如果最低投注金额为500美元，你会下注吗？答案是：不一定！如果只抛一次，我会仔细考虑，但很可能不会下注。

但是如果要抛20次，并且每次的赔率都是6∶5，这样就有机会获利1000美元，这种情况下值得下注吗？

$$600 美元 \times 10 次赢 = 6000 美元$$
$$500 美元 \times 10 次输 = 5000 美元$$

在这种情况下我会下注，这和根据概率做决策的思维相类似。如果概率结果一直对你有利，多进行几次交易你就能够预见市场趋势了。

统计法能不能让你对市场了若指掌？

只要市场在不断变化，我们就会不断面临新的获利模式。只要你对交易有自己的思路和想法，就能建立起无数的交易系统，而这些系统会让你成功的机会大大增加。

数据革命：虚拟运动和误区

当下社会信息源越来越广，用户能够在许多网站上将其数据直接下载到Excel。Excel各类功能强大的统计函数，能为你更好地处理数字运算。数据革命也体现在虚拟运动以及用数据对球员和球队表现进行的衡量中。[①]

统计法能够预测未来，但不能控制未来，它并不是未来的决定因素。

---

① 摘自西蒙·库珀在2011年6月17日《金融时报》上发表的文章《足球的数据革命》，文章开头讲述了探访曼城位于卡灵顿村的训练基地的故事。曼城所有者除花钱雇用球员外，还组建了一个数据分析团队。"尽管大多公众和媒体未有察觉，但球员数据已经开始驱动俱乐部的决策，尤其是在买卖球员的决策方面。在许多俱乐部里，那些身居后台不起眼的统计人员在绘制今夏转会市场的蓝图。"文章中写道："足球正在经历一场数据革命，继美国棒球和篮球之后，用统计法对比赛和球员表现进行分析的模式，正在改变着这项世界第一大运动。"

但是，统计法可以最合理地推测可能发生的事，从而为我们指出正确的方向。进行市场交易时，根据概率做决策也不保证一定能成功。

每当你对市场趋势有强烈预感时，都要对自己预感的准确性进行验证，这一点很重要。如果你的分析结果和科学工作假说一致，你就可以进行交易了。

投资决策有两个结果，获利或亏损，当系统带来的结果不稳定时，你最好先按兵不动。高胜率的决策能为你带来更大的获利机会，但统计法也不是完美的。

统计人员将这个过滤过程比作决策树的分支。我们在心中或纸上列出每个备选方案的表现结果，当某个分支的表现结果具有明显优势时，我们就选择它。

建立起多个系统后，需要通过分析来验证你的科学工作假说：保留那些统计功能较好的系统，舍弃那些表现不佳的系统（参见表2-1）。

针对以下16个数值，你会怎么做？

| 4 | 4 | 3 | 3 | 2 | 2 | 2 | 2 | 1 | 1 | 1 | 1 | -2 | -2 | -6 | -8 |

一般而言，在如此高胜率的情况下我们倾向于做多，但有必要采取一些预防措施。尽管有如此高的胜率，但是仍然存在亏损的可能性。最好弄清楚这几次下跌的原因，有没有什么分析法可以缩小两个异常值的范围？

表2-1 不管这16个数值出现的顺序，你会因为有75%的胜率就开始交易吗

数量 16

和 8

平均值 0.5

上涨 12

下跌 4

胜率 0.75

误 区

根据概率进行交易的方式并不适用于所有投资。例如,如果纳斯达克100科技指数基金(PowerShares QQQ)的100家公司中有50家公司价格上涨。接下来的4年中,大部分公司会有两年收益为正,两年收益为负。第一年负收益的公司反弹的可能性不大,而第一年正收益的公司则很有可能继续保持。

公司的表现和抛硬币不同。公司状况不好时不能保证50%的成功机会,而抛硬币的结果却不会对之后的结果产生影响:不管第一次抛硬币的结果如何,接下来3次的胜率仍然是50%。

各次抛硬币之间没有相关性。但在投资中,之前的价格变动经常会影响之后的表现。例如,如果迷你标普500期货指数合约(E-mini S&P 500, ES)在午夜至09:00期间强势反弹,统计结果会不会倾向于做多?

探索性研究

如果迷你标普500期货指数合约在午夜至09:00期间上涨或下跌1个百分点,其在09:00至15:00期间的交易状况将如何?

如果这一时段的价格情况对09:00至15:00期间的交易没有影响,我们会既不倾向于做多头交易,也不倾向于做空;也就是说,这种情况下的胜率就和空中抛硬币的胜率一样。

我们将迷你标普500期货指数合约在午夜至09:00之间的交易情况分为以下三类来对其进行分析:1. 涨幅>1%;2. 跌幅<1%;3. 介于两者之间。

2007年3月14日,迷你标普500期货指数合约午夜价格为1419.25点;1151个交易日后,其午夜价格为1148.00点,下跌271.25点(合约乘数=每点50美元)。

表 2-2 按照迷你标普 500 期货指数合约在午夜至 09：00 期间的价格跌幅小于 −1%，涨幅大于 1% 以及介于二者之间进行分类，其在 09：00 至 15：00 期间的交易情况

迷你标普 500 期货指数合约 2007 年 3 月 13 日至 2011 年 8 月 26 日	跌幅小于 −1%	涨幅大于 1%	两者之间
交易天数	70	57	1024
累积涨跌	−57.57	−90.50	−124.25
平均每日涨跌	−0.825	−1.588	−0.121
上涨天数	32	24	537
下跌天数	38	33	478
胜率	0.457	0.421	0.529

根据这些信息，我们可以看出这三种情况都不利于做多，而做空则较容易获利。另外，我们要通过分析来寻找三种情况间的差异。如果三种情况都不利，就选择胜率最高的一种情况做空（表 2-2）。

不管怎样，无论迷你标普 500 期货指数合约在午夜至 09：00 期间上涨还是下跌都不能带来正收益。猛涨（涨幅大于 1%）后是做空获利的最佳时机。在涨幅大于 1% 的 57 个交易日（涨跌天数 24-32）中，迷你标普 500 期货指数合约下降了 90.50 点，是做空的良好时机。

午夜至 09：00 期间的跌幅小于 −1% 的情况下，70 个交易日中有 38 个交易日价格下跌，平均每日下跌 0.825 点；因此，迷你标普 500 期货指数合约在午夜至 09：00 期间价格下跌，09：00 之后也未能实现反弹。

有 1024 个交易日的涨跌幅介于 −1% 到 +1% 之间。虽然在这种情况下迷你标普 500 期货指数合约总共下跌了 124.25 点，但是其平均每日下跌的情况并不如前两种情况严重。①

研究总结

上午价格下跌之后下午情况会有所缓和（70 个交易日平均每日下跌

---

① 第 7 章将重点讲解如何降低风险。

0.825点);而上午价格走高下午却下跌更多(57个交易日平均每日下跌1.588点,合约乘数=每点50美元)。隔夜做多迷你标普500期货指数合约的投资者有可能获利,看跌的投资者则倾向于做空。[①]

概率也具有误导性

商业界有时也会发生一些大事件,事件一发生,公司盈利前景堪忧,之前良好的交易环境马上崩溃。表面现象通常会透露出一些蛛丝马迹,我们要通过调查分析来寻找隐藏的线索。当你找到能够带来高胜率的交易模式时,一定要进行验证!

19世纪中期,放血是公认的治疗伤寒的手段,医务界将之视为"有效治疗手段,有时候甚至是主要治疗手段"[②],这种情况一直持续到有人最终将感染伤寒的病人分为两类:一类需要放血,一类只需卧床休息。

同样,在投资领域,不靠谱的推断也大量存在,因此,在确定或否定你对过往表现的认识之前,你的推断都是靠不住的。

在赌场上,获胜概率和实际回报率从来都不对等,例如,双骰子总共有36种可能,掷出两个二点的概率为1/36(1/36 = 0.02778),但是如果投注金额是1美元,获胜的话得32美元(1/32 = 0.03125)。

胜率和回报率的差值就是抽头,即赌场抽取的费用,这也是久赌必输背后的原因。

抽头的计算公式如下:

输		赢	
投注金额	$1	回报	$32
输的次数	35	赢的次数	1
可能性总数	36	可能性总数	36

[①] 安东尼·特龙戈内:《抓住浪潮之巅》,《股票与期货技术分析》2004年第4期。

[②] 罗伯特·D. 鲁道夫:《论风寒的放血疗法》,《医学协会》1914年第2期。

$(-美元 1.00 \times 35/36) + (美元 32 \times 1/36) = -0.97222 + 0.88888 = -0.08333$

总共有 36 种可能出现的结果，投注 1 美元赌掷出两个二点的回报结果 = -美元 0.08333，也就是说每赌一次掷出两个二点赔美元 0.0833。①

大多数市场人士在做交易决策前并不了解成功或失败的概率，因此他们不能正确地计算差值。在本书中，我将展示如何计算单次交易中成功或失败的概率之差。

建立有效的策略

我在《抓住浪潮之巅》一文中论述过建立动态系统的重要性，并着重讨论了如何及时发现潜在的新兴模式。根据分析结果做决策也许不能让你完全避免情绪化交易，但是这确实有助于创造一个更积极的交易环境。

有些读者积极主动一些，有些则不那么积极，但是他们都赞同投资前应该对当前市场情况进行评估，以免让资金遭受不必要的风险。

本书中的交易系统对各个时间段都进行了分析，有些系统可以指导你整个期间的交易，有些系统则关注一天中某个特定的时段，有些系统适用于想在早上进行交易的市场人士（他们也许想在忙碌的一天开始前稍作调整），有些系统则适用于波段交易者，他们倾向于连续数日持有头寸。

当你能够轻松计算出成功与失败的概率之差时，你就能取得不俗的成绩。当分析结果正确的时候，"就顺应趋势，但是大家都会顺应趋势去追求更好的价格，浪潮终会退去。无论如何，在退潮前顺应趋势，对你有利"。②

---

① 安东尼·特龙戈内：《金融与投资的定量分析法》，新加坡，圣智学习出版公司，2008。

② 安东尼·特龙戈内：《抓住浪潮之巅》，《股票与期货技术分析》2004 年第 4 期。

总　结

　　1927 年，人格心理学家卡尔·罗杰斯提出了一种治疗法，这种治疗法与精神分析学大相径庭，他的自我实现原则对人的成长持积极态度，认为成长是一个不断独立自主，即不断对新经历负责的过程。这样来看，获利的一天当然让人高兴，亏损的一天则让人失望。但是如果我们愿意对亏损的这天负责，那它就是一个学习的机会。当我们更加了解自己和投资组合中的工具时，我们就更有可能在将来成为一名优秀的交易者。

第 3 章　表现分析

如果行为总是一成不变，你得到的结果也总会一成不变。

——马克·吐温

本章将讲解如何进行描述性统计，以及如何运用统计结果。随着学习的加深，对统计数据的正确解读，将直接影响交易决策的制定。

有些读者已经非常熟悉如何输入公式以及如何使用快捷键来快速得出答案，这些读者粗略浏览一下这部分内容即可。但是，一定要切实掌握这些统计函数，因为统计函数是建立新策略的基础，也是正确理解统计数据的基础。

收益分析

我们首先来看收益分析。2012 年投资如表 3-1 所示 5 只股票各 1000 美元，3 年后 5 只股票总收益率都是 15%。数据统计如此简单，但是 3 年后 5 只股票的货币总量是否相同？

回顾这 5 只股票的表现，它们 3 年后的收益率都是 15%。但是如果要计算货币总量，你认为哪只股票的收益最高/最低？

出人意料的是，最稳定的股票表现最好，而最不稳定的股票表现最差。BBB 公司股票在 3 年中每年的收益率都是 5%，是表现最好的股票（收益为 1157.63 美元），紧随其后的是 CCC 公司股票，排在第三的是 DDD 公司股票，和前两名差距不大。排在末尾的两只表现最差的股票，是收益率波动最大的股票（表 3-2）。

如果将股票的年收益率顺序倒置，把 2013 年和 2015 年的年收益率互换，会有什么结果？这样会不会改变股票 3 年后的货币总量（见表 3-3）？

表 3-1 5 只股票的年收益率

年份	AAA	BBB	CCC	DDD	XYZ
2012	$ 1000	$ 1000	$ 1000	$ 1000	$ 1000
2013	15%	5%	0%	−5%	−10%
2014	15%	5%	5%	5%	−5%
2015	−15%	5%	10%	15%	30%
总收益率	15%	15%	15%	15%	15%

表 3-2 5 只股票的年收益率及货币总量

年份	投资回报				
	AAA	BBB	CCC	DDD	XYZ
2013	15%	5%	0%	−5%	−10%
2014	15%	5%	5%	5%	−5%
2015	−15%	5%	10%	15%	30%
年份	AAA	BBB	CCC	DDD	XYZ
2013	$ 1150.00	$ 1050.00	$ 1000.00	$ 950.00	$ 900.00
2014	$ 1322.50	$ 1102.50	$ 1050.00	$ 997.50	$ 855.00
2015	$ 1124.13	$ 1157.63	$ 1155.00	$ 1147.13	$ 1111.50

表 3-3 将年收益率倒置后，2015 年的货币总量仍然不变

年份	投资回报				
	AAA	BBB	CCC	DDD	XYZ
2013	−15%	5%	10%	15%	30%
2014	15%	5%	5%	5%	−5%
2015	15%	5%	0%	−5%	−10%
年份	AAA	BBB	CCC	DDD	XYZ
2013	$ 1150.00	$ 1050.00	$ 1000.00	$ 950.00	$ 900.00
2014	$ 1322.50	$ 1102.50	$ 1050.00	$ 997.50	$ 855.00
2015	$ 1124.13	$ 1157.63	$ 1155.00	$ 1147.13	$ 1111.50

第 3 章　表现分析

收益分析的误区

平均值本身是一种很好的分析表现的手段，但有时候它也具有误导性。

黑莓（RIMM）公司是一家手机制造商，因为面临的市场竞争日益激烈，其股票不断下跌。黑莓的股票在 2009 年 3 月 17 日至 2011 年 8 月 2 日的 600 个交易日中，每天下跌 0.03 美元。情况一目了然。但是如果将交易日分为两个时段，你就能更好地了解黑莓公司的表现。在这 600 个交易日中，黑莓公司股票在夜间交易时段（OVS）平均每天上涨 0.075 美元，但在正常交易时段（RTS）平均每天下跌 0.105 美元。这个补充信息改变了我们对平均每天下跌 0.03 美元的认识。

很多时候平均值在交易中都举足轻重。图 3-1 的点状图虚拟了几家公司，这几家公司的表现收益各不相同。从虚拟情况可以看出，平均值并不能准确反映出这 22 个数值。

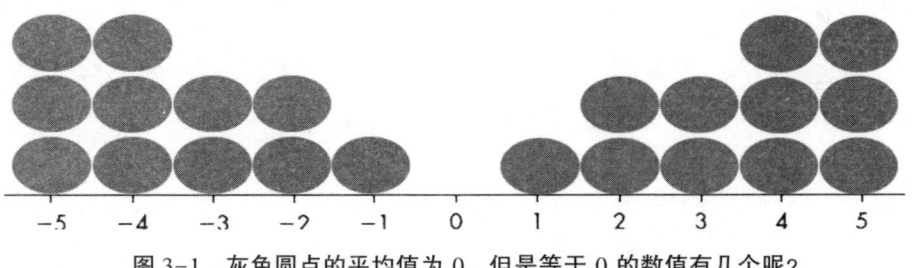

图 3-1　灰色圆点的平均值为 0，但是等于 0 的数值有几个呢？

虽然两只股票的平均值相同，但是目前价格正处于上升阶段的股票会更受青睐。图 3-2 展示的两只股票走势不同，但平均值相同。选哪只股票更好呢？

图中两家公司该年的平均值相同，顺势投资者倾向于选择价格上涨的股票，而不选择价格下跌的股票。股票价格的先后顺序是计算平均值时要考虑的另一个因素。虽然两只股票平均值相同，但时间越往后，其价格差越大。

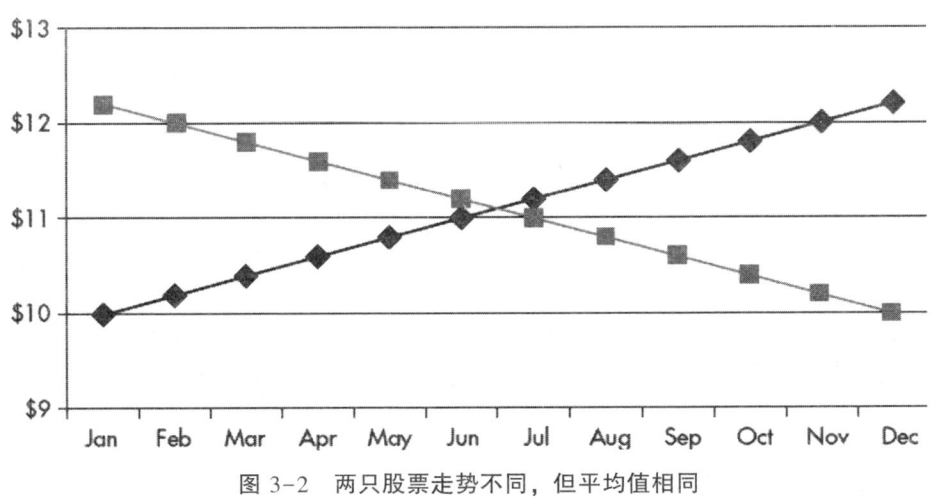

图 3-2 两只股票走势不同，但平均值相同

因为存在异常值，用平均值来分析收益的方式本身就存在问题。当数值与平均值相差巨大时，普遍存在这个问题。异常值可能让平均值变大（正的异常值），也有可能让其变小（负的异常值）。例如，8 个连续交易日每天的价格变动为 1、1、2、2、3、3、4 和 24。

有几个交易日的价格变动值高于平均值？

解读平均值时要谨慎，对整个情况进行综合分析后再下结论。仔细观察异常值是如何偏离平均值的。当出现异常值时，预测市场趋势就更加困难。

什么时候应该用涨跌幅来反映价格变动

一般情况下，价格变动能让我们很好地了解市场情况。但是在比较一段时间的价格变动时，尤其是当最高价与最低价的价格差（差价范围）在扩大时，价格变动就不够用了。例如，如果 10 美元的股票价格变为 20 美元，0.25 美元的每日价格变动的意义就不同了。

4 只股票的价格变动都是 2 美元，但是价格变动并不能准确地反映出涨幅（表3-4）。

表 3-4 4 只股票的年价格变动情况

股票	AAA	BBB	CCC	XYZ
2013	$10	$20	$50	$100
2014	$12	$22	$52	$102

AAA 股票涨幅的计算方式如下：

(12-10) /10 = 0.20

研究期间这些数值通常都会变动，因此在计算价格变动时，可以将其转换成涨跌幅，以保持价格变动的一致性（表 3-5）。

表 3-5 当工具的价格变动较大时，涨跌幅能够更准确地反映出表现的变动

股票	2013	2014	价格变动	涨跌幅
AAA	10	12	$2	20%
BBB	20	24	$4	20%
CCC	40	48	$8	20%
DDD	60	72	$12	20%
EEE	80	96	$16	20%
XYZ	100	120	$20	20%

每日价格变动非常小，需要精确到小数点后四位来表示。这样表示起来很不方便，因此我们将涨跌幅乘以 100 来表示。

股票价格 = $120

价格变动 = $0.20

涨跌幅 = 0.0017

涨跌幅乘以 100 = 0.1667

涨跌幅计算公式 = (0.20/120) × 100

当股票大幅上涨时，使用涨跌幅效果更好。网飞（Netflix）是一个典型的例子。网飞公司是一家在线影片租赁提供商，当它能快速提供最新影片下载时，其股票更受欢迎。网飞在 2009 年 6 月 1 日的股票价格是 39.73 美元，2011 年 7 月 13 日其股票价格飙升至 304.79 美元，然而 2011 年 10 月 25 日其股票价格又跌至 63.86 美元——在这种价格变动剧烈的情况下，有必要采用涨跌幅来进行分析。

异常值

负的异常值最能引发投资者的恐惧，做多的投资者害怕下跌时遭受亏损，不做多的投资者又担心在市场强势上涨带来获利时不能参与其中。

得出异常值之前，我们必须先计算连续一段交易日的价格变动（图3-3）。

	A	B	C	D
1	GLD	close	price change	equation
2	9/26/2011	157.58	-2.22	=B2-B3
3	9/23/2011	159.80	-9.25	=B3-B4
4	9/22/2011	169.05	-4.54	=B4-B5
5	9/21/2011	173.59	-2.19	=B5-B6
6	9/20/2011	175.78	2.47	=B6-B7
7	9/19/2011	173.31		

图 3-3　6 个交易日的价格变动及其计算公式

公式计算的是黄金信托基金（SPDR Gold Shares，代码：GLD）5 天的每日价格变动——显然，这只基金正在下跌。

"C2" = B2 – B3

"C3" = B3 – B4

"C4" = B4 – B5

"C5" = B5 – B6

"C6" = B6 – B7

我们使用 =LARGE 函数得出最大的正异常值，使用 =SMALL 函数得出最小的负异常值。

统计函数

打开函数参数对话框，然后只需要输入 = 符号、函数及左括号，就能插入信息。在上面的例子中，只要你点击 fx 符号打开如图 3-4 所示对话框，输入 = LARGE（即可。

如果你喜欢自己输入公式，那么公式 A1：A5，1 可以得出最大值，公式 A1：A5，2 可以得出第二大值，公式 A1：A5，3 可以得出第三大值，公式 A1：A5，4 可以得出第四大值，公式 A1：A5，5 得可以出第五大值（见图 3-5）。

图 3-6 展示了如何输入公式：

=LARGE（A1：A51）将得出最大值 = 18。

图 3-4 插入函数

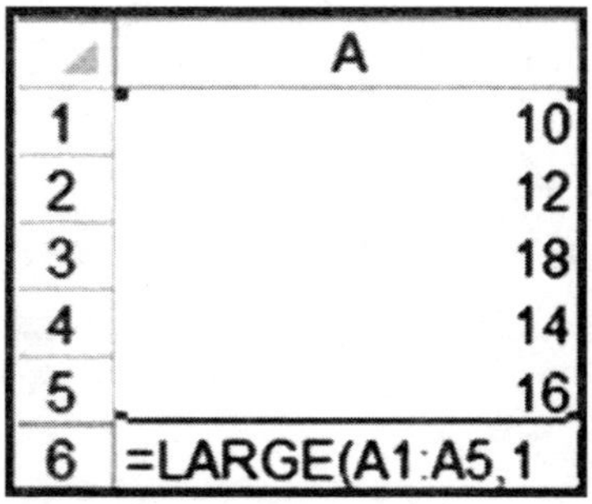

图 3-5 输入公式，这个函数的取值范围是 A1 至 A5，返回的是第 1 大的数值

图3-6 打开对话框,输入 = 符号、函数及左括号,fx 中的"LARGE"选项可以打开这个对话框

中间值

中间值和平均值都可以反映出数据的分布情况。中间值的计算方法非常简单,将数据排序后,位于序列中间的数就是中间值。

比如下面 7 个数,去掉前 3 个最大值和 3 个最小值,剩下的就是中间值。

原始数值	2	9	7	3	5	8	1

如果每日价格变动的中间值是 0.05 美元,那就是说有一半的每日价格变动低于 0.05 美元,一半的每日价格变动高于 0.05 美元。

当数值的个数为偶数时,会剩下两个数,中间值就等于这两个数的平均值。

原始数值	3	12	8	3	4	11	1	6

有异常值时中间值是非常有用的统计数据。数值不对等分布时会出现倾斜,也就是统计术语中所说的偏度。下面这个例子中,30 和 32 会导致不平衡,呈现正偏度。

−2	5	32	−3	−5	3	30

在两个负异常值的影响下,该组数据呈现负偏度。下面这组数据的平均值为负(−5),但中间值为正(+2)。

2	5	−24	3	−5	4	−20

使用中间值有什么好处呢?

网飞公司 2009 年 9 月 8 日至 2011 年 8 月 31 日的 500 个交易日平均每日价格上涨 0.387 美元,中间值是 0.19 美元。从中间值我们可以立即看出最好表现和最差表现之间的差值。将网飞公司 25 个表现最好和表现最差的交易日求和,得出 37 美元的绝对差。表现最好的 25 个交易日带来 310 美元的获利,而表现最差的 25 个交易日亏损 273 美元。条形图(图 3-7)清楚地反映出了这两组数据之间的差值和异常值。

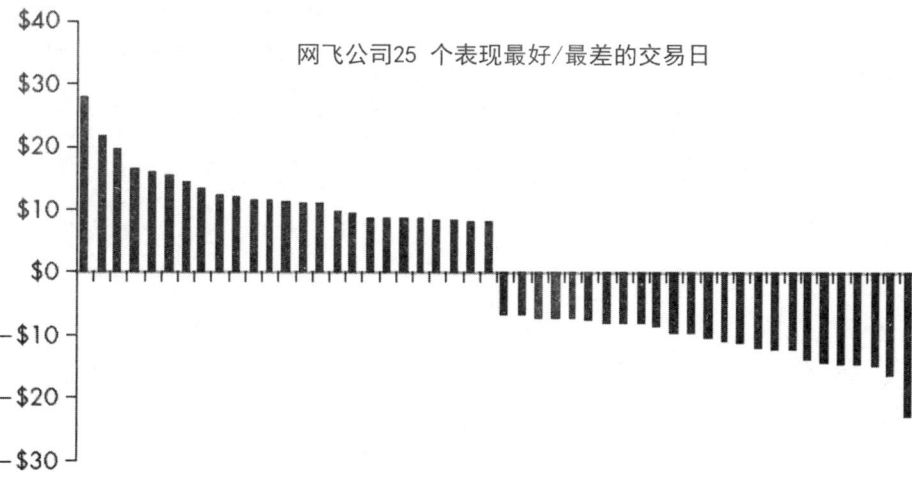

图 3-7　网飞公司:根据每日价格变动得出 25 个表现最好/最差的交易日

风险是一个不确定因素

对比图形象地展示了两组数据之间的差值,这个统计不是静态的,因为价格可能突然发生变化,特别是那些价格暴跌的股票。例如,网飞公司

2011年7月13日的价格超过300美元,之后在收盘后交易中猛跌,2011年10月25日其开盘价跌至 $74.90。在这110个交易日(2011年7月13日至10月15日)中,有51个交易日跌幅超过一个百分点,尤其是在公布了严峻的收入形势之后其股价下跌了43.94美元(图3-8)。

风险从来都不能被完全量化,只能下工夫预防。图3-8就是个现实的例子,尤其是一个长期稳定上涨的公司遭遇强劲的逆风时,结果可能是灾难性的。

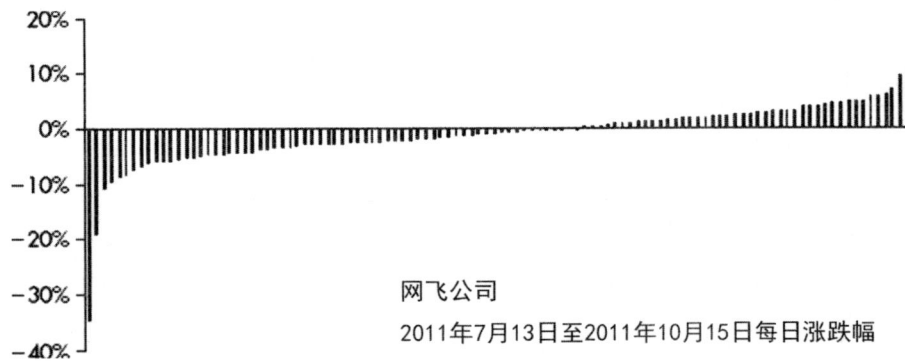

图 3-8 网飞公司股价在至110个交易日中猛跌:从2011年7月13日的304.79美元跌至2011年10月15日的69.72美元

四分位数

把所有数值由小到大排列并分成四等份,处于三个分割点位置的数就是四分位数。

=QUARTILE(RANGE1)= 第25%的数
=QUARTILE(RANGE2)= 第50%的数 =MEDIAN(RANGE)
=QUARTILE(RANGE3)= 第75%的数

百分位数

虽然四分位数也很有用,但它并不能最好地反映异常值,百分位数函数则可以量化异常值。这个函数尤其适合规避风险的投资者,他们对所投资股票下跌的可能性非常关注。

我们可以通过查看工具过去的表现,来得出其第 5、第 10、第 20 个百分位数或任何点的百分位数。以此前提到的网飞公司为例,其股价在 500 个交易日中(2009 年 9 月 8 日至 2011 年 8 月 31 日)上涨 193.53 美元,但这其中仍然有下跌的时候,虽然其总体趋势上行,但是其在表现最差的 25 个交易日中累积下跌 273.58 美元。

我们必然想减轻这些下跌的糟糕影响,但在这之前,量化交易工具的下跌趋势很有必要——百分位函数能将不确定因素变得清楚明白。

表 3-6 根据涨跌幅列出了表现最差的 25 个交易日。

表 3-6 网飞公司按涨跌幅排名的 25 个表现最差的交易日

排名	跌幅(%)
1	-13.448
2	-9.044
3	-8.590
4	-6.355
5	-6.064
6	-6.001
7	-5.906
8	-5.877
9	-5.762
10	-5.639
11	-5.564

12	-5.504
13	-5.473
14	-5.467
15	-5.193
16	-4.964
17	-4.693
18	-4.625
19	-4.429
20	-4.366
21	-4.139
22	-4.121
23	-4.081
24	-4.060
25	-4.054

百分位数能够系统化管理过去的表现，但这个指标也并不绝对正确（见表3-7）。价格不稳定的公司经常出现大的价格变动，因此，用过去表现来确定异常值的效果也不理想。

表3-7 百分位数函数得出的结果与25个表现最差交易日的结果相差无几，每个百分位数函数都能够很好地反映实际值，第3个百分位数为-5.468，实际值为-5.193（排名倒数15的交易日），这是相差最大的一组数据

百分位数		实际值
1%	-6.002	-6.064
2%	-5.639	-5.639
3%	-5.468	-5.193
4%	-4.562	-4.366
5%	-4.121	-4.054

对比两个百分位数函数

大部分统计人员会将价格上涨/下跌最大的交易日做成一个列表，使用百分位数函数可以发现其他的可能性。表 3-8 是针对相同的 21 个数值，使用 Excel 中两个不同的百分位数函数得出的不同结果。

-10	-3	4
-10	-2	5
-8	-1	6
-7	0	7
-6	1	8
-5	2	9
-4	3	10

=PERCENTILE.EXC 函数得出的结果能更真实地反应极端值。

用-10（灰色背景）代替倒数第二小数值-9 时，=PERCENTILE 得出的结果不变，而=PERCENTILE.EXC 的第 10 百分位数从-8.80 变成了-9.60，更准确地反映了负数变大的调整；所以，=PERCENTILE.EXC 函数能更准确地反映极端值（参见表 3-9）。①

表 3-8 对比 Excel 中两个百分位数函数得出的不同结果

-10	-3	4
-10	-2	5
-8	-1	6
-7	0	7

---

① 注意，改变倒数第二小数值后，第 20 百分位数和第 30 百分位数并没有受影响。

-6	1	8
-5	2	9
-4	3	10
百分位数	=PERCENTILE	=PERCENTILE.EXC
10%	-8	-8.8
20%	-6	-6.6
30%	-4	-4.4
40%	-2	-2.2
50%	0	0
60%	2	2.2
70%	4	4.4
80%	6	6.6
90%	8	8.8

表 3-9 改变了倒数第二小的数值后，第 10 百分位数没有反映出这一改变，而 =PERCENTILE.EXC 函数结果反映出了这一改变。

百分位数	=PERCENTILE	=PERCENTILE
10%	-8.00	-9.60
20%	-6.00	-6.60
30%	-4.00	-4.40

相关性

接下来我们将讨论不同工具间的相关性。实行交叉套期保值策略时需要分析相关性。

你认为以下两家公司的股票有什么相关性：图 3-9 中，星巴克（黑

第 3 章 表现分析

线）属于非消费必需品公司，而好市多（灰线）属于必须消费品公司。①

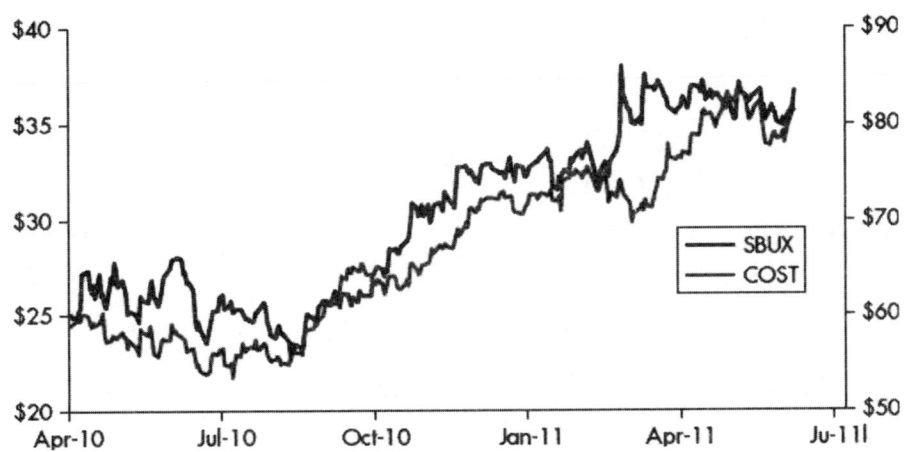

图 3-9 除 2011 年春两只股票走势相背离之外，其他时候两只股票走势一致，两只股票在这 300 个交易中都有大幅上涨，2011 年 6 月 21 日，星巴克股价收于 $36.73，好市多股价收于 $81.39

图 3-10 填入两个工具的取值范围

（图中英文译为：星巴克取值范围 / 好市多取值范围）

= CORREL（SBUX，COST）

根据两个工具收盘价计算得出的相关系数 r = 0.944（参见图 3-10）。

根据连续交易日的价格变动计算得出的相关系数则降至 0.4096。

$$价格变动 = （收盘价_0 - 收盘价_1）$$

这个对比的意义重大。两种方法反映的两只股票间的相关性完全不同。出现这种情况的原因之一，是工具连续两个交易日的收盘价非常接

---

① 基金持股：QQQ，Invesco Powershares 资产管理有限公司，www.invescopowershares.com/products/holdings.aspx？ticker=QQQ。

近，这会导致得出的相关性虚高，而用连续交易日的价格变动来分析，可以避免这个缺陷。

你认为根据收盘价计算，这两家公司与 SPY（标准普尔指数存托凭证，下同——编者注）在这 300 个交易日中的相关性有多大？

=CORREL（SBUX SPY）r = 0.933

=CORREL（COST SPY）r = 0.941

相较于以上结果，根据收盘价格变动计算，这两家公司与 SPY 在这 300 个交易日中的相关性有所降低。

=CORREL（SBUX SPY）r = 0.583

=CORREL（COST SPY）r = 0.564

相关性基础知识

许多媒体专家动不动就抛出相关系数值，虽然相关系数有很大的实用价值，但是正如你从上面的讨论中所见，两个变量间系数的计算通常都有误。

当两个变量的走势一致时，得出的相关系数为正；反之，如果走势相反，得出的相关系数则为负。

相关系数取值范围为 −1.00 到 +1.00。

表 3-10 展示的是 3 个独立的表格，每个表格包含了两个变量的五组数据。

=CORREL（B2：B6，C2：C6）

两个变量的排序方式相同时（降序）得出的相关系数为正相关（r = 1.00）。当 ABC 为降序排列、XYZ 为升序排列时，得出的相关系数为负相关（r = −1.00）。将 XYZ 变量的值由 1、2、3、4、5 变为 5、1、2、3、4 时，两个变量间没有相关性（见表 3-10）。

表 3-11 的两个变量间的相关系数 r = 0.800，这表明两个变量间有很强的相关性（见图 3-11）。

=CORREL（B2：B13，C2：C13）= 0.800

与下降趋势线相对应,如果两个工具间有较大的正相关性,并且在较早的月份价格较低(见表 3-12),这种情况下的趋势线为上升趋势线(见图 3-12)。①

在表 3-13 中将 XYZ 的值倒序出现(1 月与 12 月,2 月与 11 月,3 月与 10 月,4 月与 9 月,5 月与 8 月,6 月与 7 月互换),则两个变量呈负相关(见图 3-13)。将之与表 3-14 和图 3-14 的情况相对比,两组数据得出的相关系数相同($r = -0.857$)。

计算两只股票的相关性时,尤其是两只属于同一板块时,经常会得出正的相关系数。表 3-15 的两个变量间没有太大的相关性($r = -0.004$),两只股票的大体走势不同(图 3-15)。

表 3-10 三个相关系数计算中,ABC 变量保持不变,调整 XYZ 变量的顺序后得出的相关系数为完全正相关、完全负相关以及完全不相关

	A	B	C		A	B	C		A	B	C
1	月份	ABC	XYZ	1	月份	ABC	XYZ	1	月份	ABC	XYZ
2	1月	9	5	2	1月	9	1	2	1月	9	5
3	2月	7	4	3	2月	7	2	3	2月	7	1
4	3月	5	3	4	3月	5	3	4	3月	5	2
5	4月	3	2	5	4月	3	4	5	4月	3	3
6	5月	1	1	6	5月	1	5	6	5月	1	4
	r = 1.00				r = -1.00				r = 0.00		

---

① 如何画趋势线的相关知识请参见附录。

表 3-11 两个变量的排序比较相似（两个变量的最大值对应最大值，最小值对应最小值），因此得出的相关性很高

	A	B	C
1	月份	ABC	XYZ
2	1月	12	10
3	2月	11	9
4	3月	8	7
5	4月	10	10
6	5月	6	9
7	6月	8	8
8	7月	4	6
9	8月	8	5
10	9月	3	4
11	10月	6	3
12	11月	2	2
13	12月	4	1

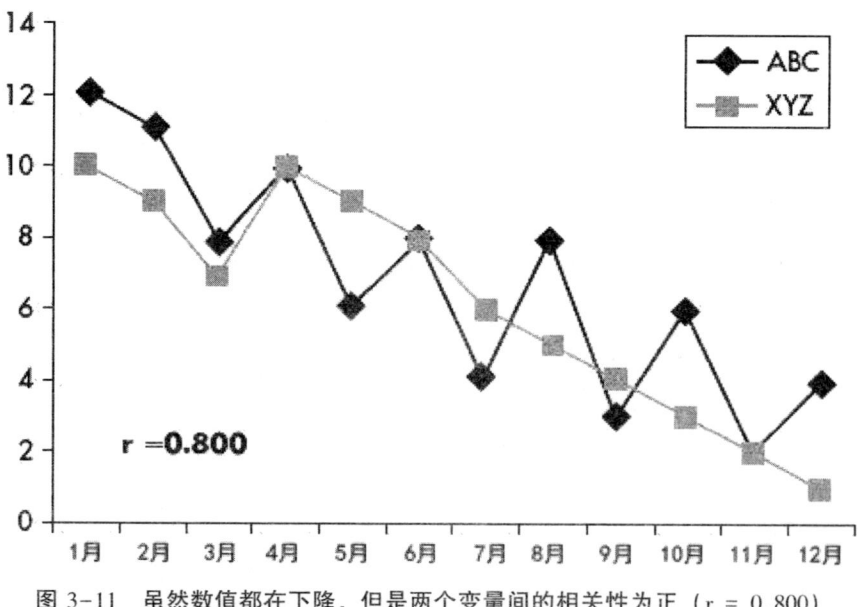

图 3-11 虽然数值都在下降，但是两个变量间的相关性为正（r = 0.800）

表 3-12 将两个变量的数值倒序（1 月与 12 月，2 月与 11 月，3 月与 10 月……），数值呈上升趋势，但是得出的相关系数仍然相同

月份	ABC	XYZ
1 月	4	1
2 月	2	2
3 月	6	3
4 月	3	4
5 月	8	5
6 月	4	6
7 月	8	8
8 月	6	9
9 月	10	10
10 月	8	7
11 月	11	9
12 月	12	10

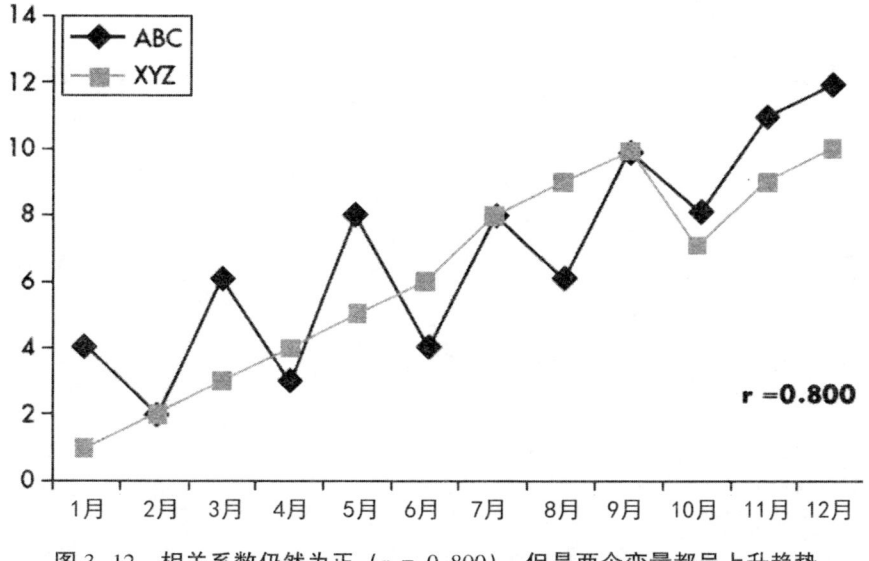

图 3-12 相关系数仍然为正（r = 0.800），但是两个变量都呈上升趋势

表 3-13 ABC 变量的数值保持不变，XYZ 变量的数值倒序，计算出两个变量为负相关

月份	ABC	XYZ
1 月	4	10
2 月	2	9
3 月	6	7
4 月	3	10
5 月	8	9
6 月	4	8
7 月	8	6
8 月	6	5
9 月	10	4
10 月	8	3
11 月	11	2
12 月	12	1

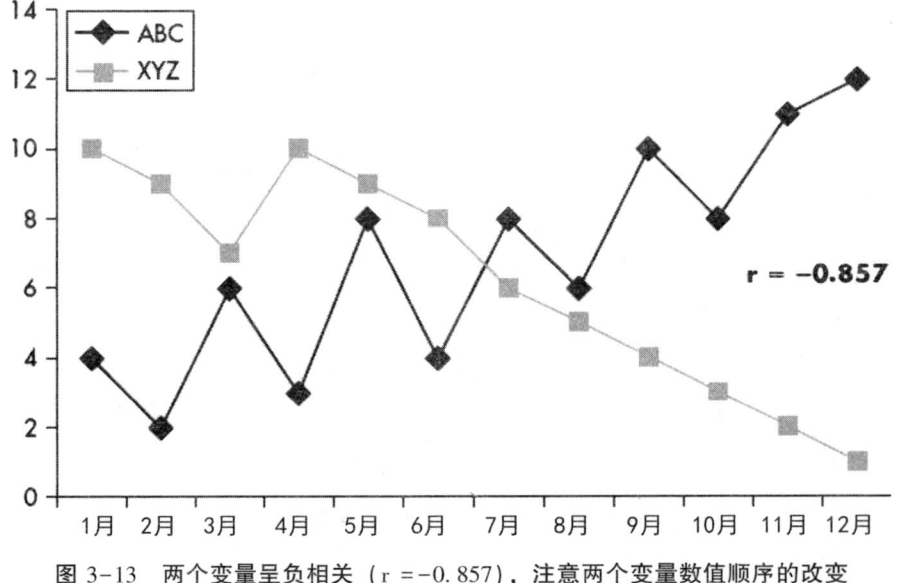

图 3-13 两个变量呈负相关（r = -0.857），注意两个变量数值顺序的改变

表 3-14　同样，改变数值的顺序，得出两个变量为负相关，相关系数仍然是-0.857

A	B	C	D
1	月份	ABC	XYZ
2	1月	4	1
3	2月	2	2
4	3月	6	3
5	4月	3	4
6	5月	8	5
7	6月	4	6
8	7月	8	8
9	8月	6	9
10	9月	10	10
11	10月	8	7
12	11月	11	9
13	12月	12	10

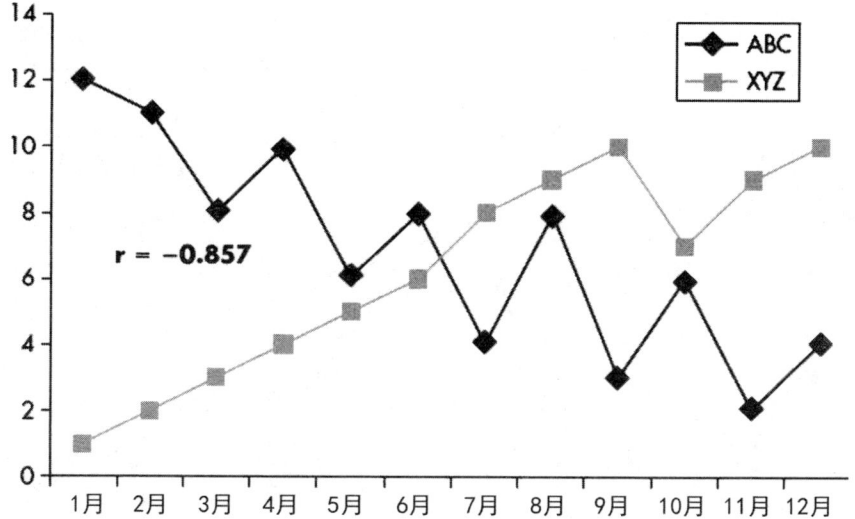

图 3-14　改变变量数值顺序后得出的相关系数仍然相同（r = -0.857），注意两个变量数值顺序的改变

表 3-15 两个变量的排序没有共同特征,不存在相关性

月份	ABC	XYZ
1月	8	10
2月	4	6
3月	8	9
4月	10	5
5月	6	6
6月	12	6
7月	11	7
8月	8	3
9月	3	5
10月	6	11
11月	4	8
12月	2	6

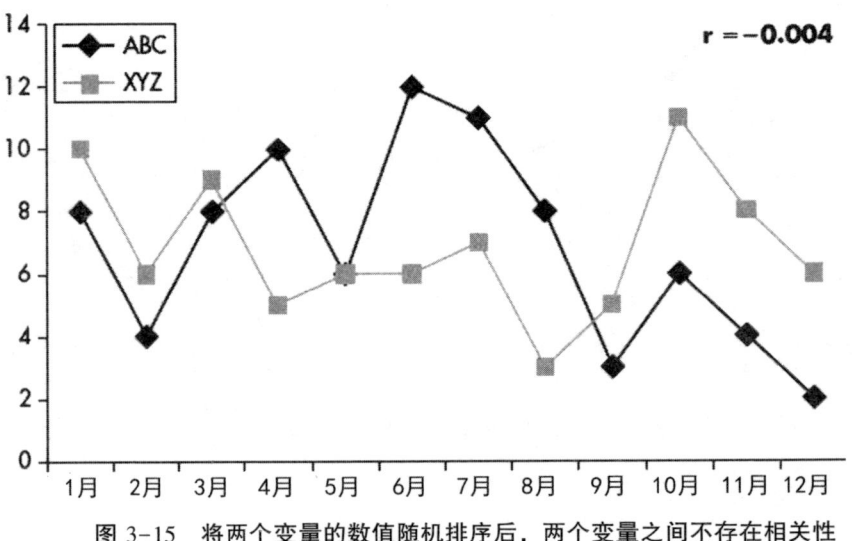

图 3-15 将两个变量的数值随机排序后,两个变量之间不存在相关性

相关性分析的缺陷

表 3-16 所示的 4 组变量的相关系数都是完全正相关（r = 1.00）。

表 3-16 这个例子的数学逻辑比较模糊，ABC 变量保持不变，XYZ 变量增大 10 倍，比较右侧的两种情况，其最后三个数（灰色阴影显示）不同，但是四组变量都是完全正相关

Year	ABC	XYZ	ABC	XYZ	ABC	XYZ	ABC	XYZ
2007	1	3	1	30	1	300	1	300
2008	3	6	3	60	3	330	3	330
2009	5	9	5	90	5	360	5	360
2010	7	12	7	120	7	390	7	390
2011	9	15	9	150	9	420	9	420
2012	11	18	11	180	11	450	11	440
2013	13	21	13	210	13	480	13	460
2014	15	24	15	240	15	510	15	490
r =	1.00		1.00		1.00		1.00	

绝对引用

接下来讲解如何在书写公式时使用绝对引用符号 $。例如，计算黄金信托基金（SPDR Gold Shares，代码：GLD）在这 300 个交易日中前 10 个价格上涨/下跌最大的交易日时，绝对引用可以大大地减少你的工作量[①]。除此之外，我还将在例子中展示如何得出这只黄金基金的异常值。

大的价格偏差对平均值存在很大影响，因此必须分析工具的下行波幅。正异常值使平均值变大，负异常值使平均值变小。分析包括的时间段越长（如 3 年与 3 天相比），受异常值的影响就越小。

---

① 美国道富银行的黄金信托基金自 2004 年推出以来日交易量超过 2400 万，是最大的黄金 ETF（交易所交易基金）。

表 3-17 反映了 300 个交易日中前 10 个价格上涨/下跌最大的交易日的对比结果。

表 3-17　黄金信托基金从 2010 年 4 月 30 日至 2011 年 7 月 8 日期间上涨/下跌幅度最大的 10 个价格波动

	最大	最小
1	4.46	-4.64
2	3.40	-4.26
3	3.09	-4.17
4	2.87	-3.97
5	2.82	-3.25
6	2.55	-3.23
7	2.53	-2.86
8	2.40	-2.65
9	2.37	-2.61
10	2.35	-2.59
总计	28.84	-34.23

2010 年 4 月 20 日至 2011 年 6 月 24 日期间，这只贵金属基金从 111.46 美元涨至 146.26 美元。300 个交易日期间基金上涨了 34.80 美元，稍高于 10 个表现最好交易日上涨的 28.84 美元。如果你能用某种方法避开 10 个表现最差的交易日，你的账户就可以避免 34.23 美元的亏损。[①]

如果你不熟悉绝对引用，请注意了，接下来我将演示如何使用 $ 符号来提高使用程序的效率。

这 20 个交易日的价格变动不大，适合使用每日价格变动。具备原始数据资料后，就可以计算连续两个交易日间的价格变动，将两天的收盘价相减 146.26 - 148.34 = -2.08（=B2-B3）。[②]

[①]　第 7 章将讲解风险分析，会对其他分析方法进行深入讨论，这些方法可以让你更好地应对猛烈下跌。

[②]　交易日是按照降序排列的，所以计算公式是 B2-B3。

在图 3-16 所示的 C2 单元格，输入 =B2-B3，选中 C2 单元格，光标放在右下角，出现黑十字后下拉，这样可以自动填充剩下的单元格。

	A	B	C	D	E	F	G
1	GLD	收盘价	价格变动			最大	最小
2	6/24/2011	146.26	-2.08		1	=LARGE($C$2, $C$21, E2)	
3	6/23/2012	148.34	-2.65		2		
4	6/22/2013	150.99	0.23		3		
5	6/21/2014	150.76	0.73		4		
6	6/20/2015	150.03	0.09		5		
7	6/17/2018	149.94	0.97		6		
8	6/16/2019	148.97	-0.15		7		
9	6/15/2020	149.12	0.45		8		
10	6/14/2021	148.67	0.9		9		
11	6/13/2022	147.77	-1.47		10		
12	6/10/2023	149.24	-1.32				
13	6/9/2024	150.56	0.75				
14	6/8/2025	149.81	-0.61				
15	6/7/2026	150.42	-0.06				
16	6/6/2027	150.48	0.26				
17	6/3/2028	150.22	0.72				
18	6/2/2029	149.5	-0.41				
19	6/1/2030	149.91	0.27				
20	5/31/2031	149.64	-0.06				
21	5/30/2032	149.7	1.48				

图 3-16 输入 =LARGE 函数的方法，使用绝对引用时，选中单元格并下拉后可以确定取值范围。数值 1（E2 单元格）对应的函数是 =LARGE（array1），返回的是最大值；而 =LARGE（array2）返回的是取值范围中第二大的值

如果想保持单元格引用不变，就使用绝对引用。在列号或行数前添加 $ 符号，这样可以冻结该单元格的引用，这样做可以保持原公式的结构。在公式中输入数组后，按 F4 功能键可以在相对引用、绝对引用列、绝对引用行、绝对引用行和列之间相互切换。①

排序

排序是分析变量中数值有效性的好方法。将一组数值排序的过程类似于将数值分类。数值的排名相当于数据重排后对应的位置。将数值升序或降序排列后，得出的结果可以对同一变量内或不同变量间的表现进行对比。

使用 =RANK 函数得出的排名可能有重复，因为相同的数值得到的排

---

① 附录部分对两种引用的差别有更多的讨论，并展示了如何使用绝对引用。

名是相同的。相比之下，=RANK.AVG 函数更有优势：当两个或两个以上的数相同时，它会自动进行调整。但是大部分交易变量，比如价格和交易量，都不用担心这个问题，因为这些变量很少出现相同的数值。

为什么要将数值排序？

图 3-17 和图 3-18 展示的是两条移动平均线。假设移动平均值指标给出买入信号，那两个线形图之间有什么区别？

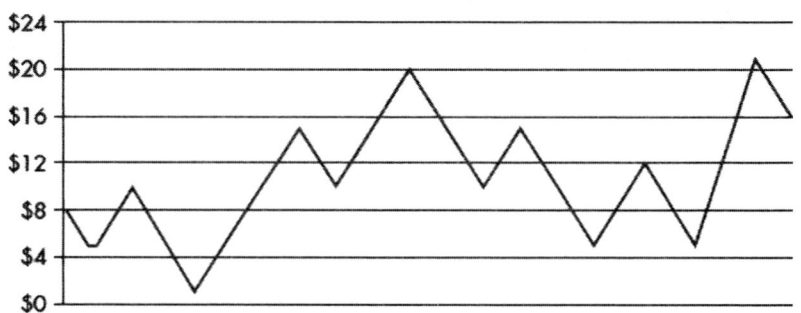

图 3-17 这只股票目前价格是 16 美元，处于历史价格的上 1/4，大部分短期指标可能给出买入信号，但不会详细说明其目前价位处于线形图的什么位置。我们使用排名函数得出目前价格是历史价格的第 15 百分位数，这个信息会对我们的交易决策产生影响

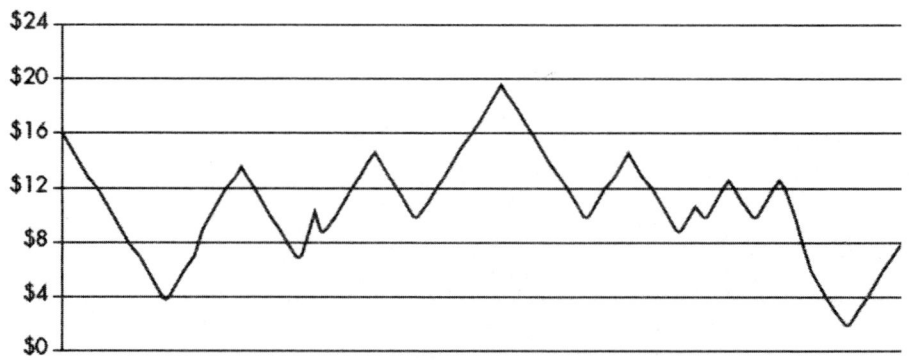

图 3-18 这只股票的价格是 8 美元，处于历史价格的下 1/4，大部分动量指标（例如短期移动平均值）会给出买入信号，但是不会考虑到目前价位处于线形图的什么位置。我们使用排名函数得出目前价格是历史价格的第 79 百分位数

与图 3-17 不同，图 3-17 中的收盘价处于历史价格的下 1/4。

有两点很重要的区别：第一，一个图中的线高于中间值，一个图中的线低于中间值，在做交易决策时，知道工具价格是位于最高价、最低价还是两者之间很重要；第二，我们要考虑的另一个因素是，移动平均线的趋势是在上涨还是在下跌？

遗憾的是，关于移动平均线这两个方面的研究还很少。我们将在后面的内容中专门研究这些不同的可能性。现在我的重心放在排序的差异上。

股票处于交易周期的不同阶段，市场情绪也会不同，排序指标可以进行更深入的分析。例如，移动平均线可能在历史价格的上 1/4 范围或者下 1/4 范围给出买入信号，但是二者有很大区别，要深思熟虑，再下达买入指令。

整本书中我将用排序函数进行一些很有意思的研究。在对比两个不同时段的交易活动时排序函数非常有用。例如，06：00 至 08：30 间交易活动不太活跃，08：30 至 10：00 间的交易活动则大幅增加。

总　结

这些函数是一部分分析法的基础，在以后的章节中我们还会用到。如果不会使用这些函数也很快能学会，因为许多函数都遵循相同的模式。通过练习，你很快就能熟练使用。

大多数函数能很好地分析过去表现。下一章将讲解逻辑语句，一开始可能理解起来比较困难，但是掌握了逻辑语句后，你就能更好地预测期货价格趋势。

后面我们还会在其他研究中用到这些知识，学习越深入，它们的作用就越大。

第4章 获取表现结果

> 世界上有三类人：第一类人看到本质，第二类人看到表象，第三类人什么也看不到。
>
> ——列奥纳多·达·芬奇

本章我将介绍两种分析交易环境是否可获利的方法：比较简单的一种方法是使用筛选命令从已有工作表中获取统计数据，另一种方法是运用 Excel 逻辑函数。掌握第二种需要更长的学习过程，但是它能为你带来无限的可能性。

除了讲解如何使用这两种方法，本章还将进行一些有趣的研究。本章后半部分将涉及 =IF（AND）函数以及多条语句。提出了科学工作假说后，这些功能强大的函数将引导你采取正确的行动。

当然，使用筛选命令就可以轻松应对本书中大部分研究，它满足大部分统计需求，需要进行更复杂的分析时，则可以使用 =IF（AND）函数。

只要开始学习，你很快就能掌握这些功能强大的函数。当你能够熟练使用这些统计程序时，你的分析技能会得到很大提高。更重要的是，掌握了这些复杂的逻辑语句后，你就能自主地建立能为你带来获利的新系统，突破严格的交易环境。

使用筛选命令有两个步骤（图 4-1）：首先单击任意行标题，然后单击筛选按钮，这样就会出现带有向下箭头的小方框（图 4-2）。

单击数据选项卡下的筛选按钮（图 4-3）。

将光标移动到筛选按钮上时会出现如图 4-4 所示说明。

有许多很好的教学视频讲解如何使用"自动筛选"命令，你也可以按 F1 键打开帮助菜单。如果将筛选按钮添加到快速访问工具栏，你只需点击一下鼠标就能进行筛选。将筛选按钮添加到快速访问工具栏的效果，如图 4-5 所示。

在快速访问工具栏中添加筛选按钮后，先选中带有描述性标签的行标题，然后单击筛选按钮即可轻松筛选统计数据。

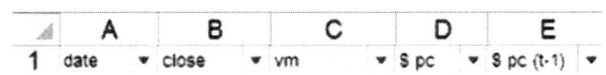

图 4-1　单击筛选按钮后，表头会出现向下箭头

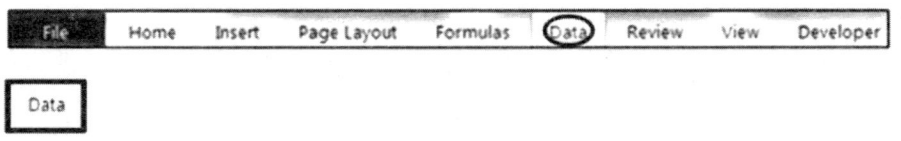

然后单击筛选按钮：

图 4-2　选择数据菜单下的筛选命令

图 4-3　筛选命令下的选项

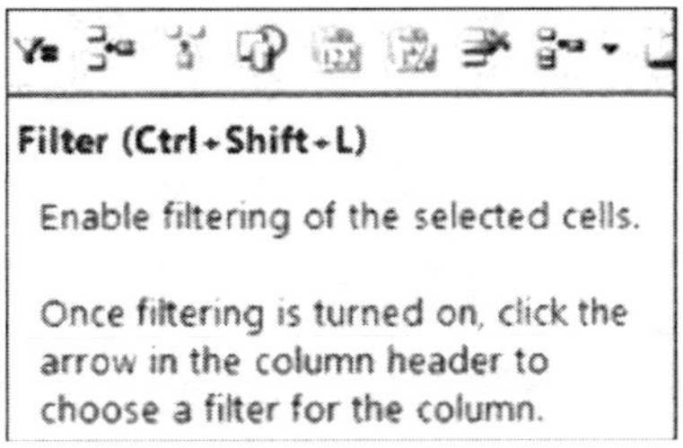

图 4-4 有关如何选择筛选器对所选列进行筛选的说明

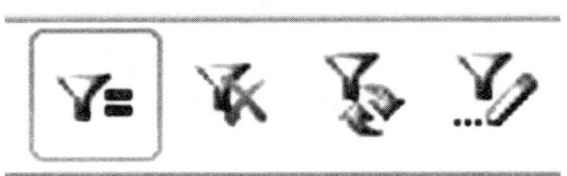

图 4-5 在快速访问工具栏中添加筛选按钮

为了更好地理解如何使用筛选按钮,我们最好来思考一个关于其用法的问题。例如,SPY(标准普尔指数存托凭证,下同——编者注)单日下跌超过 2.00 美元,这时如何使用筛选命令来评估其第二天的表现?(见图 4-6)

首先,单击"＄pc"标签的向下箭头,＄pc(t-1)是因变量。

收盘价(t-0)-收盘价(t-1)＝pc(t-)

单击 ＄pc 列的小方框,自动得出表现最差的交易日,如图 4-7 所示。

单击"数字筛选"选项后打开的自定义筛选框,如图 4-8 所示。

"自动筛选"框包含了一些功能强大的筛选命令。相较于逻辑语句,这些命令用起来更方便快捷。但是,＝IF(AND)语句可以获取更多的信息。

为了解答这个问题,我们必须得出符合要求(即 SPY 单日下跌超过 2.00 美元)的交易日列表。

在图 4-9 所示对话框中选择"小于"。

图 4-10 从满足要求的 44 个交易日截取了 10 个交易日。

选中 pc（t-1）列，状态栏（图 4-11）显示有 44 个交易日下跌超过 2.00 美元（C 列）。

满足要求的 44 个交易日累积上涨 $10.82，如图 4-11 所示。

在 2009 年 12 月 23 日至 2012 年 5 月 25 日这 600 个交易日中，有 44 个交易日下跌超过 2.00 美元。在大量抛售 SPY 后，第二天实现有力反弹。

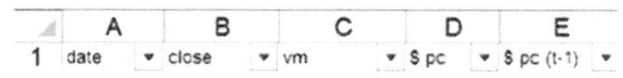

图 4-6　工作表中每列描述性标签详情

close = SPY 当天收盘价

vm = 交易量

$ pc = 两个连续交易日间的价格变动

$ pc（t-1）= SPY 第二天收盘价涨跌

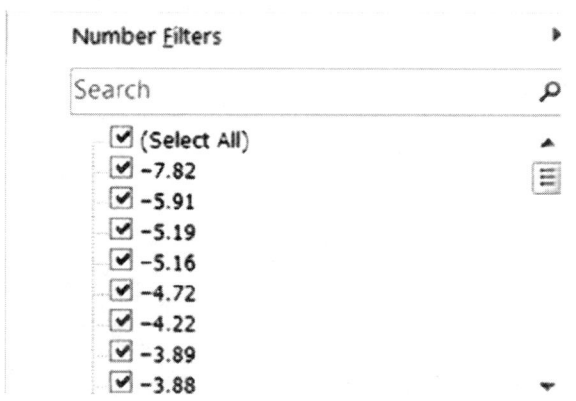

图 4-7　单击 $ pc 列小方框可以自动得出表现最差的交易日

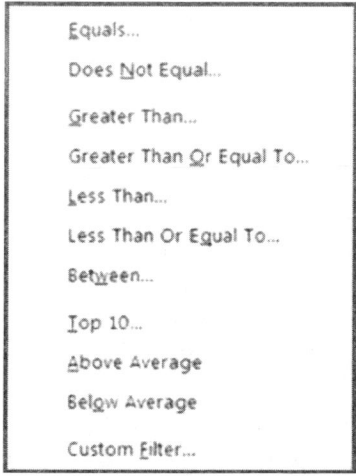

图 4-8 "自动筛选"框

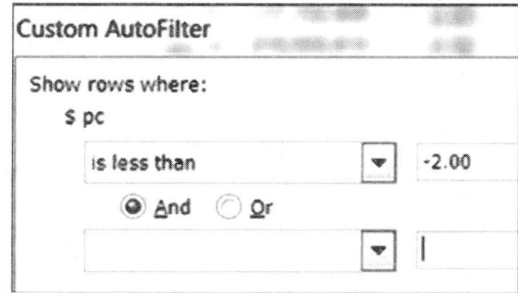

图 4-9 将"自动筛选"条件设置成"小于"

A	B	C	D	E
date	close	vm	$ pc	$ pc (t-1)
05/04/12	137.00	193,509,625	-2.25	0.10
04/10/12	135.90	235,132,886	-2.32	1.10
12/08/11	123.95	240,189,438	-2.78	2.10
11/23/11	116.56	223,964,569	-2.63	-.22
11/21/11	119.66	228,502,929	-2.32	-.47
11/09/11	123.16	336,967,970	-4.72	1.16
11/01/11	122.00	414,928,250	-3.50	1.99
10/31/11	125.50	227,500,425	-3.10	-3.50
10/25/11	123.05	263,934,604	-2.44	1.25
10/17/11	120.23	201,660,469	-2.34	2.35

图 4-10 pc (t-1) 列截图

Average: .25   Count: 44   Numerical Count: 44   Min: -3.77   Max: 5.22   Sum: 10.82

图 4-11 单日下跌 < 2.00 美元 的 44 个交易日第二天总获利情况

如果对价格范围中较大的数值进行分析，会不会得出不同的结果？我们可以在数字筛选时选择另外的筛选条件，来验证这种情况。这时，我们要对"收盘价"标题标签进行分析，在数字筛选时选择"高于平均值"选项，就可以自动筛选出满足条件的数值；也就是说，筛选出 \$pc 下跌 < 2.00 美元的数值后，通过对收盘价列进行筛选来缩小范围。

图 4-12 中的交易日收盘价高于平均值，并且跌幅超过 2%，pc（t-1）列是其第二天的表现。

选中 pc（t-1）列的数值，状态栏的显示结果如图 4-13 所示。当收盘价高于平均值时，第二天表现平均值也比原数据平均值略高。

我们可以继续对结果分析，以便进一步证实我们的结论。

date	close	vm	$ pc	$ pc (t-1)
05/04/12	137.00	193,509,625	-2.25	.10
04/10/12	135.90	235,132,886	-2.32	1.10
12/08/11	123.95	240,189,438	-2.78	2.10
11/09/11	123.16	336,967,970	-4.72	1.16
10/31/11	125.50	227,500,425	-3.10	-3.50
10/25/11	123.05	263,934,604	-2.44	1.25
08/02/11	125.49	345,346,540	-3.29	.68
07/27/11	130.60	247,869,769	-2.73	-.38
07/11/11	131.97	195,049,800	-2.43	-.57
06/15/11	127.02	300,389,890	-2.30	-.35
06/01/11	131.87	232,479,465	-3.03	-.14
03/16/11	126.18	465,975,980	-2.38	1.67
03/10/11	129.94	301,230,120	-2.45	.90
03/01/11	130.93	257,726,043	-2.22	.28
02/22/11	131.83	232,808,933	-2.70	-.81
01/28/11	127.72	295,510,330	-2.27	.96

图 4-12　第二天表现

| Average: .28 | Count: 16 | Numerical Count: 16 | Min: -3.50 | Max: 2.10 | Sum: 4.45 |

图 4-13 状态栏中显示的 pc（t-1）列数值的结果

"介于"命令是非常有用的筛选条件，它可以得出介于两个数之间的表现结果。

图 4-14 展示了"介于"命令的使用，图中用"介于"命令来筛选成交量介于 2.35 亿到 3 亿之间的交易日。

图 4-15 是成交量介于两者之间的筛选结果。

虽然这步分析得出的结果也是倾向于做多，但是它可以精简你的分析数据，也让你的研究更省力。

筛选命令不能分析出涨—跌天数，但是 Excel 逻辑条件语句可以。

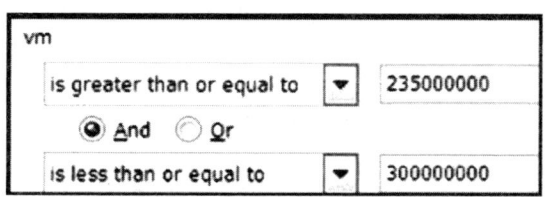

图 4-14 使用自动筛选中的"介于"命令

date	close	vm	$ pc	$ pc (t-1)
04/10/12	135.90	235,132,886	-2.32	1.10
12/08/11	123.95	240,189,438	-2.78	2.10
10/25/11	123.05	263,934,604	-2.44	1.25
07/27/11	130.60	247,869,769	-2.73	-0.38
03/01/11	130.93	257,726,043	-2.22	0.28
01/28/11	127.72	295,510,330	-2.27	0.96

图 4-15 使用"介于"命令筛选出的结果

IF 语句

If 语句可以对条件（真、假）执行判断，是至关重要的一个函数。如果满足第一个条件，则为真；反之，则为假。我们可以借助 IF 语句，用不同的变量对交易情况进行判断。接下来你会发现，缺乏想象力是进行新研究最大的绊脚石。

如何运用这些逻辑函数进行交易？

假设你早上起床，打开电脑，得知 SPY 已经反弹。06：00 其价格为 130 美元；到 09：00 时，其价格已涨至 130.72 美元。你打算在 09：00 至 11：00 期间顺势做多。但是在做决定之前，有必要对情况进行分析。

如何使用 IF 语句判断这个决定是否正确？

在之前 300 个交易日中，当 SPY 在 06：00 至 09：00 期间上涨超过 0.50 美元时，其在 09：00 至 11：00 期间的表现如何？研究时间从 2010 年 5 月 21 日至 2011 年 7 月 28 日（300 个交易日）。

IF 语句需要的信息包括：

分析对象是 SPY。

条件是 06：00 至 09：00 期间价格上涨超过 0.50 美元。

如果条件为真，则函数返回其 09：00 至 11：00 期间的表现。

如果条件为假，则不返回任何表现结果。

因变量是 SPY 09：00 至 11：00 期间的表现。

=IF（单元格中 06：00 至 09：00 期间价格上涨＞＄0.50，返回 09：00 至 11：00 期间的价格变动）。

表 4-1 如果条件为真，则返回 06：00 至 09：00 期间的价格变动；如果为假，则自动输入"假"作为返回值

第4章 获取表现结果

	A	B	C	D	E	F	G
1	Date	06:00 Price	09:00 Price	11:00 Price	Price Change 06:00 to 09:00	Price Change 09:00 to 11:00	If Statement
2	5-Sep	120.00	119.12	119.40	−0.88	0.28	FALSE
3	4-Sep	119.00	119.64	120.30	0.64	0.66	0.66
4	3-Sep	118.00	117.34	117.20	−0.66	−0.14	FALSE
5	2-Sep	118.00	118.36	118.50	0.36	0.14	FALSE
6	1-Sep	116.00	116.76	117.12	0.76	0.36	0.36

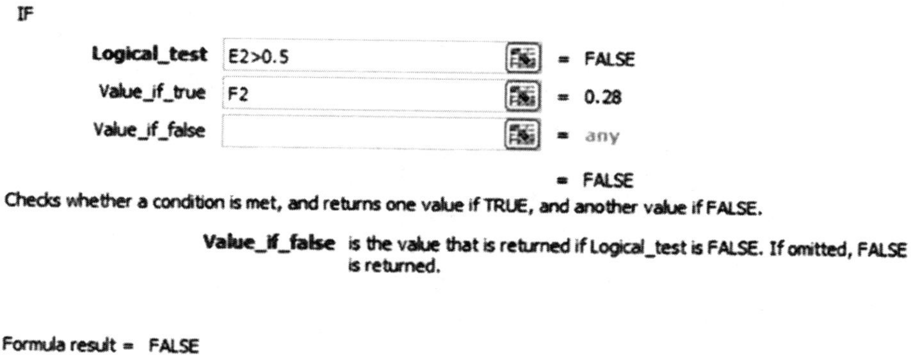

IF

Logical_test	E2>0.5	= FALSE
Value_if_true	F2	= 0.28
Value_if_false		= any

= FALSE

Checks whether a condition is met, and returns one value if TRUE, and another value if FALSE.

　　　Value_if_false is the value that is returned if Logical_test is FALSE. If omitted, FALSE is returned.

Formula result = FALSE

图 4-16　这个语句为假，所以返回默认值作为单元值

表 4-2　等式中不包含条件为假时返回的内容

	A	B	C	D	E	F	G
1	Date	06:00 Price	09:00 Price	11:00 Price	Price Change 06:00 to 09:00	Price Change 09:00 to 11:00	If Statement
2	5-Sep	120.00	119.12	119.40	=C2-B2	=D2-C2	=IF(E2>.50,F2)
3	4-Sep	119.00	119.64	120.30	=C3-B3	=D3-C3	=IF(E3>.50,F3)
4	3-Sep	118.00	117.34	117.20	=C4-B4	=D4-C4	=IF(E4>.50,F4)
5	2-Sep	118.00	118.36	118.50	=C5-B5	=D5-C5	=IF(E5>.50,F5)
6	1-Sep	116.00	116.76	117.12	=C6-B6	=D6-C6	=IF(E6>.50,F6)

因为没有输入判断为"假"时返回的内容，所以程序自动输入"假"

作为其单元值。表 4-1 展示了这种情况。

在图 4-16 所示情况中，我们在 G2 单元格输入 IF 语句，所以 G2 单元值就是真假条件返回的内容。F2 条件为假，所以 G2 返回默认（假）值。（参见图 4-16）

如果不输入判断为假时返回的内容，程序会自动输入"假"作为返回值（较于之前的自动筛选，IF 语句能够更好地处理不满足条件的情况）。

表 4-2 展示了 IF 逻辑语句的等式，其判断得出的结果是"真"或"假"。输入条件语句后，满足条件的结果为"真"，不满足条件的结果则为"假"。

2010 年 5 月 21 日至 2011 年 7 月 28 日（300 个交易日）中，有 23 个交易日满足条件，累积上涨 3.44 美元（\$3.44/23 = \$0.15 APT）。APT 指平均每日获利。这 23 天平均每日上涨 0.15 美元。

表现等式

开始使用逻辑语句前，我先简单介绍一下如何在 Excel 中创建等式。有些读者不太熟悉 Excel 的使用，我们先学习如何自动填充 Excel 单元格。

在本书中，下列字母一直对应下列变量：

z　　　特定时间点的开始价格

v　　　交易量

p 或 k　两个时间点之间的价格变动

y　　　因变量

当然，你也可以设定自己的代码体系。Excel 比大部分统计程序灵活，用户可以非常自由地指定变量。

不是每个交易者都会在屏幕前坐一整天进行交易。也许你 09：00 要去上班，只想在关电脑前进行几笔交易。这时你就需要输入早上的数据，进行分析,并在 09:00 之前做出交易决策。下面是一个初步的分析,随着学习的深入,分析将包含更多的变量。

这是一个初步的分析,数据是虚构的,工作表中进行的运算也很简单。

p06　　　00:00 至 06:00 期间的价格变动

p69　　　06:00 至 09:00 期间的价格变动

y915　　因变量(09:00 至 15:00 期间的价格变动)

表 4-3 在 F2 单元格输入等式,如果等式正确,程序返回的单元值为 3(C2 – B2 = 15 – 12)

	A	B	C	D	E	F	G	I
1	Date	z0	z6	z9	z15	k06	k69	y915
2	9-May	12	15	16	13	3		
3	8-May	13	11	12	15			
4	5-May	11	10	13	11			
5	4-May	12	11	8	12			
6	3-May	15	13	11	10			
7	2-May	12	13	14	11			
8	1-May	10	12	10	12			

自动填充

"拖放"是自动输入剩下等式的快捷方式,其基本步骤如下,掌握自动填充可以大大提高你的效率:

步骤 1 至 7 对应图 4-17 至 4-23。

步骤 1:在 F2 单元格输入等式:=C2-B2(参见图 4.17)。

步骤 2:将光标放在该单元格右下角,此时会出现黑十字图标(参见

图4-18)。

步骤3：向左拖动光标选中同行单元格，被选中的单元格会自动输入等式（自动填充）（见图4-19）。

步骤4：将鼠标放在最右侧单元格右下角，重复步骤2（见图4-20）。

步骤5：选中第一行（标题行的下一行）后，向下拖动鼠标（见图4-21）。

步骤6：向下拖动光标的效果如图4-22所示。

步骤7：松开鼠标（参见图4-23）。

操作结果请参见表4-4和表4-5。

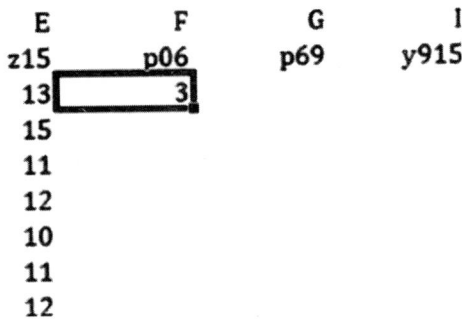

图4-17 首先输入等式

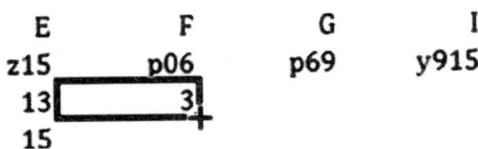

图4-18 将光标置于单元格右下角，出现黑十字（+符号）

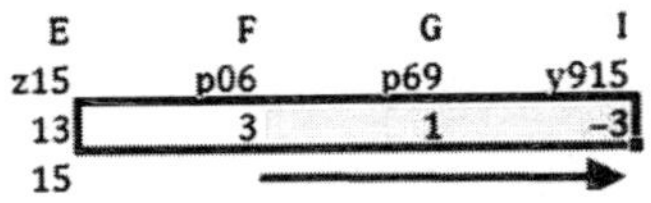

图4-19 出现黑十字后，向右拖动光标选中同行单元格，被选中单元格会自动输入公式（自动填充）

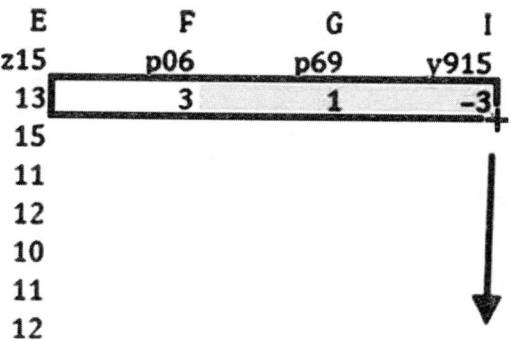

图 4-20　重复步骤 2，将鼠标放在最右侧单元格右下角，出现黑十字

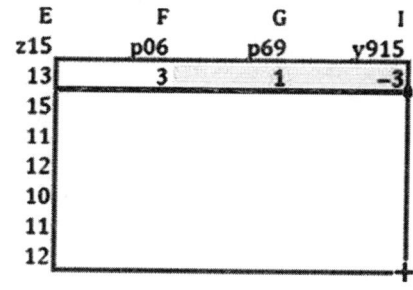

图 4-21　选中第一行（标题行的下一行）后，向下拖动鼠标

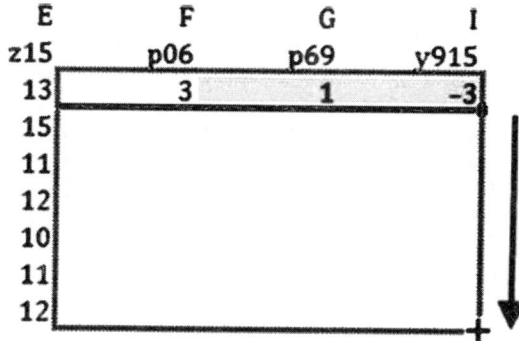

图 4-22　效果图

图 4-23　松开鼠标

表 4-4 完成这些步骤之后，F2 至 I8 单元格的价格变动结果

	A	B	C	D	E	F	G	I
1	Date	z0	z6	z9	z15	p06	p69	y915
2	9-May	12	15	16	13	3	1	−3
3	8-May	13	11	12	15	−2	1	3
4	5-May	11	10	13	11	−1	3	−2
5	4-May	12	11	8	12	−1	−3	4
6	3-May	15	13	11	10	−2	−2	−1
7	2-May	12	13	14	11	1	1	−3
8	1-May	10	12	10	12	2	−2	2

表 4-5 各单元格所对应的等式

	A	B	C	D	E	F	G	I
1	Date	z0	z6	z9	z15	k06	k69	y915
2	9-May	12	15	16	13	=C2-B2	=D2-C2	=E2-D2
3	8-May	13	11	12	15	=C3-B3	=D3-C3	=E3-D3
4	5-May	11	10	13	11	=C4-B4	=D4-C4	=E4-D4
5	4-May	12	11	8	12	=C5-B5	=D5-C5	=E5-D5
6	3-May	15	13	11	10	=C6-B6	=D6-C6	=E6-D6
7	2-May	12	13	14	11	=C7-B7	=D7-C7	=E7-D7
8	1-May	10	12	10	12	=C8-B8	=D8-C8	=E8-D8

研究：根据苹果股票夜间交易时段表现预测其正常交易时段表现

苹果公司的喜爱者遍布全球，下面我们就来分析这家具有传奇色彩的公司。以前我们讲解了如何建立工作表，接下来我们讨论提出科学工作假说的相关细节。当然，在研究最后我们将得出假说的表现结果。

这次我们用 =IF 函数来判断以下两种情况，以便展示如何使用逻辑语句：

OVS = 夜间交易时段

RTS = 正常交易时段

条件	=IF语句	判断条件为真的返回值	判断条件为假的返回值
OVS > 0	IF OVS > 0	results of RTS	""
OVS < 0	IF OVS < 0	results of RTS	""

夜间交易时段"无价格变动"（OVS = 0）的情况很少发生，所以它几乎不会对你的决策制定过程产生影响。但是如果分析时不考虑"无价格变动"的情况，完美主义者在检查研究结果时可能会发现，累计结果存在微小的误差。[①]

10 年中价格变动为 0 的情况发生过多少次？回顾 SPY 从 2006 年 10 月 9 日至 2007 年 7 月 11 日的 1197 个交易日的表现，有一个交易日（2007 年 12 月 19 日）的 OVS 价格变动为 0，有 7 个交易日的价格变动在 ± 0.01 美元之间。表 4-6 展示了系统的参数基础。

除去无价格变动的情况，我们在这个工作表中对 RTS 进行了分析，并将分析结果显示在对应列中（G 或 H 列）。等式判断 OVS > 0 时，RTS 结果显示在 G 列单元格，H 列单元格为空。等式判断 OVS < 0 时，RTS 结果显示在 H 列单元格，G 列单元格为空。

例如，D2 单元格显示的 OVS 价格变动为正（+0.14 美元），则 RTS 价格变动（-5.02 美元）显示在 G2 单元格。

不必在单元格中输入等式，你可以在图 4-24 所示对话框的三个输入框中输入对应值。

为什么判断为假的返回内容是""？如果不输入任何判断为假的返回内容，程序会返回"假"。如果输入 =IF（D2>0，E2，"ABC"），判断为假时会返回 ABC。如果在判断为假的返回内容中输入双引号，判断为假时就不返回单元值，即单元格为空。

为什么判断为假的返回内容不能是"0"？如果将"0"作为判断为假

[①] 大多数时候，我在记录涨跌天数时都将走平（0.00）归为下跌，因为"无价格变动"的表现在扣除佣金后就变成了亏损。

的返回值，判断为假时将返回 0，这样会影响平均值的计算，因为 0 也会被纳入计算（见表 4-7）。

如果 OVS> 0，则返回 RTS 价格变动。这个语句不是真，就是假，是一个非此即彼的语句；不真则假。请务必用逗号隔开所有语句：IF（条件，真，假）。

表 4-6 根据 AAPL 的开盘价和收盘价，我们可以计算其正常交易时段（RTS）的价格变动，=IF 语句根据夜间交易时段价格上涨（OVS > 0）和下跌（OVS < 0）对 RTS 表现进行分类

	A	B	C	D	E	F	G	H
1	Date	Open	Close	OVS	RTS	Sum	OVS > 0	OVS < 0
2	6/24/2011	331.37	326.35	0.14	-5.02	-4.88	-5.02	
3	6/23/2011	318.94	331.23	-3.67	12.29	8.62		12.29
4	6/22/2011	325.16	322.61	-0.14	-2.55	-2.69		-2.55
5	6/21/2011	316.68	325.30	1.36	8.62	9.98	8.62	
6	6/20/2011	317.36	315.32	-2.90	-2.04	-4.94		-2.04
7	6/17/2011	328.99	320.26	3.83	-8.73	-4.90	-8.73	
8	6/16/2011	326.90	325.16	0.15	-1.74	-1.59	-1.74	
9	6/15/2011	329.75	326.75	-2.69	-3.00	-5.69		-3.00
10	6/14/2011		332.44					

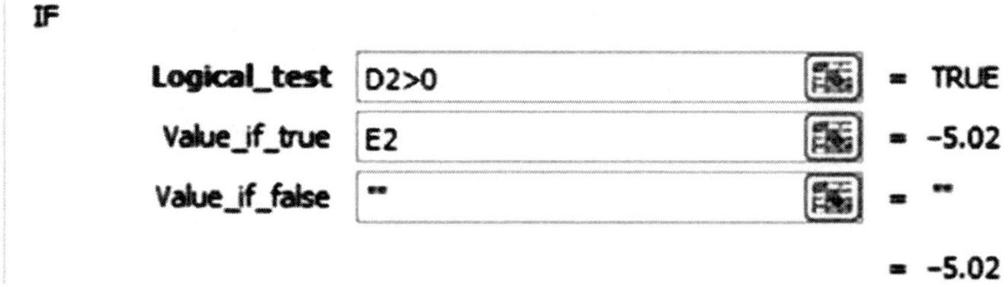

IF

Logical_test D2>0   = TRUE
Value_if_true E2   = -5.02
Value_if_false ""   = ""

= -5.02

Logical_test The cell "D2" represents the OVS > 0.
Value_if_true If true: "E2" records the performance of the RTS.
Value_if_false If false: "" signifies a blank response for cell "E2."

图 4-24 在这个对话框中输入条件和真假返回值即可编写公式

表 4.7 对比两个 OVS > 0 的情况，当判断为假的返回值为 "0" 时，得出的平均值不准确

日期	OVS >	OVS > 0
2011 年 6 月 24 日	-5.02	-5.02
2011 年 6 月 23 日		0
2011 年 6 月 22 日		0
2011 年 6 月 21 日	8.62	8.62
2011 年 6 月 20 日		0
2011 年 6 月 17 日	-8.73	-8.73
2011 年 6 月 16 日	-1.74	-1.74
2011 年 6 月 15 日		0
=AVERAGE	-1.718	-0.859

科学工作假说

理论带有推测性，它与未来发展并不完全契合，因此不能保证理论就是正确的，我们现在认为正确的东西，可能根本就是错的。当然，新的发展能够不断改善我们的研究结果；也就是说，新的发展要么验证研究结果，要么改变研究结果。

进行分析之前，最好先建立科学工作假说。工作假说只确定方向，然后需要通过自变量对其进行验证。统计人员把这种关系成为变量间的因果关系。原因（自变量）会引起价格变动（因变量）。

在交易中，你必须在交易前获得信息。例如，你不能在 06：00 时根据当天 06：00 至 08：00 期间的交易量来进行交易决策；换句话说，你只有 08：00 之后才能获得这两个小时的交易量信息，但不能倒退两小时来买卖头寸。

变量间的因果关系是自变量的变化引起因变量的变化，原因或自变量在先，而其导致的结果在后。因此，自变量是前项变量，而因变量是滞后变量。

就本研究而言，夜间交易时段（OVS）是自变量，正常交易时段（RTS）是因变量。

根据近期观察，你推测 OVS 和 RST 呈反相关，也就是说，如果 OVS

上涨，则 RTS 下跌，反之，如果 OVS 下跌，则 RTS 上涨。这就是我们的科学工作假说。提出假说之后，就要进行统计分析来对其进行验证。

OVS 对 RTS 的影响

表 4-8 是苹果股票在正常交易时段的描述性统计数据，OVS > 0 和 OVS < 0 虽然情况不同，但是胜率相近。[①]

研究时间从 2007 年 1 月 30 日至 2011 年 6 月 30 日。

图 4-8 根据夜间交易时段价格上涨（OVS > 0）和下跌（OVS < 0）将正常交易时段的表现分为两类

	OVS > 0	OVS < 0
交易天数	662	465
平均每日涨跌	-$0.121	-$0.044
累计下跌	-$80.42	-$20.44
上涨交易日	339	239
下跌交易日	323	226
胜率	0.512	0.514
最大下跌	-$12.18	-$14.36
最大上涨	$10.58	$13.02
第 10 百分位数	-$4.37	-$4.12
第 90 百分位数	$3.45	$4.20

不管夜间交易时段的趋势，苹果股票在正常交易时段累积下跌[(-$80.42) + (-$20.44)]，损失巨大，尤其是你本以为苹果股票会一直上涨，这个结果就更难以接受。[②]

---

① 有时候上涨天数 + 下跌天数不等于交易日总数，因为记录中没有包含走平（无价格变动）的交易日。1133 天 - (662+465) = 6 天走平。

② 苹果产品是少数几个具有溢价能力的产品之一，因为其材料成本越来越昂贵，所以它可以轻松地把增加的成本费转嫁给消费者。

注意苹果股票在夜间交易时段上涨和下跌的交易日之比是 662∶465；这表明其在夜间交易时段表现非常不错。

我们对 OVS 和 RTS 价格变动的推测完全正确。OVS 上涨的情况下，RTS 下跌 80.42 美元；OVS 下跌的情况下，RTS 下跌 20.44 美元。4∶1 的下跌比支持了我们的工作假说。

这 1133 天的汇总统计有一个严重缺陷，它不能反映统计数据的连续性。图 4-25 是这两种情况的连续性统计结果，这个图能让你更好地了解其表现（下一章的重点内容是监测你的结果）。

显然，收盘时买入，开盘时卖出是最好的交易策略，但是这个策略是否在接下来 3 个月中都适用？2010 年 1 月以来，夜间交易时段价格下跌所对应的正常交易时段的价格跌幅持续收窄接近零，但是跌幅多次并且随时可能突然出现断崖式放宽。夜间交易时段价格上涨所对应的正常交易时段价格变动曲线慢涨急跌，看起来像是一条（高低循环相间的）移动平均线，但是在 2009 年出现过整年一路上涨。

由此可见，如果将交易时段细分，图表分析师就能从一个不同的、更有趣的角度来解读这只股票。例如，OVS > 0 出现复底时，如果价格跌破支持价，就不要做多；但是如果价格开始回升，就要有所行动。

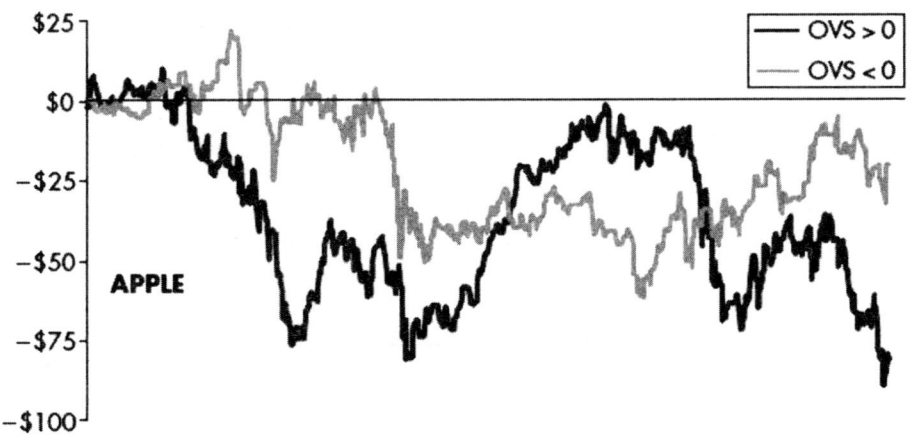

图 4-25　下表是根据 OVS > 0 和 OVS < 0 进行分类的正常交易时段价格，2010 年

1 月以来，OVS < 0 所对应的正常交易时段价格有所恢复，而 OVS > 0 所对应的正常交易时段价格却猛跌，之后有所回升，但是在 2011 年 7 月又跌至支持价

跨行取值

上一个研究中，IF 语句是对 Excel 同行的条件判断真假。这个研究将关注获利时段，需要对上一行的条件判断真假。（图 4.26）

表 4-9 展示了这个过程的等式。

注意，=IF 语句对 RTS 进行判断后，返回的是上一行 OVS 的单元值。

DATE	OP	HI	LW	CL	VM	OVS	RTS
7/20/2011	396.12	396.27	386.00	386.90	33,609,975	19.27	-9.22
7/19/2011	378.00	378.65	373.32	376.85	29,192,429	4.20	-1.15
7/18/2011	365.43	374.65	365.28	373.80	20,440,141		8.37

图 4-26 为了评估 RTS 对 OVS 的影响，IF 语句必须返回上一行的 OVS 单元值

表 4-9 输入的公式是根据 RTS> 0 和 RTS< 0 进行分类，返回的结果是第二天的 OVS 单元值

	A	B	C	D	E	F	G		
1	Date	OP	CL	OVS	RTS	RTS > 0	RTS < 0	Statement	Statement
2	7/20/2011	396.12	386.90	19.27	-9.22				
3	7/19/2011	378.00	376.85	4.20	-1.15		19.27		=IF(E3>0, D2,"")	=IF(E3<0, D2,"")
4	7/18/2011	365.43	373.80		8.37	4.20		=IF(E4>0, D3,"")	=IF(E4<0, D3,"")

RTS 对 OVS 的影响

我们知道夜间交易时段的价格，但是 RTS 上涨或下跌会对 OVS 有什么影响？

两个交易时段不是反相关（RTS 下跌则 OVS 上涨）关系，如果 RTS 上涨则 OVS 更有可能获利（表 4-10）。正常交易时段上涨（RTS>0）的情况下，夜间交易时段平均获利 0.468 美元；而正常交易时段下跌（RTS<0）的情况下，夜间交易时段平均获利更低（平均每天获利 0.170 美元），并且 RTS >0 的情况下，夜间交易时段价格涨跌天数比为 362：215。

为什么夜间交易时段表现如此好？当然，答案不是唯一的。但是作为日内交易者，你掌握的关于工具的信息越多，获利的可能性就越大。Excel 图表功能能够最好地解释这种神奇的现象（见图 4-27）。

表 4-10 苹果股票正常交易时段对夜间交易时段影响的描述性统计，研究时间从 2007 年 1 月 3 日至 2011 年 6 月 30 日

	RTS > 0	RTS < 0
交易天数	578	554
平均每日涨跌	$ 0.47	$ 0.17
累计上涨	$ 270.24	$ 94.45
上涨天数	362	299
下跌天数	215	250
胜率	0.626	0.54
最大下跌	- $ 19.45	- $ 17.29
最大上涨	$ 14.20	$ 14.39
第 10	- $ 1.48	- $ 2.21
第 90	$ 2.81	$ 2.41

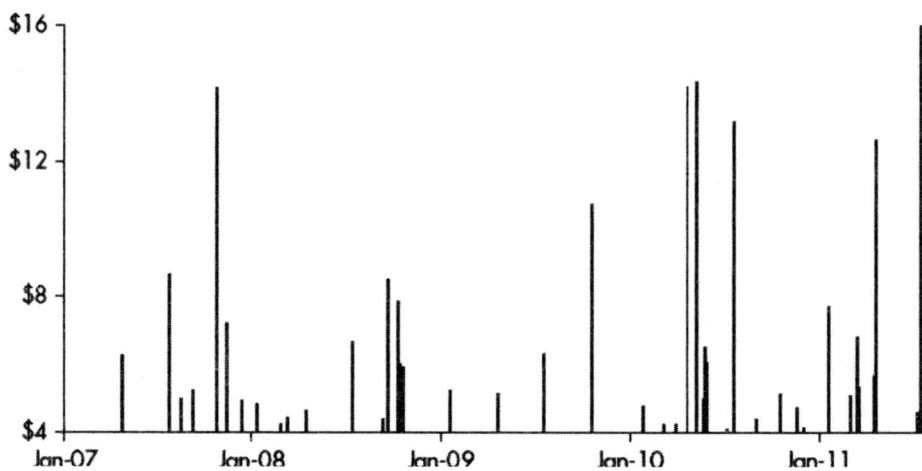

图 4-27 苹果股票夜间的交易情况；竖线代表夜间交易时段上涨 4 美元及以上，注意竖线的周期性，大致每 3 个月就会出现连续上涨，这些夜间交易时段价格上涨与公司发布其业绩井喷时间一致

力量在你的指尖

　　IF（AND）函数无疑是 Excel 最强大的功能之一，因为它可以判断两个或两个以上逻辑语句的真假。这个功能可以将问题细化，让你获取更多关于工具的信息。

　　你不会总有关于交易模式的工作假说，有时候情况很表面化，你对情况结果也捉摸不透。我们接下来分析 2011 年 8 月 1 日这个交易日的金融市场。纳斯达克 100 指数 ETE - PowerShares QQQ 周五收盘价为 58.00 美元。几小时后，国会最终通过了一个协议，许诺减少几万亿美元的财政债务，并决定提高债务的最高限额。受协议的影响，纳斯达克 100 指数 ETE - PowerShares QQQ 以 58.67 美元开盘，但是收盘时跌至 57.73 美元。

　　这个交易日不同寻常，在夜间交易时段价格猛涨（1%），但在正常交易时段价格猛跌（1%）。我自然对纳斯达克 100 指数 ETE - PowerShares QQQ 的这种价格变化很好奇。回顾前 600 个交易日，我发现很少出现这种猛涨又猛跌 1% 的情况。①

---

　　① 因为要回顾 600 个交易日，所以最好使用涨跌幅进行分析。

对于满足这两个条件的情况，我们倾向于在夜间交易时段做多。

1. OVS 涨幅> +1%。
2. RTS 跌幅<-1%。

因变量：夜间交易时段做多。

有 7 个交易日符合这两个条件，我们在夜间交易时段做多的表现结果按时间顺序排列如下：

价格变动

0.84

0.14

0.62

0.14

0.19

－0.28

－0.02

前 5 天连续获利，我们能够根据这 7 个交易日的表现做出决策？更重要的是，如何应用 IF（AND）函数得出上述结果？（见图 4-28 及图 4-29）

	A	B	C	D	E	F	G	H
1	date	op	cl	ovs	rts	ovs %	rts %	updn
2	8/1/2011	58.67	57.73	0.67	-0.94	1.155	-1.621	ovs
3	7/29/2011	57.73	58.00	-0.46	0.27	-0.791	.464	
4	7/28/2011	58.10	58.19	0.01	0.09	0.017	.155	
5	7/27/2011	59.25	58.09	-0.38	-1.16	-0.629	-1.945	

图 4-28　纳斯达克 100 指数 ETE－PowerShares QQQ 在夜间交易时段上涨 1.155%，之后在正常交易时段下跌 -1.621，使用 IF（AND）可以得出其第二天夜间交易时段的表现结果

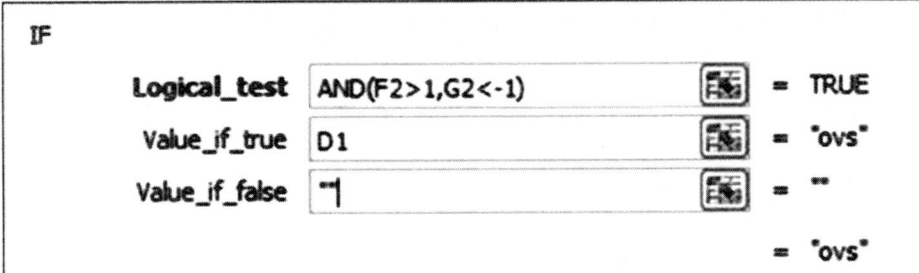

图 4-29　IF（AND）逻辑语句，以及真假条件的返回值

逻辑语句是 =IF（AND（F2>1，G2<-1），D1，""）。①

不要局限于两层嵌套。根据 IF 函数的说明，"最多可以使用 64 个 IF 函数作为 value_if_真和 value_if_假参数进行嵌套，以便构造更详尽的测试"。

参考 7 个样本足以做出决策吗？分析的样本越少，对结果就越没有信心。然而，5∶2 的结果是压倒性地倾向于做多，至少，少量持有多头头寸是比较合理的办法。在这个例子中，交易量是另一个支持做多的因素。在前 93 个交易日中，这天的交易量排名第二。跌幅 1.621%，并且交易活动频繁最好地反映出了交易者的恐惧。两个因素混合可能产生不良反应，因此做多并不是明智的决定。第 12 章讲解相关交易量，到时会对这个问题进行更深入的分析。

总　　结

以上就是我们分析法的基础。IF 函数能够为我们提供各种可能性。随着学习的深入，我们会用这个函数进行更多的研究。

---

①　按 F2 键可以显示等式。

第 5 章　监测表现

> 人才做别人做不到的事，天才做别人想不到的事。
> ——19 世纪哲学家亚瑟·叔本华

随着时间的流逝，一切都在改变，交易系统也不例外。交易系统不像一瓶好酒，不是年限越长就表现越好，你必须要让它适应你的交易环境。

此前已经介绍过了系统基础，现在我们可以开始运用我的方法了。本章的重点内容是监测交易系统的表现，我们首先将交易时段分为两个基本时段。

追踪成功

发现新的价格模式可以有效提高预测的准确性，但是价格模式的时段是不定的，因为它需要两种截然不同的交易能力，这让获利难上加难。当然，能在模式形成之初及时发觉是一个必不可少的能力，但是当模式表现不佳或完全对你不利时，减少该模式的使用或完全弃之不用，也是另外一个不可或缺的能力。

追踪系统的表现是积极主动的方法，许多技术分析师采取这种方式，在将交易系统运用到当前经济环境时能对系统进行调整（见图 5-1）。

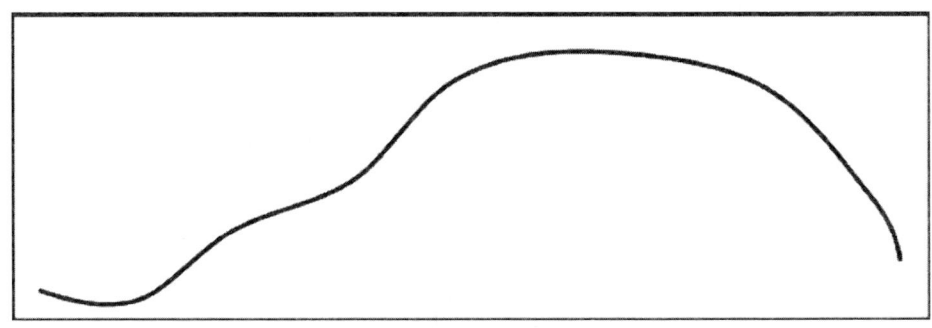

图 5-1　追踪系统表现

绘制出系统表现的连续性统计结果线形图后,你就能不断对其表现进行正确的分析。图 5-1 中的系统连续数日带来获利,但后来稳定的上升开始下降,系统也不再有效。达到顶峰之后,它快速下降,接近最低价。监测这个系统的表现,让图表分析师能迅速运用其专业的分析技能,解读连续性线形图的走势,使用各种指标分析期货表现。

也许你会认为图表研究是环环相扣,连续而不可分割的活动,但通常,将交易日细分为更小的部分可以为我们带来有用的信息——如果不将交易日细分,你也许就会忽略非常有价值的信息。

大多数交易者都更熟悉正常交易时段(美国东部时间 09：30 至 16：00),但是收盘后交易仍在继续,事实上,有些交易平台在工作日直至美国东部时间 20：00 都可以执行订单。期货市场在全球范围内进行交易,因此股票价格并不总是一成不变的,收盘价和次日开盘价很少相同。

期货市场在短暂的日常维护关闭之后重新开始交易。迷你标普 500 期货指数合约(E-mini S&P 500,ES)在 18：00 至 00：00 期间的交易量,占当日交易量的近 2%——尽管所占比重不大,但是其收益却占累积收益相当大的一部分。[1]

自从 2004 年 1 月发表了关于纳斯达克 100 科技指数基金(PowerShares

---

[1]　下章将讨论迷你标普 500 期货指数合约(E-mini S&P 500,ES)的每小时表现。

QQQ）的专题文章后①，我开始倾向于将交易日细分。我们首先通过分析纳斯达克 100 科技指数基金 10 年间的交易情况，来得出其在两个交易时段的表现差异——我的目的在于强调记录交易系统的表现的重要性。

表 5-1 中是纳斯达克 100 科技指数基金（PowerShares QQQ）从 2001 年 1 月 1 日（收盘价 58.38 美元）至 2011 年 6 月 30 日（收盘价 57.05 美元）的 10 年半期间的交易情况，②

这只交易所交易基金（ETF）包含了纳斯达克 100 指数的 100 家公司，其在经过 2640 个交易日后最终没能获利，反而亏损了 1.33 美元。③

表 5-1　纳斯达克 100 科技指数基金每年的表现统计结果。这只受欢迎的 ETD 虽然开始低迷，但是在后期表现良好，连续 3 年实现上涨

年	交易天数	累积涨跌
2001	248	-19.47
2002	252	-14.54
2003	252	12.09
2004	252	3.46
2005	252	0.49
2006	251	2.75
2007	251	8.06
2008	253	-21.48
2009	252	16.01
2010	252	8.71
2011	125	2.59
总计	2640	-1.33

① 安东尼·特龙戈内：《在夜间交易时段进行交易》，《股票与期货技术分析》，2004 年 1 月。

② 100 家公司的完整清单可以在这个网址获取：www.invescopowershares.com/products/holdings.aspx?ticker=QQQ

③ 2011 年的累积结果包含了纳斯达克 100 科技指数基金 6 个月的表现结果（125 个交易日），从 2011 年 1 月 1 日至 2011 年 6 月 30 日。

在2001年1月买入并持有纳斯达克100科技指数基金后，该基金的表现并不令人满意——亏损1.33美元。图5-2是纳斯达克100科技指数基金这10年半的表现线形图。

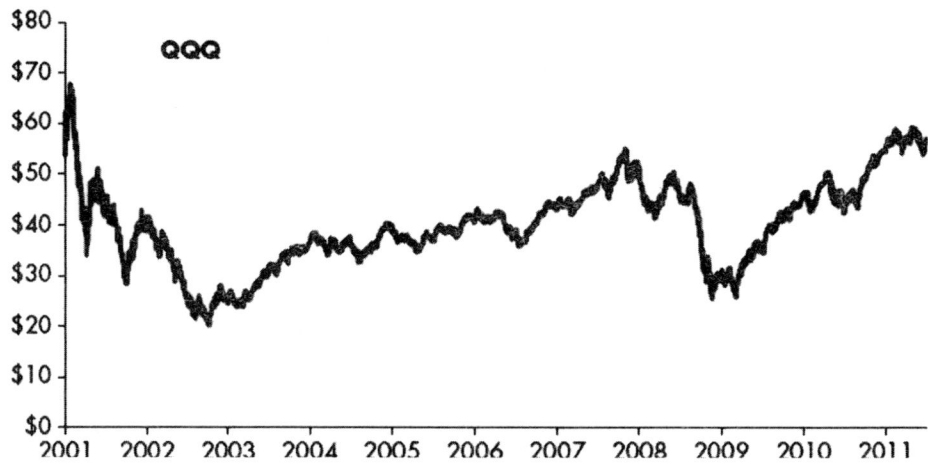

图5-2 纳斯达克100科技指数基金的每日价格波动（未对其每日表现进行细分，看起来很容易做出交易决策，但是线形图并未展示出潜在的交易机会）

每次下挫后，纳斯达克100科技指数基金（PowerShares QQQ）都能重现以前的精彩表现。乍一看这是一个很轻松的交易环境，只需要在两次猛跌时卖出，在每次猛涨时买入就能够获利。事后诸葛总能找到最正确的办法，这就如同赌马者回过头去看之前的比赛，觉得哪匹马胜出是板上钉钉的事，毕竟他已经知道结果了，这个钱肯定好赚。

纳斯达克100科技指数基金每日表现的线形图可以带给我们很多信息。通过将每年的表现细分为夜间交易时段和正常交易时段的表现，我们能更好地了解这只基金。例如，夜间交易时段上涨了30.35美元，正常交易时段下跌了31.68美元。对于那些愿意将交易日进行细分的市场人士来说，交易机会大量存在（见表5-2）。

表 5-2 夜间交易时段能够带来获利（30.35 美元），正常交易时段出现亏损（31.68 美元）

Year	Days	OVS	RTS	Sum
2001	248	−2.26	−17.21	−19.47
2002	252	−3.35	−11.19	−14.54
2003	252	7.30	4.79	12.09
2004	252	5.10	−1.64	3.46
2005	252	5.93	−5.44	0.49
2006	251	2.52	0.23	2.75
2007	251	8.61	−0.55	8.06
2008	253	−5.98	−15.50	−21.48
2009	252	4.30	11.71	16.01
2010	252	7.40	1.31	8.71
2011	125	0.78	1.81	2.59
TOTAL	2,640	30.35	−31.68	−1.33

对精明的投资者来说，这种差异是极好的机会：如果你去分析这100家公司在两个交易时段的表现差异，你就会发现其他潜在的获利机会。

距我发表那篇专题文章已经7年多了，至今夜间交易时段仍然能够带来可观的收益。进入牛市以来，正常交易时段的获利情况似乎更好。图5-3中的柱状图是每年两个交易时段间的差异。

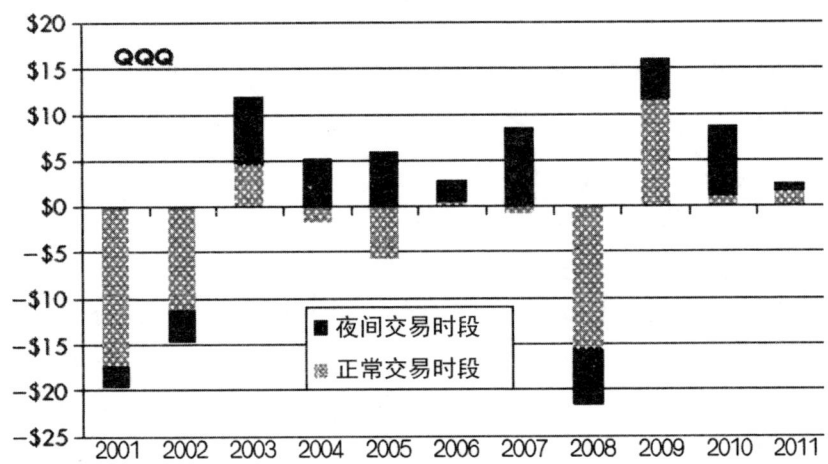

图 5-3 将纳斯达克 100 科技指数基金的交易情况细分为两个时段，夜间交易时段（黑色）的获利表现，轻易胜过正常交易时段

再来看这个反映每年表现差异的柱状图。我们再来对比市场低迷的年份（2001、2002、2008 年），夜间交易时段的表现更好，这三年中的亏损比正常交易时段小。当然，正常交易时段也正在好转，在过去的两年半里，正常交易时段的获利比夜间交易时段略高，但是这种解读从某种程度上来说是错误的，因为正常交易时段表现最好的时候处于牛市，而夜间交易时段表现超过正常交易时段表现的时候处于熊市。

监测市场表现

持续记录两个时段的每日价格波动，通过一张工作表，你就能轻松地监测市场表现。例如，假设前 100 个交易日正常交易时段的每日价格波动之和为 50 美元，如果该股票上涨 0.50 美元，则累计价格变动将上涨为 50.50 美元。通过连续性记录，你可以准确地掌握股票的实时表现。表 5-3 展示的是一张工作表。

表 5-3 反映两个交易时段价格波动的工作表

	A	B	C	D	E	F	G	H
1	Date	Open	High	Low	Close	Volume	OVS	RTS
2	7/13/2011	57.94	58.34	57.55	57.76	82,366,468	0.42	-0.18
3	7/12/2011	57.94	58.07	57.46	57.52	83,984,477	-0.02	-0.42
4	7/11/2011	58.41	58.71	57.76	57.96	52,063,562	-0.62	-0.45
5	7/08/2011	58.70	59.04	58.37	59.03	69,521,166	-0.49	0.33
6	7/07/2011	58.82	59.36	58.74	59.19	54,772,823	0.43	0.37
7	7/06/2011	58.14	58.49	57.94	58.39	49,271,355	-0.06	0.25
8	7/05/2011	57.95	58.26	57.83	58.20	43,110,623	0.04	0.25
9	7/01/2011	57.10	57.99	56.92	57.91	53,180,670	0.05	0.81
10	6/30/2011	56.50	57.09	56.47	57.05	50,472,136		

以下是两个交易时段的计算公式。

OVS	Equation	RTS	Equation
0.42	=B2-E3	-0.58	=E2-C2
-0.02	=B3-E4	-0.55	=E3-C3
-0.62	=B4-E5	-0.75	=E4-C4
-0.49	=B5-E6	-0.01	=E5-C5
0.43	=B6-E7	-0.17	=E6-C6
-0.06	=B7-E8	-0.10	=E7-C7
0.04	=B8-E9	-0.06	=E8-C8
0.05	=B9-E10	-0.075	=E9-C9

最能带来获利的策略，是在夜间交易时段（OVS）做多，在正常交易时段（RTS）做空。尽管长期来看这个策略取得了成功，但这种模式是否仍然有效？

记录下两个交易时段的每日价格变动后，程序可以计算出连续性统计结果，请参见表 5-3 的后半部分（表 5-4）。

表 5-4　两个交易时段的累积结果分别显示在对应的纵列中

	G	H	I	J		
1	OVS	RTS	CS OVS	CS RTS		
2	0.42	-0.18	-0.25	0.96	↑	↑
3	-0.02	-0.42	-0.67	1.14	↑	↑
4	-0.62	-0.45	-0.65	1.56	↑	↑
5	-0.49	0.33	-0.03	2.01	↑	↑
6	0.43	0.37	0.46	1.68	↑	↑
7	-0.06	0.25	0.03	1.31	↑	↑
8	0.04	0.25	0.09	1.06	↑	↑
9	0.05	0.81	0.05	0.81	=I10+I9	=J10+J9
10			0	0	0	0

在第一个单元格输入等式后,选中该单元格,将光标置于单元格右下角,白十字变成黑十字后,拖拽鼠标选中多个单元格,结果就会出现在 I 列和 J 列。①

熟悉这个分析方法后,你能更好地发现 24 小时交易日内的各种可获利模式,你可以将 24 小时细分为各种更小的时段,以便自由研究。

回顾熊市的夜间交易时段表现很有意义。因为金融危机,纳斯达克 100 科技指数基金猛跌,从 55.03 美元(2007 年 10 月 31 日)跌至 25.72 美元(2009 年 3 月 9 日,如此大幅的下跌极具破坏性(图 5-4)。但是在这 340 个交易日中,夜间交易时段的下跌仅占一小部分(6.01 美元/29.29 美元 = 20.52%)。②

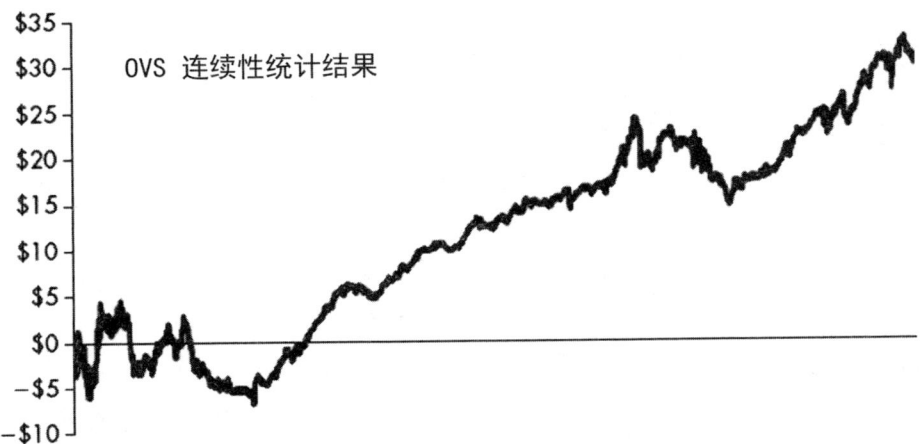

图 5-4 夜间交易时段开始表现平平,价格波动较大,之后纳斯达克 100 科技指数基金开始稳定上涨,直至金融危机,这期间夜间交易时段保住了 $29.29 的上涨,之后熊市在 2009 年春进入蛰伏

---

① 在 I9 单元格输入公式后,拖动选中 J9 单元格,之后向上拖动至第二行,这样可以得出工具的连续性统计结果。得出连续性统计结果后,绘制两个交易时段的线形图。关于如何绘制线形图,请参见附录部分。

② 安东尼·特龙戈内:《交易具有分裂性的公司》,《股票与期货技术分析》,2011 年 3 月。

夜间交易时段的表现很重要，因为它能反映收盘后公司的收入报告。国际性经济突发新闻，以及早上开盘前的经济报告（通常是在 08：30）。

正常交易时段的连续性统计资料（图 5-5）反映不同的走势。

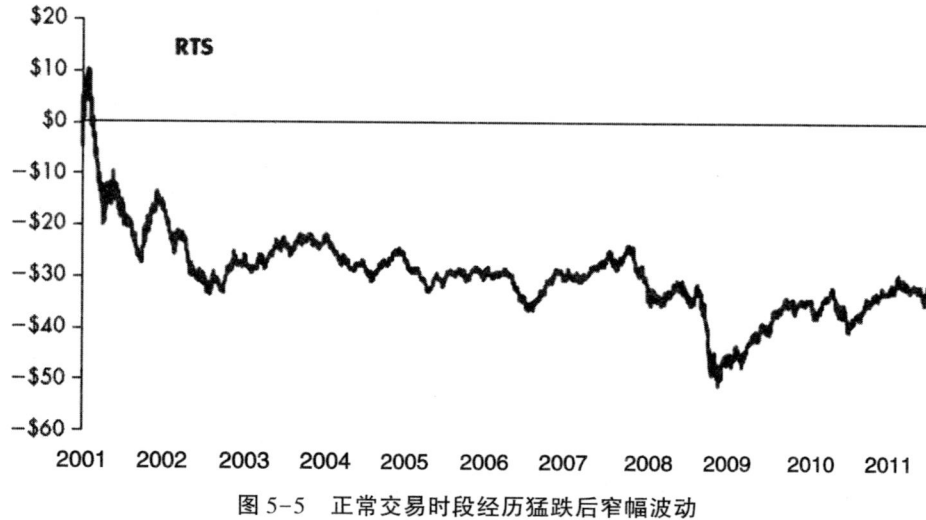

图 5-5　正常交易时段经历猛跌后窄幅波动

统计数据也具有欺骗性。虽然 2001 年至 2011 年期间有 31.68 美元的下跌，但是大部分下跌发生在 2001 年和 2002 期间，之后（2003 年至 2008 年）正常交易时段的表现基本稳定，在熊市猛跌后有显著恢复，但是，似乎恢复未能突破之前窄幅波动的价格范围。①

这 2640 个交易日中什么情况都发生过，因此我们可以根据它的分析结果进行交易。回看图 5-3 的柱状图，两个交易时段每年在早盘交易中涨跌天数之比为 9：2。

对比未能获利的年份，夜间交易时段下跌的情况有 3 年，而正常交易时段下跌的情况有 6 年。夜间交易时段最大下跌发生在 2008 年，下跌

---

①　"回归到平均值"是一个统计学术语，意思是变量在上升后会回跌，也就是回到平衡点的过程。比如你在分析一系列异常值，近期出现相同异常现象的情况很少，但是如果异常表现不是由因果关系引起的，那股票更可能会回到常态情况。

5.98 美元，而正常交易时段有 3 年的下跌超过了 10 美元。

在收盘时做多，然后在开盘时做空，如此反复，这样保证能为你带来可观的获利；不断平仓然后持有相反头寸。这个系统在 10 多年间都能够带来获利，但是现在是否仍然适用？

监测表现的理由

影响市场的许多因素都是动态实体，它们经常造成价格异常，退一步来看，它们经常自身回调。最后，夜间交易时段可能开始下跌，正常交易有机会超越夜间交易时段的表现。挑战在于在刚开始发生转变时获利，但不能被错误的价格波动牵着鼻子走，因为两个交易时段发生转变时会伴随着多次错误的波动。

虽然纳斯达克 100 科技指数基金夜间交易时段的累积结果能够带来获利，但当其效果下降时，我们就要调整我们的策略：要么弃之不用，直到它能够再次带来获利，要么倾向于做空。

各公司的表现差异

不是只有纳斯达克 100 科技指数基金才能对交易日进行细分。正如我以前在文章中所说，将股票的表现细分为两个交易时段进行简单的分析，你就能发现无数股票的交易都存在两个时段不平衡的情况。①

纳斯达克 100 科技指数基金似乎夜间交易时段比较有优势，纳斯达克 100 指数中的其他股票是否也有这种特征？表 5-5 展示了两个交易时段的表现，以及各公司对纳斯达克 100 科技指数基金价格变动的影响权重。②

---

① 安东尼·特龙戈内：《全天监测交易系统的表现》，《股票、期货与期权》，2009 年 8 月。

② 纳斯达克 100 科技指数基金中各公司的权重经常变动，100 家公司的每日权重可在这个网址获取：www.invescopowershares.com/products/overview.aspx?ticker=QQQ。

获胜时段是在这 898 个交易日中表现更好的时段。这 12 家公司占纳斯达克 100 科技指数基金 100 家公司总权重的 53.34%。苹果公司拥有 14.60% 的股票，对指数价格的影响最大。①

表 5-5 两个交易时段的表现结果（2008 年 2 月 11 日至 2011 年 8 月），纳斯达克 100 科技指数基金中下列公司的累积涨跌，以及各公司 2011 年 8 月 31 所占的权重。

898 Days	OVS	RTS	Sum	% Share	Win Session
AAPL	279.91	-24.53	255.38	14.60	OVS
MSFT	-3.69	2.08	-1.61	8.96	RTS
ORCL	-3.48	12.11	8.63	5.71	RTS
GOOG	406.48	-386.68	19.80	5.54	OVS
INTC	1.57	-2.12	-.55	4.34	OVS
AMZN	.88	139.16	140.04	3.86	RTS
CSCO	-4.45	-3.40	-7.85	3.48	RTS
AMGN	-8.65	17.68	9.03	2.08	RTS
EBAY	-8.23	10.93	2.70	1.63	RTS
COST	-41.74	56.28	14.54	1.38	RTS
SBUX	-15.15	35.25	20.10	1.17	RTS
NFLX	5.20	202.92	208.12	.50	RTS
Sum	608.64	59.68	668.33	53.25	3-9

Historical daily prices come from www.esignal.com.

两个公司是导致分裂性的主要原因，12 家公司累积上涨的 668 美元中有 608.64 美元来源于夜间交易时段。再来回顾一下柱状图（图 5-3），图中纳斯达克 100 科技指数基金的涨跌年数比为 9∶2，并且夜间交易时段表

---

① 这个历史价格来源于 www.eSignal.com。如果你从其他网站上获取历史价格，可能与这个价格会存在微小差异，主要是股票开盘价存在微小差异。

现差为 9.93 美元，正常交易时段表现差为 1.06 美元。

关于两个交易时段，12 家公司中有 9 家公司有分裂性，也就是说，一个交易时段带来获利，另一个交易时段就出现亏损。在两个时段中既没上涨又没下跌的公司除外。在夜间交易时段上涨的公司主要是科技型公司：苹果公司和谷歌公司，而在正常交易时段上涨的公司主要是应用科技的公司：亚马逊公司和网飞公司。

有些公司长期都倾向于在一个交易时段中上涨，但总是存在两个时段发生转变的可能性，它们多久转变一次不好预测，但是通过分别对两个时段进行连续性统计，当发生偏离现有模式的情况时，我们能够更轻松地识别。

为避免表现误差，细分交易时段之后一定要运行下列函数：

=MIN（取值范围）
=MAX（取值范围）

这两个函数会返回所分析时段中的最小值（最小价格变动）和最大值（最大价格变动）。如果有误，可能是因为股票分割而造成的股票价格调整，大部分股票分割都在收盘后进行，因此，误差经常发生在夜间交易时段。

谷歌搜索

完成了关于纳斯达克 100 科技指数基金在不同交易所时段的表现差异的文章后，我开始写关于公司之间的表现差异的文章。我每周更新一篇文章。2006 年 3 月 31 日，我的文章是关于谷歌在夜间交易时段的出色表现。谷歌是一家出色的公司。2004 年 8 月 19 日，谷歌股票价格为 100 美元。3 年后，谷歌收盘价涨至 490.02 美元，但是公司出色的表现大多都是来源于夜间交易时段。① 虽然总体表现出色，但令人惊讶的是，其在正常交易时段仍然是下跌的。

但此一时非彼一时，现在还是这种模式吗？业绩如此稳定的系统值得相信。虽然如此，但是仍然要仔细监测系统的表现，因为没有系统可以永远稳定获利。

下面的讨论内容是针对谷歌取得长期成功的简单策略。②

图 5-6 中谷歌股价一路飙升，2007 年 8 月 17 日收于 500.4 美元。

图 5-6　谷歌股票在头 3 年的夜间交易时段中价格直线上涨至 600 美元，2004 年 8 月 19 日的价格为 100 美元

我们来重点关注这家创新型公司在夜间交易时段的出色表现。③ 这 3

---

① 安东尼·特龙戈内：《谷歌的分裂性：模仿双重人格》，交互数据公司电子周刊 www.eSignal.com，2006 年 3 月 31 日。
② 夜间交易时段很重要，因为夜间交易时段的表现可以反映早上开盘前的经济报告（通常是在 08：30）、收盘后公司的收入报告以及国际性经济突发新闻（通常发生在美国股市收盘后）。
③ 安东尼·特龙戈内：《有些事情不会改变》，交互数据公司电子周刊，www.eSignal.com，2010 年 11 月 5 日。

年表现的线形图很少出现下跌，就算出现下跌，也是小幅下跌，并且能够快速恢复（见图5-7）

图5-7 谷歌股票2007年8月17日（$500.04）至2011年8月19日（$490.02）的夜间交易时段表现结果：在这4年中下跌10.02美元，但夜间交易时段仍然上涨 $1000

受熊市影响，夜间交易时段表现在熊市早期有所下跌，但是很快恢复，之后，价格保持稳定，100多个交易日后才超过之前的峰顶；虽然其涨幅趋缓，但是仍然在创造新的表现结果。

成为传奇

大多数趋势模式适用时间都不长，也有能够长时间适用的情况，但是很少。当系统能够为你所用时，充分利用它，直到它不再适用。一个系统能够使用多久，不是你能控制的，但你可以不断监测它的表现，并进行一些必要的调整，充分利用它。

你可以选择在表现更好的时段中交易，但是当期货指数下跌时，你仍可能遭受亏损。

追踪间歇给出交易机会的系统

之前关于纳斯达克100科技指数基金的图表都是其连续性统计结果。当系统给出的交易机会不稳定时，累积结果（CSUM）就重复之前的总数值。

图5-8是SPY（标准普尔指数存托凭证，下同——编者注）表现最好的一周之一，它是一个简单的系统：在SPY下跌后做多，上涨则放弃交易。图5-8中展示了系统的累积结果。虽然系统能够带来获利，但我并不主张用这个策略。我的目的是展示当系统不是每天都给出交易机会时如何绘制其连续性统计结果的线形图（图5-8）。

	A	B	C	D	E	F	G	H	I
1	date	op	hi	lw	cl	vm	$change	pc <0	csum
2	10/14/2011	121.91	122.60	121.23	122.57	208205693	2.06	2.06	8.34
3	10/13/2011	120.04	120.87	119.12	120.51	211968551	-0.24	0	6.28
4	10/12/2011	120.60	122.14	120.33	120.75	281302490	1.05	0	6.28
5	10/11/2011	118.87	120.04	118.75	119.70	208809047	0.12	0	6.28
6	10/10/2011	117.68	119.63	117.67	119.58	230116193	3.87	3.87	6.28
7	10/7/2011	117.17	117.25	115.06	115.71	312178510	-0.78	0	2.41
8	10/6/2011	114.36	116.66	113.51	116.49	257358374	2.07	0	2.41
9	10/5/2011	112.62	114.72	111.58	114.42	283515440	2.08	0	2.41
10	10/4/2011	108.35	112.58	107.43	112.34	458247400	2.41	2.41	2.41
11	10/3/2011	112.49	113.95	109.81	109.93	364377200	-3.22	0	0
12	9/30/2011	114.45	115.45	113.07	113.15	288339410			0

图5-8 SPY下跌后进行交易的累积表现结果

系统不是每天都给出交易机会。SPY上涨时不进行交易。当系统不进行交易时，连续性统计结果记录的是其之前的数值。①

---

① H列的部分公式如下：
H8 =IF（G9<0, G8, 0）
H9 =IF（G10<0, G9, 0）
H10 =IF（G11<0, G10, 0）
如果累计结果的单元值为 #VALUE!，就输入 IF 函数，并将 0 作为判断为假时的返回值，例如 IF（条件，语句为真的返回值，0）。

图 5-9 中有 3 次上涨，平坦的线代表系统在这些交易日没有进行交易。虽然统计结果包含了不满足条件（即前一个交易日价格下跌）的交易日，但是累积结果（CSUM）仍然能够有效地反应系统的表现。

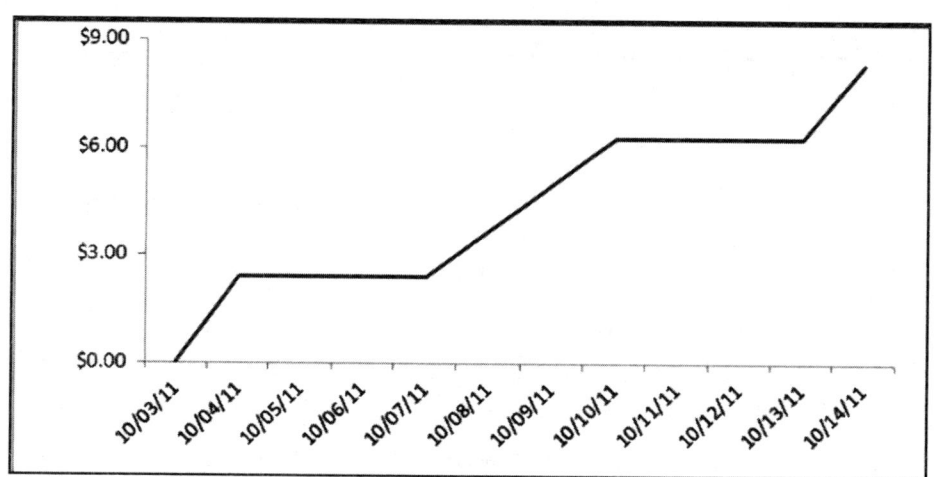

图 5-9　间歇给出交易机会的系统，平坦的线代表系统没有进行交易，因为这些交易日不满足系统条件

三天表现研究

这个研究分析的是 SPY 价格猛涨后接下来三天的表现。此前我们研究过猛涨后第二天的价格变动，这次的因变量是接下来三个交易日的累积结果（t1 + t2 + t3）。

两个研究问题：

1. SPY 价格涨幅超过 2% 后，其接下来 3 个交易日的表现如何？
2. SPY 价格跌幅超过 -2% 后，其接下来 3 个交易日的表现如何？

科学工作假说

科学工作假说是 SPY 涨跌幅超过 ±2% 后,交易者会出现过激反应,因此价格会出现部分回弹,见图 5-10 及图 5-11。

图 5-10 系统的成功很短暂,最开始系统在平衡线左右波动,价格上涨 2% 后,SPY 在接下来 3 个交易日不能继续带来获利。更重要的是,除发生过一次直线下跌外,系统的表现基本稳定

图 5-10 中的系统是在涨幅超过 +2% 后做空,它已经不能带来获利,因此,我们不再用它进行交易;但要继续追踪系统的表现,观察系统会有所恢复还是会再次下跌。

猛跌后在接下来 3 个交易日做多的策略可以带来获利,虽然系统有所获利,但是它开始获利缓慢。直到进入牛市,在第二次上升前,系统很长一段时间没有给出交易机会。

图5-11 系统在价格猛跌后做多的表现结果,系统在2008年表现不稳定,之后有所上涨,但是在实现再次上涨前,系统有很长一段时间没有给出交易机会

总　　结

本章内容反映了追踪交易系统表现的重要性:通过追踪交易系统的表现,你不仅能够获得其他交易者不能获得的收益,你还能获得其他交易者根本没有意识到的收益。遗憾的是,很多交易者都没有意识到这些。

第6章 分解股票和期货

知己知彼,百战不殆。

——《孙子兵法》

建立适合当前交易环境的交易系统时,你可能会遭遇许多次失败,但是这些探索过程是非常有价值的学习机会。经过几番探索之后,你最终会找到理想的交易系统。排除部分可能性后,你就能够对那些可以为你带来可靠获利机会的系统进行更细致深入的分析。

本章将更深入分析一只最热门的股票指数期货,迷你标普500期货指数合约(E-mini S&P 500,ES)(合约乘数×最小变动价位 = $50 × 0.25 指数点 = $12.50)。①

迷你标普500期货指数合约与SPY

本章以迷你标普500期货指数合约的交易活动为例进行讲解,思路同样适

---

① 研究时间段:
星期天 18:00 至星期一 16:15
星期一 16:30 至 17:30;18:00 至星期二 16:15
星期二 16:30 至 17:30;18:00 至星期三 16:15
星期三 16:30 至 17:30;18:00 至星期四 16:15
星期四 16:30 至 17:30;18:00 至星期五 16:15
(美国东部标准时间)

用于针对 SPY（标准普尔指数存托凭证，下同——编者注）的交易决策。迷你标普 500 期货指数合约和 SPY 的价格变动密切相连，几乎是完全正相关。

从图 6-1 可以看出，迷你标普 500 期货指数合约收盘价除以 SPY 收盘价的商，始终稳定在较小的波动范围内。

图 6-1 包含了两个工具 300 个交易日的表现，图中两个工具之商始终稳定在 9.88 到 10.00 的较小区间。2011 年 8 月 4 日迷你标普 500 期货指数合约惨跌 55.75 点，收于 1198.75 点；SPY 下跌 ＄5.91，收于 120.26 美元。两者之商为 1198.75/＄120.26 = 9.968，因此，你可以大胆推测迷你标普 500 期货指数合约波动 10 个点对应 SPY 波动 1.00 美元。

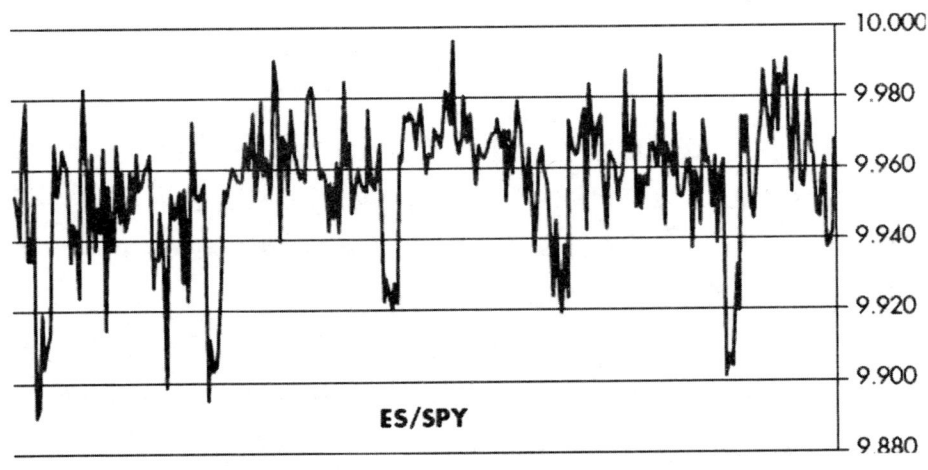

图 6-1　迷你标普 500 期货指数合约收盘价除以 SPY 收盘价之商的波动范围

早上价格变动

本研究包括了迷你标普 500 期货指数合约从 2010 年 7 月 11 日至 2011 年 9 月 6 日的历史表现。2010 年 7 月 11 日 18∶00 迷你标普 500 期货指数合约价格为 1071.50 点；300 个交易日后，其 09∶00 的价格为 1138.75 点。①

合约乘数 50 美元每点；67.25 点的上涨相当可观。这个结果不错，但迷你标普 500 期货指数合约在 18∶00 至 06∶00 期间上涨 148.25 点，表现

---

①　研究时间从 2010 年 7 月 11 日至 2011 年 9 月 6 日。

第 6 章 分解股票和期货

更引人注目。

了解所交易工具的统计数据后,你能做出更深思熟虑的交易决策。本研究分析了迷你标普 500 期货指数合约收盘后的交易情况。①

也许你不经常进行收盘后交易,但在正常交易时段前后建立头寸时,也可以参考这个信息。

我们将迷你标普 500 期货指数合约每 3 个小时的交易情况分为一段。开始建立不同的策略之前,我们先对其价格范围(即所选时间段内最高价和最低价之间的差值)、交易量以及价格变动进行反思性分析。②

价格范围

价格范围是指本研究中每个时段的最高价与最低价之间的差值(图 6-2)。

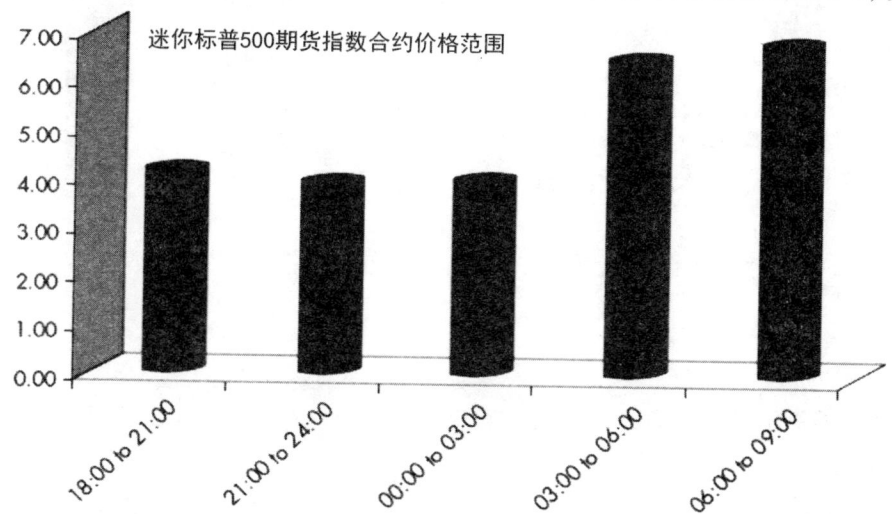

图 6-2 迷你标普 500 期货指数合约 18:00 至 09:00 期间每 3 个小时的价格范围

18:00 至 03:00 的 9 个小时中,价格范围稳定在 4.00 美元左右,但 03:00 至 09:00 期间价格范围显著增大——03:00 至 09:00 期间价格

---

① 本研究以 18:00 为开端,包括之后 15(18:00 至 09:00)个小时的交易情况。
② 本章的所有分析都可以借助 Excel 进行操作。

变动较大，我们下单时可以抛开当前价格灵活操作。①

投资界到处都是"交易量偏爱者"，他们尤其关注交易活动中的异常现象。03：00 之后更多的投资者开始下单建立正常交易时段的头寸，因此交易量增加（参见图 6-3）。②

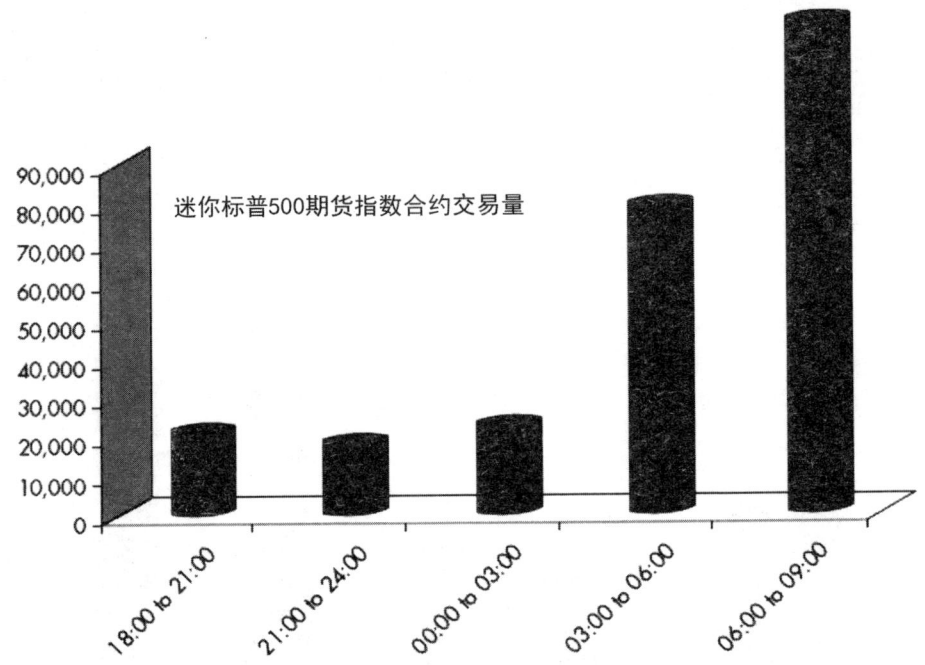

图 6-3　迷你标普 500 期货指数合约 18：00 至 09：00 期间的平均交易量（03：00 之后交易量有显著增长）

最后，我们来分析每 3 个小时的平均价格变动。00：00 至 06：00 是最有可能获利的时段；价格达到顶峰后开始下降，越接近期货市场开盘时间，价格下跌越多。

在本分析包括的 300 个交易日中（图 6-4），迷你标普 500 期货指数合约上涨了 67.25 点，其在 18：00 至 06：00 期间上涨了 148.25 点；不

---

① 知道如何在早上进行期货交易后，我们就能以更有利的价格下单。
② 第 12 章将会讲解如何使用交易量增强预测能力。

要小看这些早上交易活动，它们能提供正常交易时段价格趋势的相关线索。

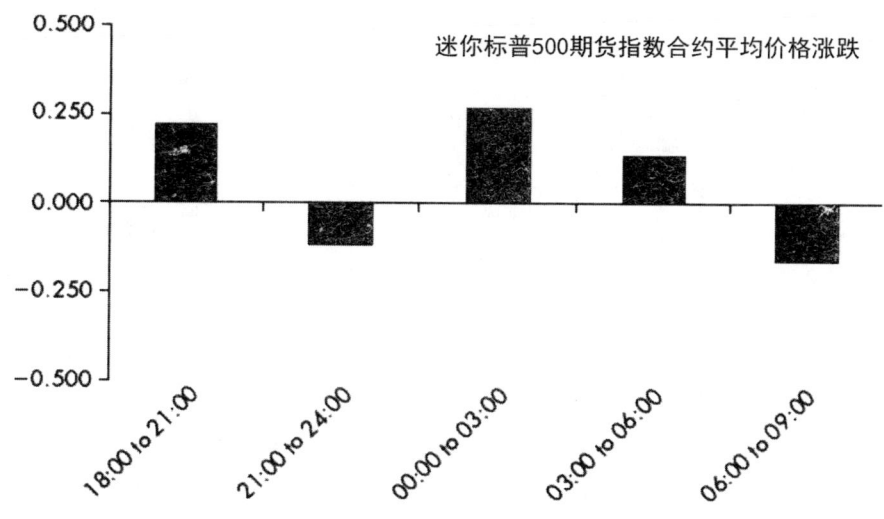

图6-4 迷你标普500期货指数合约每3小时的平均价格涨跌

图6-5中趋势线一路上升，甚至有时直线上涨，上升过程中也出现过几次低谷，这时你可能会感到沮丧，但如果机会出现时你没有抓住，那就是你的失误了。

迷你标普500期货指数合约自2010年12月以来在21：00至24：00时段一路上涨了40点左右，却在2011年3月突然猛跌。有没有办法可以避开这次猛跌？这次猛跌是否预示着会有更糟糕的后市情况？

21：00至24：00时段的平均交易量为1.81万，而2011年3月14日该时段下跌了22.50点，交易量为16.82万，交易量惊人。这之前的3个小时迷你标普500期货指数合约下跌7.5点，是300个交易日中第三大下跌点数，交易量为4.96万（同时段平均交易量为2.14万）。猛跌并伴随着极其活跃的交易活动的情况是不是经常出现？

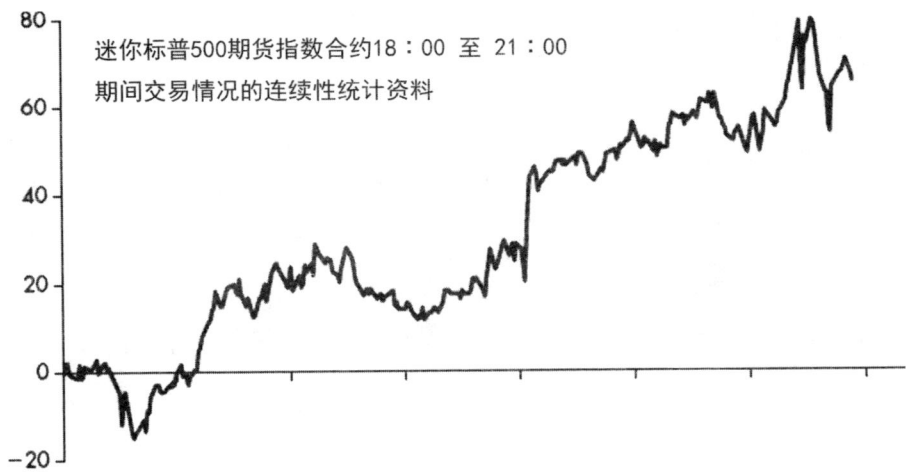

图6-5 18：00 至 21：00 交易时段的连续性统计结果，迷你标普500期货指数合约在这300个交易日中总共上涨67.25点，而在18：00 至 21：00 期间就上涨了65.25点

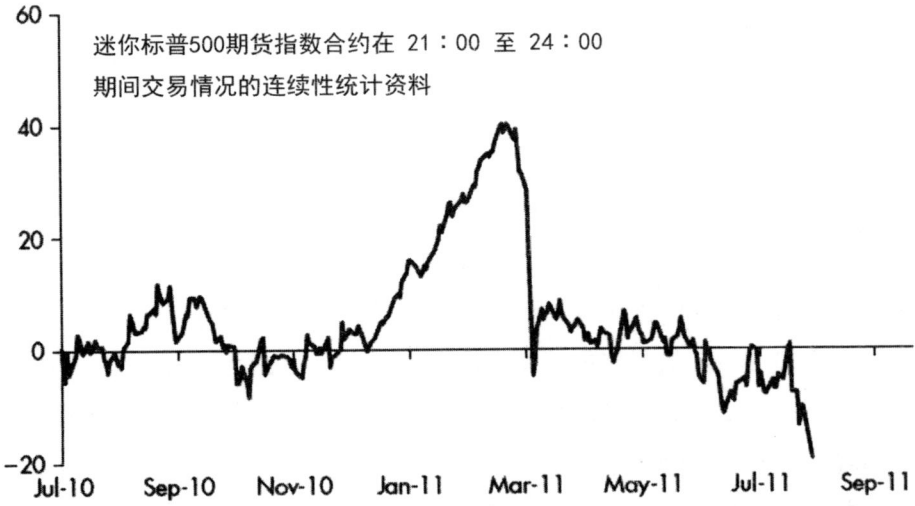

图6-6 2011年3月14日迷你标普500期货指数合约在21：00 至 24：00 时段猛跌22.5点，跌破平衡线

迷你标普500期货指数合约以前00：00至03：00时段的上涨从未超过20个点（图6-7），在2011年3月打破了之前的最低点，大幅回升；更重要的是，迷你标普500期货指数合约在21：00至24：00期间一直下跌，在24：00至03：00期间却一路上涨。

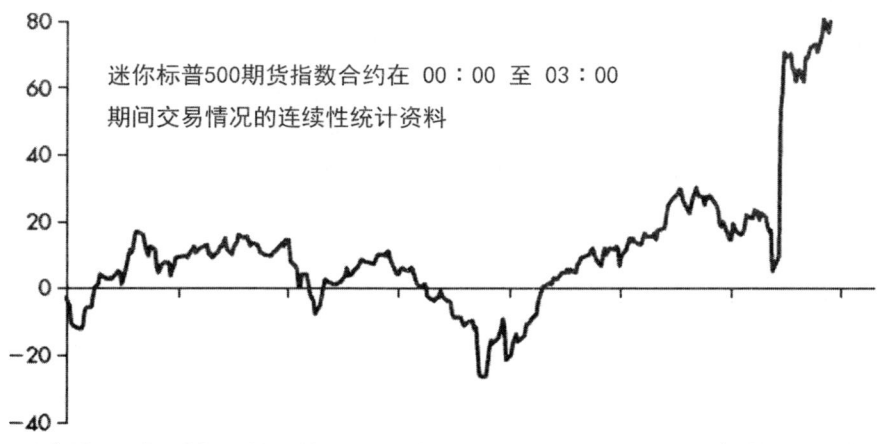

图6-7　2011年3月迷你标普500期货指数合约在00：00至03：00期间直线上涨，是做多的大好机会，猛涨60点的背后原因是什么？

迷你标普500期货指数合约跌至1080点后，在00：00至03：00期间（三个白色竖条）猛涨46点。这三个白色竖条看起来像"V"的右边部分，它们是不是预示着这个交易日接下来会有获利的机会？

图6-8所示的一小时K线图的前半部分迷你标普500期货指数合约呈黑色（即收盘价低于开盘价），这是成功的信号。当看到类似信号时要非常注意。迷你标普500期货指数合约22：00触底，23：00价格波动性下降，00：00至03：00开始"V"形回升并上涨46点。这3个小时的表现预示着早上至16：00期间的回升和上涨（白色竖条）。

图6-8 1小时K线图展示了迷你标普500期货指数合约2011年8月9日的猛涨

这就是对表现进行连续性统计分析的目的所在——获取趋势模式。毕竟，迷你标普500期货指数合约在这10个月中上涨了100点（图6-9），如果没有在断崖式下跌前抓住机会，将是很遗憾的。图6-10展示了迷你标普500期货指数合约在06：00至07：00期间的价格变动，这一时段的价格变动似乎呈现周期性上涨。

图6-9 迷你标普500期货指数合约在03：00至06：00时段一路上涨100多点后突然猛跌

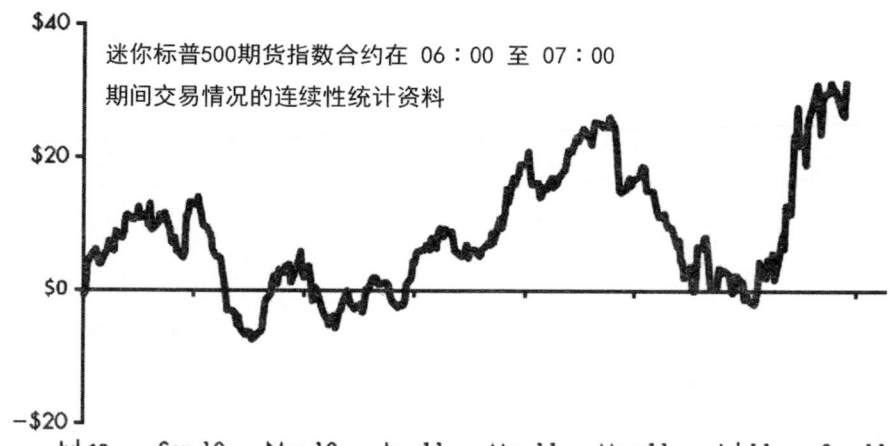

图 6-10 这个模式看似好操作,但是很考验交易者的情绪控制能力(如果你处理好了,这 300 天可是个获利的好机会)

不是所有图形都会给出交易机会(图 6-11),有些 1 小时 K 线图顶多能够作为参考。

图 6-11 频繁的波动让人难以预测这个时段的交易模式(有的图表分析师认为边界点就是交易机会)

交易活动频繁的时候要仔细观察，最好不要在这种时候进行交易。例如，2011年8月11日迷你标普500期货指数合约下降25.25点，并出现300个交易日中的最大交易量（当天交易量为18.2126万，而300个交易日的平均交易量为3.2180万）；但是我们得到这个数据时已经发生下跌，因此它并不能帮助我们预防这次亏损。其实，早在前几个小时就已经出现了警示信号：前几小时交易量为9.5790万，是300个交易日中的最大交易量。

不正常的早上价格变动，能让你提前察觉到下跌可能性。例如，下跌25.25点之前，迷你标普500期货指数合约在早上交易活动中价格范围剧烈增大，这就是另一个警示信号。表6-1是两个交易时段的交易范围对比。

表6-1 2011年8月11日迷你标普500期货指数合约在07:00至08:00期间下跌25.25点，实际上此前四天的交易情况已经清楚地预示了这一次惨跌，这四天中03:00至06:00期间的交易情况与300个交易日同一时段的平均情况差异巨大

03:00至06:00期间迷你标普500期货指数合约的交易情况			
交易天数	分析时间	涨跌点数	平均交易量
4天	2011年8月8日至2011年8月11日	-43	339497
300天	2010年7月12日至2011年9月6日	39	83800

这四天的价格异常变动期间（2011年8月8日至11日），特别是在03:00至06:00期间，投资者通常会经历一段混乱的交易，如此大的价格差也许不能为我们预测方向，但是它通常预示会发生更大的波动。

图6-12显示了在08:00至09:00的开盘前交易时段做多的交易结果，趋势线一路下跌，并且跌破平衡点之后，趋势就很容易预测。

图6-12 期货市场开盘前，迷你标普500期货指数合约一直呈现下跌态势，跌至平衡点以下后，一直未出现恢复的势头

迷你标普500期货指数合约已经跌至最低价，并且还将继续下跌。我们能不能凭此来预测09：00至11：00期间的价格情况？进一步讲，在之前的200个交易日（2010年11月30日至2011年9月7日）中，08：00至09：00期间的价格走势对09：00至11：00期间的价格有什么影响？

猛跌之后，我们将迷你标普500期货指数合约08：00至09：00期间的交易情况分为以下两类：

08：00至09：00期间上涨（涨幅>0）。
08：00至09：00期间下跌（跌幅<0）。

我们要研究的是迷你标普500期货指数合约在09：00至11：00期间的交易情况。我们想知道迷你标普500期货指数合约08：00至09：00期间的价格变动是否会影响其接下来两小时（09：00至11：00）的表现。

以前200个交易日（2010年11月30日至2011年9月7日）的情况显示，迷你标普500期货指数合约08：00至09：00期间的价格变动和其接下来两小时的表现呈反相关（表6-2）。在08：00至09：00期间上涨的87个交易日中，迷你标普500期货指数合约在09：00至11：00期间下跌 62.50 点（平均每天获利 0.7184 美元，胜率 44.83%）。

反之，08：00 至 09：00 期间价格下跌的情况下，做多的效果更好，这种情况下胜率 59.41%，上涨 65.25 点（平均每天获利 0.6460 美元）。两种情况下，持有与 08：00 至 09：00 期间价格变动相反的头寸，都是安全的做法。

表 6-2　08：00 至 09：00 期间价格变动对 09：00 至 11：00 期间的交易的影响，08：00 至 09：00 期间的价格变动与 09：00 至 10：00，乃至 11：00 期间的交易情况呈反相关

	08：00 至 09：00 价格上涨		08：00 至 09：00 价格下跌	
	09：00 至 10：00	09：00 至 11：00	09：00 至 10：00	09：00 至 11：00
交易天数	87	87	101	101
累积涨跌	-21	-62.5	36.25	65.25
平均每日涨跌	-0.2414	0.7184	0.3589	0.646
上涨天数	44	39	56	60
下跌天数	42	46	41	41
胜率	0.5058	0.4483	0.5545	0.5941

迷你标普 500 期货指数合约 09：00 至 10：00 期间大幅下跌（下跌 5 点以上）会对其 10：00 至 11：00 期间的交易有什么影响？

这一时段包含 09：30 的开盘时间，通常是价格变动最剧烈的时段（图 6-13）。

与之前的研究不同，这次我们采用散点图来展示迷你标普 500 期货指数合约 09：00 至 10：00 期间的异常表现，以便分析其 10：00 至 11：00 期间的表现（图 6-14）。

第 6 章　分解股票和期货

图 6-13　09∶30 期货市场开盘，这时通常会有剧烈的价格变动，这一时段在 6 个月中下跌近 90 点

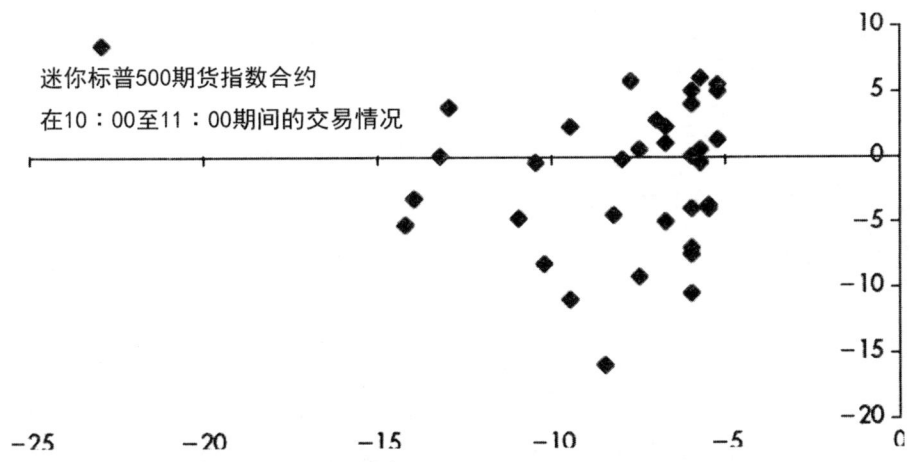

图 6-14　09∶00 至 10∶00 期间下跌超过 5 点（X 轴）所对应的 10∶00 至 11∶00 期间的表现（Y 轴）

散点图展示了迷你标普 500 期货指数合约 09∶00 至 10∶00 期间下跌大于 5 点时，其 10∶00 至 11∶00 期间的表现。通过这个图，我们可以同时对比这两个变量。图中所有黑块都在 -5 点左侧（09∶00 至 10∶00 下跌超过 5 点），便于我们确定因变量的表现。例如，最大的下跌位于散点

图最下方,其 09:00 至 10:00 期间下跌 8.5 点,10:00 至 11:00 期间下跌 16 点(-8.5,-16)。更引人注目的是有个巨大的下跌(左上方单独的那个黑块)对应着 8.5 点的上涨(-23,8.5)。

对比分析了 51.25 点的下跌之后(涨跌平天数 15-18-2),图 6-15 是迷你标普 500 期货指数合约在 10:00 至 11:00 期间交易情况的连续性统计结果。大多数技术分析师都能一眼看出,50 点处有连续的有效支撑。

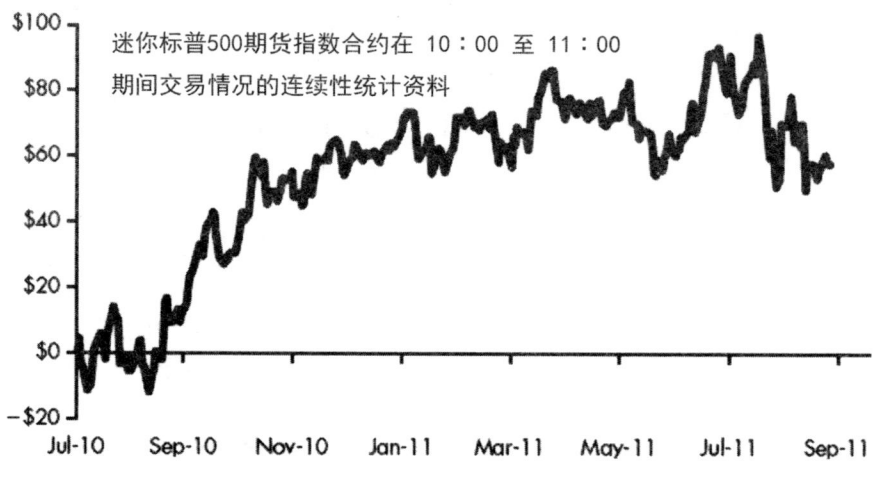

图 6-15 这一时段开始低迷,之后一路飙升 80 点,而后又返回 50 点附近的支撑线

早上交易活动

图 6-16 的柱状图描绘的是价格范围(最高价与最低价之差),很好地反映了早上交易活动。

价格范围过大会影响你的情绪。如果鲁莽行事,你可能会陷入不由自主的交易中。除非严格根据系统的分析结果进行交易,最好避开不稳定的交易环境(见图 6-17)。

第 6 章 分解股票和期货

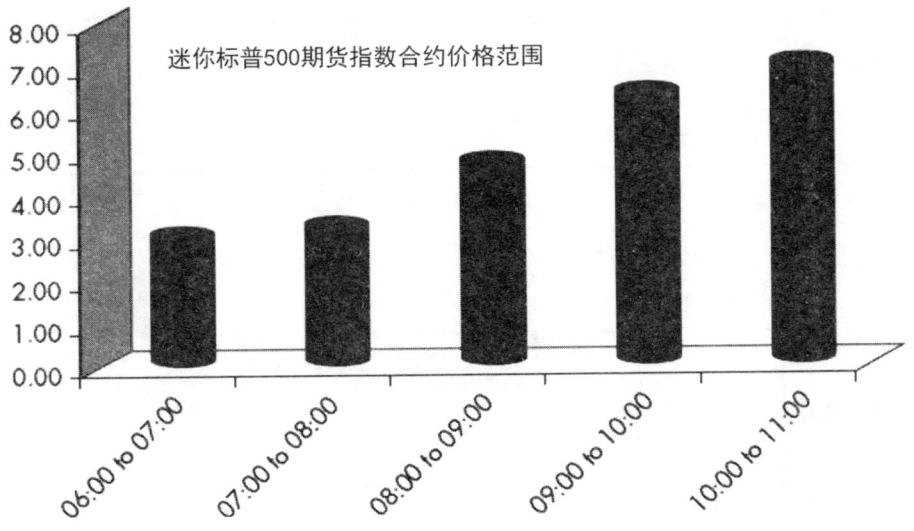

图 6-16 早上 5 个小时的价格范围（高价与最低价之差）

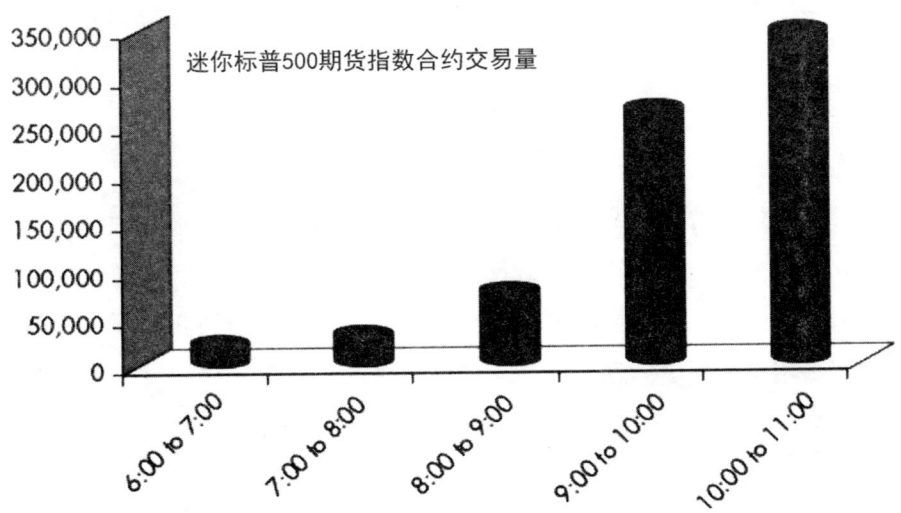

图 6-17 迷你标普 500 期货指数合约早上交易量与对应时段的价格范围密切相关

当然，大量机构资金会在股市开盘时进入市场。如果可以，我们最好在开始出现大量交易之前进行交易。

观察这 5 个小时的表现可以发现新策略（图 6-18）。在这 300 个交易日中，投资者应该在 07∶00 之前平仓获利并下限价单，以低于 07∶00 现价的价格买入期货、指数基金或股票。实际持有头寸之前，要验证这个结论的准确性，以确保该策略可行。

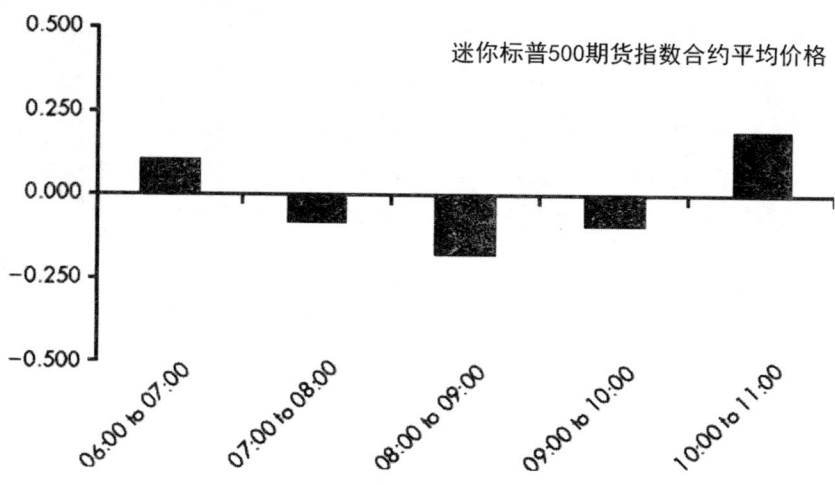

图6-18　300个交易日中这5小时的每小时表现结果呈两头高中间低

熊市 VS 牛市

分析迷你标普500期货指数合约傍晚交易情况本身就很有用，但是通过对比熊市和牛市的交易情况，我们能得到更多信息。我们想通过价格范围（18：00至20：00期间最高价与最低价之差）来分别获取前段时间熊市和当下牛市的更多信息。①

研究时间从2007年3月13日开始，当天迷你标普500期货指数合约收于1392点，经过1198个交易日，在2011年11月3日收于1256点（20：00的价格）。收盘后交易时段很容易获利，尽管在此次研究中下降了136点。但是，熊市和牛市在这一时段的表现是否有明显差异呢？②

在图6-19中，熊市支撑点为-40（灰色部分），但进入牛市后一开始

---

① 大部分交易平台允许交易者在20：00之前持有头寸，这时出价与要价差较小，你可以放心交易SPY、PowerShares QQQ和Russell 2000。

② eSignal可以提高2007年之后的日内期货交易记录。

猛跌，随后有所恢复，最后实现上涨。

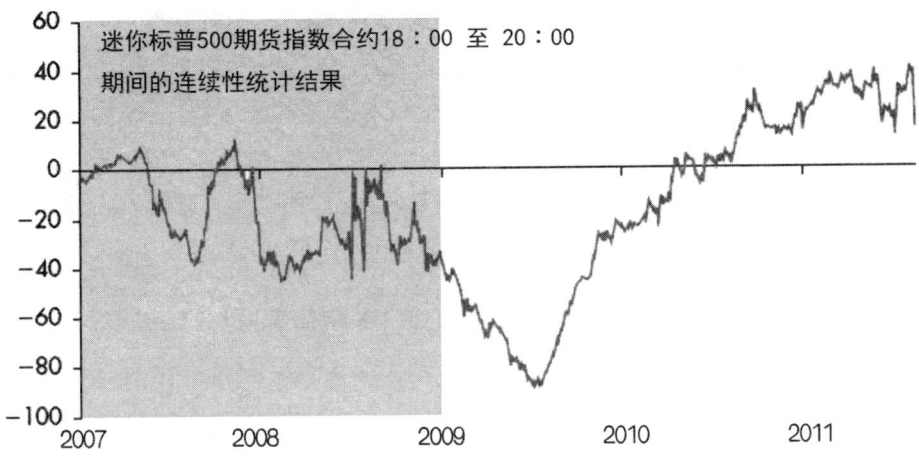

图 6-19　E 迷你标普 500 期货指数合约 18：00 至 20：00 期间的连续性统计结果

表 6-3　虽然是熊市，但是 18：00 至 20：00 期间的下跌相对缓和

迷你标普 500 期货指数合约	时间	交易天数	累计涨跌
熊市	2007 年 3 月 13 日至 2009 年 3 月 9 日	511	−34.75
牛市	2009 年 3 月 10 日至 2011 年 11 月 4 日	687	52
	累计	1198	17.25

我们能否在这表现不佳的 1198 个交易日中获利？任何时候如果在熊市做多，都会承受很大的压力，但是有冒险精神的投资者有可能在这两个小时中获利。①

有时候从表面上看机会并不明显。例如，一支职业棒球队赢了 20 场，输了 20 场，看起来似乎没什么优势。但如果考虑更多的变量，你就会有

---

① 通道交易法建议日内交易者在阻力线做空，在支撑线做多，我曾在书中讨论过这点；对于自律性不是很强的投资者，这种颠倒的交易环境很可能让其陷入情绪化交易中。

不同的看法。例如，在以下情况下你会做出怎样的判断呢：这支队伍虽然胜率是50%，却是主场作战；对阵的是左撇投手，而这个投手在这个场地从没胜出过。再看统计数据，这支球队主场作战的胜败记录是15：5，对阵左撇投手的胜败记录是10：4。深入挖掘的这些统计数据，通常都非常有用。

牛市的预兆

下图（图6-20）显示的是18：00至24：00期间的交易表现，你能从中得出什么信息？

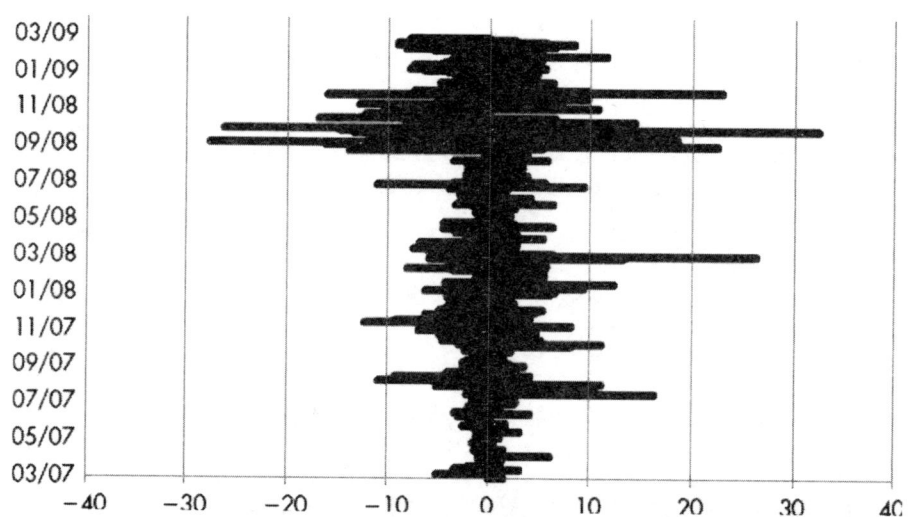

图6-20　熊市18：00至24：00期间迷你标普500期货指数合约的交易情况，熊市尾部的异常值波动性更大

熊市在这6个小时中的价格变动相对温和。迷你标普500期货指数合约在2008年秋波动性急剧增大，冬天又趋于缓和。

价格变动趋于缓和，是否向我们传递出市场情绪即将上扬的信号呢？重要的是要警惕市场行为中任何剧烈的变化——此次剧烈的变化就预示着长期牛市的到来。

灵活运用语句

Excel 还有一些其他的统计函数，这些函数非常有用，可以计算多个条件。为解决下面这个研究问题，我们需要两个主要函数。

上个研究中我们分析了 18：00 至 20：00 期间的交易情况，得出的结果有点意思却并不是很有用。接下来我们将分析迷你标普 500 期货指数合约 18：00 至 24：00 期间的交易情况对其 00：00 至 09：00 期间的交易的影响。

如果 18：00 至 24：00 期间出现大幅上涨或下跌，会不会对 00：00 至 09：00 期间的交易产生影响？研究时间从 2009 年 6 月 30 日至 2011 年 7 月 1 日（517 个交易日），自变量为：

迷你标普 500 期货指数合约 18：00 至 24：00 期间价格变动> +5 点

迷你标普 500 期货指数合约 18：00 至 24：00 期间价格变动<-5 点

因变量为：迷你标普 500 期货指数合约 00：00 至 09：00 期间的价格变动。

表 6-4 是一个工作表，我们应该运用哪个函数来计算这 517 个交易日中的获利交易？

表 6-4 一张简单的工作表，足以让我们找到问题的答案

	A	B	C	D	E	F	G
1	Date	z18:00	Date	z00:00	z09:00	k1824	k0009
2	6/30/2011	1,315.25	7/1/2011	1,313.75	1,315.50	−1.50	1.75
3	6/29/2011	1,304.00	6/30/2011	1,306.75	1,307.75	2.75	1.00
4	6/28/2011	1,294.50	6/29/2011	1,292.00	1,301.50	−2.50	9.50
5	6/27/2011	1,278.00	6/28/2011	1,277.75	1,281.50	−0.25	3.75
6	6/26/2011	1,265.00	6/27/2011	1,262.00	1,264.50	−3.00	2.50
	↓	↓	↓	↓	↓	↓	↓

表中有两列日期。A 列是 18：00 至 24：00 交易时段，C 列是 00：00 至 09：00 交易时段。

A 列是 18：00 价格所在日期。
B 列是 18：00 的价格。
C 列是下一日。
D 列是 00：00 的价格。
E 列是 09：00 的价格。①
F 列是自变量，是 18：00 至 24：00 期间的价格变动。
G 列是因变量，是 00：00 至 09：00 期间的价格变动。

在这个问题中我们想知道有多少交易日满足两个条件中的任何一个。我们可以使用 =COUNT 函数来找出满足条件的交易日：

=COUNTIF（G2：G518,">5"）是一个单独条件语句，它是在价格变动（K1824）列中寻找价格变动> +5 的结果。

=COUNTIF（G2：G518,"<-5"）是一个单独条件语句，它是在价格变动（K1824）列中寻找价格变动<-5 的结果。

虽然满足条件的交易日不多（表 6-5），但是两种情况的表现都超出了平均表现，因为午夜后价格恢复，所以在下跌大于等于 5 点之后做多是比较好的选择。

---

① 在记录某一小时的价格时会存在微小的差异，因为有两个数据。例如，记录 08：00 的价格时，程序记录的可能是 08：00 开始时的价格，也可能是 08：00 结束时（即 08：59：59）的价格，但在记录 09：00 的价格时，都是统一记录 09：00 开始时的价格。有时两个数据会存在微小的差异。

表 6-5 对这 517 天进行的分析中，迷你标普 500 期货指数合约在 18∶00 至 24∶00 期间价格变动较大（±5 点）所对应的 00∶00 至 09∶00 期间的交易情况，以及 517 个交易日的整体交易情况

	价格变动 > +5	价格变动 <-5	总计
交易日	31	26	517
平均每日涨跌	0.427	2.538	0.416
累积涨跌	13.25	66	215

如果按交易量进行区分，则还需要两列数据（见表 6-6）：

B 列是 18∶00 的价格。

C 列是 18∶00 至 24∶00 的交易量。

E 列是 00∶00 的价格。

F 列是 09∶00 的价格。

G 列是 18∶00 至 24∶00 的价格变动。

H 列是 00∶00 值 09∶00 的价格变动。

I 列是分类变量。交易量低于 50000 时为数字 1，交易量高于 50000 时为数字 2。

表 6-6 添加了 C 列交易量和 I 列分类变量，对交易量低于 50000（数字 1）和高于 50000（数字 2）的情况进行了区分

	A	B	C	D	E	F	G	H	I
1	Date	z18:00	v1824	Date	z00:00	z09:00	k1824	k0009	50,000
2	6/30/2011	1,315.25	24,893	7/1/2011	1,313.75	1,315.50	-1.50	1.75	1
3	6/29/2011	1,304.00	35,551	6/30/2011	1,306.75	1,307.75	2.75	1.00	1
4	6/28/2011	1,294.50	31,395	6/29/2011	1,292.00	1,301.50	-2.50	9.50	1
5	6/27/2011	1,278.00	22,077	6/28/2011	1,277.75	1,281.50	-0.25	3.75	1
6	6/26/2011	1,265.00	61,010	6/27/2011	1,262.00	1,264.50	-3.00	2.50	2
	↓	↓	↓	↓	↓	↓	↓	↓	↓

表6-6在"I2"单元格使用=IF语句对交易量情况进行区分,在"I2"单元格输入等式后向下自动填充。"C"列是交易量,因此在"I2"单元格输入:

=IF(C2<50000,1,2)。

2011年6月26日迷你标普500期货指数合约18:00至24:00期间的交易量大于50000,因此"I6"单元格返回数字"2"。更简单的方法是使用筛选命令。点击筛选按钮,然后点击交易量列(v1824)的小方框,然后选择"数字筛选"命令,你就可以设置任意筛选条件。当然你也可以设置更多条件来进一步筛选(关于筛选命令请参见第4章)。

多重条件统计函数

多重条件统计函数(COUNTIF)可以计算满足条件的结果数量。例如,=COUNTIF(G2:G518,">5")计算的是"G"(K1824)列价格上涨大于5点的交易日数量。

在=COUNTIF后加上一个S,与=COUNTIF统计函数功能相同,却更强大,它可以计算计算满足多个条件的结果数量。多重条件统计函数(图6-21)是复合条件语句。[1]

,例如,使用=COUNTIFS函数可以计算出18:00至24:00期间价格上涨大于5点且交易量小于50000的结果数量。

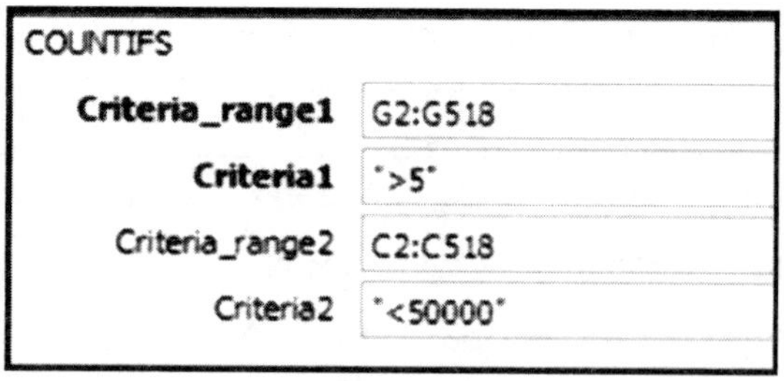

COUNTIFS	
Criteria_range1	G2:G518
Criteria1	">5"
Criteria_range2	C2:C518
Criteria2	"<50000"

图6-21 多重条件统计函数计算的是价格上涨大于5点且交易量小于50000的交易日

---

[1] 理论上来说,COUNTIFS函数可以对任何因变量进行分析,而且用户在使用Excel的这些统计函数时,可以合并其他变量。

在这个研究中，总共有四种可能情况：

=18：00 至 24：00 价格变动 > 5 点且交易量 < 50000

=18：00 至 24：00 价格变动 > 5 点且交易量 > 50000

=18：00 至 24：00 价格变动 <-5 并且交易量 < 50000

=18：00 至 24：00 价格变动 <-5 并且交易量 > 50000

同样，图 6-22 展示了如何使用分类变量来对交易量进行区分。

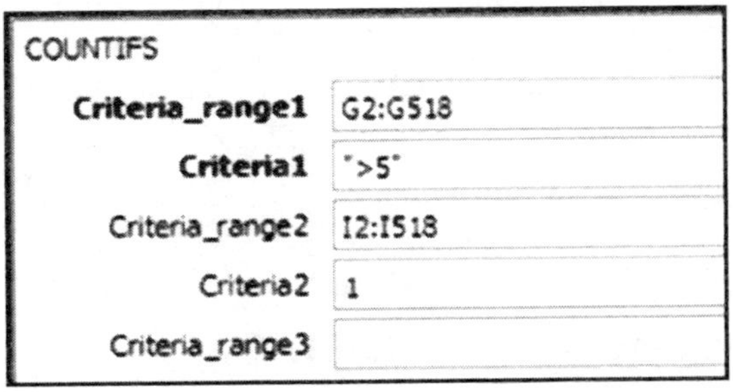

图 6-22　多重条件统计函数也返回价格变动大于 5 点且交易量小于 50000 的结果数量（请注意条件范围的变化）

= SUMIFS

=SUMIFS 函数（图 6-23）与 =COUNTIFS 工作原理相同，只是它可以对满足条件的单元格求和。

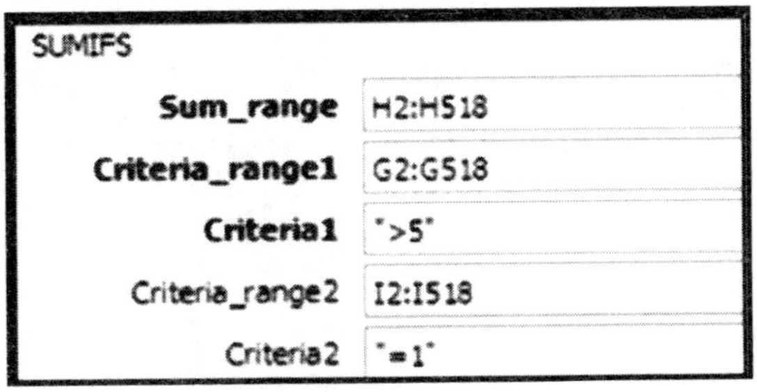

图 6-23　=SUMIFS 首先对因变量求和。求和之后需要设定自变量条件

满足条件的交易日数量减少,但是迷你标普 500 期货指数合约的表现仍然不错,最好的表现结果出现在 18:00 至 24:00 期间价格变动小于-5点且交易量大于 50000 一类。(图 6-21—图 6-23)。[①]

表 6-7　虽然样本较少,我们仍然可以看出交易量的增大对表现有影响

情况分类	COUNTIFS	SAMIFS
价格变动 > 5 点并且交易量 < 50000	13	-10.5
价格变动 > 5 点并且交易量 > 50000	19	24.75
价格变动 < -5 点并且交易量 < 50000	14	21.25
价格变动 < -5 点并且交易量 > 50000	13	49

这两个统计函数让投资者可以灵活地对当前交易环境进行深入分析。还有一个有用的函数是 = AVERAGEIFS,但只要你计算出 COUNTIFS/SUMIFS 两个函数的结果,这个结果就很好计算了。

总　结

有多年的交易经验后,取得成功是必然的。到达成功的顶端就像爬梯子一样,每一步都可以让你更上一层;但是与爬梯子不同的是,每一步所需要的技能都不同。

经过一个个交易日后,市场自身也在不断变化,这是活跃的交易者遇到的挑战之一。虽然没有适用于所有环境的交易系统,但当一个系统有用时,就坚持使用它。一个系统能使用多久,不是你能控制的,你能做的,就是不断分析系统表现,并进行一些必要的调整,充分利用系统,直到它最终不再适用。

---

① 这个条件下的交易量是大于 50000,而这 517 个交易日的平均交易量是 32584。

第 7 章　量化风险

如果我们能确定它，那就不成其为危险了。

——夏洛克·福尔摩斯

本章将介绍一些度量风险的新方法，将这些新方法与传统方法结合使用将大大提高你对风险的评估能力。

市场人士知道回调是交易的一部分，完全避免回调是不现实的，努力降低风险是更现实的目标，但说起来容易做起来难：即使能够做到避免情绪化交易，规避风险也不是件简单的事，因为大多数投资者对风险的认识并不正确。

很多投资者都认同传统的风险评估方法，我们首先来讨论传统方式的弊端。

标准差

我们可以通对 SPY（标准普尔指数存托凭证，下同——编者注）在 2006 年 12 月 27 日至 2011 年 9 月 30 日期间的每日价格下跌进行分析，来证明这一点。标准差是最常见的风险评估方法，但这个方法确实存在缺陷。

讨论标准差之前，我们先来回顾 SPY 在这 1200 个交易日中的表现。在这 1200 个交易日中 SPY 猛跌了 28.43 美元（平均每日下跌 0.0237 美元)。

选中这 1200 个交易日的价格变动,运用 =STDEV 公式得出的标准差为 1.7768 美元。许多投资者认为资产损失才叫风险,但是标准差的计算既包括了上涨的又包括了下跌的每日价格变动。

1200 个数值中,68.3% 的数在一个标准差 ± 平均价格变动(-0.0237 美元)范围内,95.4% 的数在两个标准差范围内,99.7% 的数在三个标准差范围内。以下是这 1200 个交易日的计算过程,所求结果是低于平均值的标准差值。

这些数是除开异常值的数,95.4% 以外还有 4.6% 的数是异常值。通常我们对亏损的部分比较感兴趣,所以有必要对百分数再进行区分——4.6%÷2 = 2.3%,这样在 1200 个交易日中,有 1200 天 × 2.3% = 27.6 个交易日属于负异常值。

SPY 低于平均值的两个标准差计算为 -3.58 美元 [-0.0237 美元 + (-1.7768 美元) + (-1.7768 美元)]。有 41 个交易日的单日下跌超过了 -3.58 美元,这样就应该有 41 个负异常值,而不是 27.6 个,并且标准差还存在其他的问题。

计算标准差值时,这 1200 个交易日的权重都相同,但大多数投资者都想更侧重于较近的交易日;这就是说,标准差没有考虑到收盘价的时序——相较于更早的价格,最新的价格并没有被给予着重考虑,因此,这种风险的计算方式通常都是不对的。

价格暴跌

怎样区分较早的表现和近期的表现?将这 1200 个交易日的回调绘制成图,可以更好地反映风险。

显然,下跌一开始就难以止住。注意 2009 年之前出现的密集回调。2011 年附近的这段大空白,为活跃的交易者带来了低风险高回报的最好机会。

我们可以通过绘制条形图来按顺序地反映这些低迷的交易日,这些垂直的条形清楚地反映了 2009 年之前大量的 2% 回调，而且累积在一起产生了暴跌。

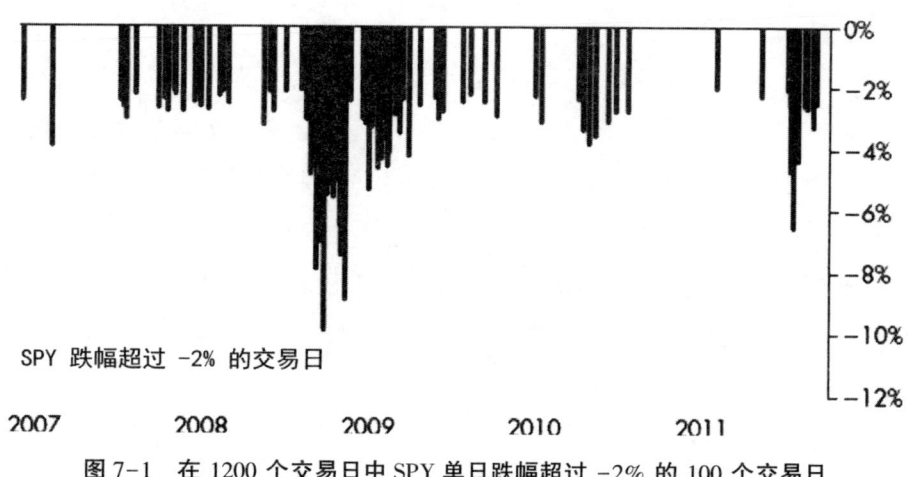

图 7-1　在 1200 个交易日中 SPY 单日跌幅超过 -2% 的 100 个交易日

另一个确定风险的办法，就是计算发生回调的可能性。这 1200 个交易日中有 100 次回调，平均每 12 天发生一次回调。图 7-1 清楚地显示了 2% 回调并不是有规律地出现。显然，认为每 12 个交易日就会出现一次回调的工作假说是不正确的，除非你能找出长期的下跌规律，否则很难预测偶然的价格下降。

但是，我们仍然可以看到结果的冰上一角，也就是说，结果并不完整。尽管这样，当风险出现时，我们并没有可以直接应对风险的交易策略。

交易一只长期看涨的股票时，保持或缓慢地增加对该股票的持有是很正常的，但是，当发生回调的可能性增加时，你该如何应对呢？

在这种情况下，你有以下几种选择措施：

1. 买入更多该股票。
2. 完全无视发生回调的可能性增加，不采取任何措施。
3. 在即将发生回调时减少持有的头寸。

4. 完全卖出平仓多头头寸。

5. 卖出平仓后做空，以便从价格下跌中获利。

在波动结束之前按兵不动的做法不太具有吸引力，尽管这样可以确保资金安全，但因为害怕错失第二天强势反弹的机会（日内交易者普遍有这种担心），完全按兵不动也不容易。之所以有的交易者能够获利而有的交易者不能获利，原因就在于，当最可能发生回调时，聪明的投资者并不着急采取措施。

聪明的投资者会在下跌的频率（或下跌幅度）有所降低前采取保守措施，而当回调开始减少时（例如 2011 年之前的这段空白期间），则采取比较激进的措施。

β 值

β 值是用来衡量系统风险（即市场低迷所造成的风险）的指标，衡量证券对市场指数（S&P 500）价格变动的反应。市场指数的 β 值为 1.00。如果股票的 β 值为 1，则股票和指数的风险等同；如果股票 β 值为 2，则股票风险是指数风险的两倍。如果股票 β 值大于 1，则它风险较大，更适合激进的投资者；如果 β 值小于 1，则适合较保守的投资者。[1]

=SLOPE 函数可用来计算 β 值。自变量是市场指数，因变量是所分析的股票或期货。

表 7-1 中是虚拟的两只股票和市场指数。通常 β 值并不能准确地度量风险。一般来说，股票与市场指数间微小相关性可能会影响 β 值的计算。例如，市场指数（S&P 500）和股票基金（AAA 和 ZZZ）的每年价格变动如表 7-1 所示。

---

[1] 安东尼·特龙戈内，《金融与投资的定量分析法》，新加坡：圣智学习出版公司，2008。

表 7-1 对比分析：尽管两只股票基金（AAA 和 ZZZ）的价格离散度不同，但其 β 值都等于 0.000

年	S&P 500	AAA	ZZZ
2010	6	3	1
2011	5	3	8
2012	4	2	1
2013	3	2	7
2014	2	3	1
2015	1	3	4
STDEV	1.871	0.516	3.204
相关系数		0.000	0.000
β 值		0.000	0.000

交换数值顺序后得出的结果仍然相同。例如，如果将 S&P 500 指数的数值由 6，5，4，3，2，1 换成 1，2，3，4，5，6，两只股票基金的 β 值仍然不变。

用 β 值衡量相对风险，可能得出错误的结果。尽管 AAA 股票的价格波动性小很多，但两只股票得出的 β 值却相同。标准差值和 β 值能较准确地反应价格离散度，但这些统计结果经常具有误导性，因为投资者没有注意到用它们度量风险的缺陷。

运用风险评估建立交易系统

本研究通过研究黄金期货[①]单日下跌回调来定义风险。

在本研究中，回调的操作性定义是黄金期货单日下跌超过 10 美元。

---

① 做多黄金的方式有很多种。本研究中我们选择的是黄金期货，你也可以选择其他合约乘数更小的期货（例如 E-mini Gold 和 E-micro Gold），三者的交易量存在差异（2010 年 9 月 7 日至 2011 年 11 月 10 日）。黄金期货 300 个交易日的平均交易量是 16.6 万，YG 期货的平均交易量是 6371，MGC 期货合约的平均交易量是 70.7 万。两只模拟黄金价格变动的 ETF（交易所交易基金）在 2011 年 11 月 11 日的价格，较活跃的黄金信托基金（GLD）的价格为 17114 美元，是安硕黄金指数基金（IAU）价格的 10 倍（117.17 美元），并且这些产品与黄金期货的相关性几乎是完全正相关。

研究时间从 2008 年 3 月 19 日（当天下跌 59 美元）至 2011 年 9 月 30 日。黄金期货在下跌 59 美元后，收于 945.30 美元。895 个交易日后，即 2011 年 10 月 3 日，黄金期货反弹至 1657.70。

请注意，本研究中回调是指下跌超过 10 美元，但是因为黄金期货价格猛涨，每日跌幅无法反映这 894 个交易日中因变量的权重，对于想将亏损控制在 10 美元以内的投资者来说，这个办法是再好不过的。

回调之后，第二天出现回调的可能性为 23.6%，而之后两天内再次下跌超过 10 美元的可能性为 42.1%（见表 7-2）。

表 7-2　黄金期货发生第一次回调之后，多少天内会发生第二次回调？例如，第一次回调之后，3 天内发生第二次回调的累积概率为 56.2%

发生回调后的天数	回调次数	概率	累积概率
1	42	23.6%	23.6%
2	33	18.5%	42.1%
3	25	14.0%	56.2%
4 to 5	27	15.2%	71.3%
6 to 7	16	9.0%	80.3%
8 to 9	14	7.9%	88.2%
10 to 11	5	2.8%	91.0%
12 to 13	4	2.2%	93.3%
14 to 15	4	2.2%	95.5%
16 to 23	4	2.2%	97.8%
24 to 31	3	1.7%	99.4%
32+	1	0.6%	100.0%
Sum	178	100%	

黄金期货 2007 年 3 月 19 日下跌 59 美元，之后有 177 个交易日单日下跌超过 10 美元。图 7-2 显示了发生回调后接下来的交易日再次发生回调的可能性。

第7章 量化风险

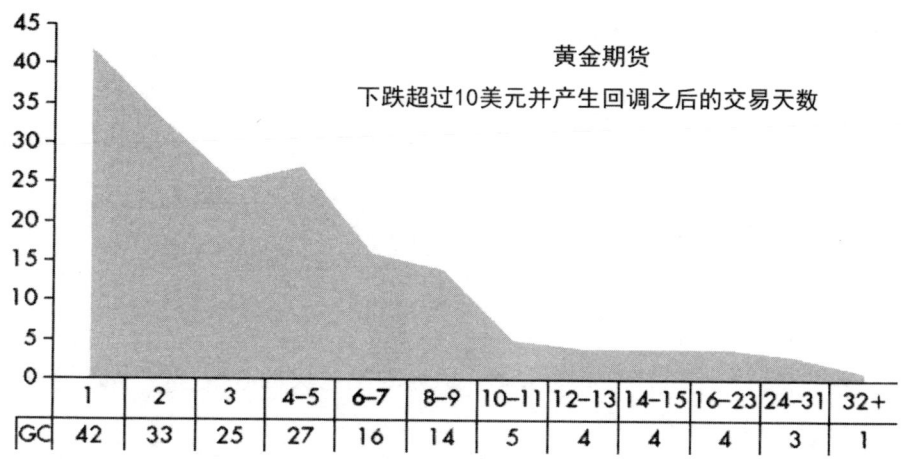

图 7-2 下跌超过美元 10 发生第一次回调后，多少天内会发生第二次回调？发生第一次回调后，第二天的回调次数为 42 次

研究的工作假说是：下跌超过 10 美元后，在第二天做多的过往表现如何？（注释 2）

表 7-3 的时间跨度为 894 天，它根据发生回调后的天数，对黄金期货的表现进行了区分。

表 7-3 根据发生回调后的天数对黄金期货的过往表现进行区分

发生回调后的天数	交易日天数	累计上涨	平均每日上涨
1 to 3	419	$57.30	$0.128
4 to 9	299	$296.40	$0.991
10 to 19	117	$114.70	$0.980
20 to 29	37	$185.10	$5.003
30 to 51	22	$87.80	$3.991

30 天以上没有发生回调时，交易环境比较安全，这 22 个交易日总获利 87.80 美元。这 30 多天中投资者没有表现出惊慌，虽然中间有 8 个交易日出现下跌，最大跌幅 12.70 美元。

发生回调后，投资者的交易意愿下降，但是我们也不想在黄金开始回升时坐以待毙。这和在猛跌时做多一样痛苦。①

巨大的沽售压力

下一个研究问题是：巨大的沽售压力会不会对对第二天的交易产生不良影响，也就是说，在黄金期货下降50美元后做多，是否比下跌20美元后做多更容易获利？

我们将价格下跌情况分为五类，以便对第二天的389个交易日进行分析（见表7-4）。

表7-4 黄金期货价格下跌后第二天的表现，在下跌超过30美元的29个交易日中，黄金期货在第二天总共下跌了130.70美元

单日价格下跌	交易天数	上涨天数	下跌天数	胜率	累积涨跌	平均每日涨跌
-$0.01 至 -$9.99	210	120	90	0.571	$233.10	$1.11
-$10.00 至 -$19.99	105	64	41	0.610	$84.60	$0.81
-$20.00 至 -$29.99	45	23	22	0.511	$64.80	$1.44
-$30.00 至 -$39.99	18	8	10	0.444	-$91.3	-$5.07
≧-$40.00	11	5	6	0.455	-$39.4	-$3.58
总计 价格下跌	389	220	169	0.566	$251.8	$0.647

389个交易日中，有220个交易日上涨，169个交易日下跌，累积上涨251.80美元（平均每日上涨0.65美元）。价格下跌0.01美元至9.99美元的情况带来了大部分的获利，在210个交易日中这类情况为精明的投资者带来了233.10美元的回报，涨跌天数之比为120:90。单日下跌低于30

---

① 第二天再次发生回调的情况中，20个表现最好的交易日累积上涨607美元，20个表现最差的交易日累积下跌688美元。

第 7 章 量化风险

美元的情况都能够带来获利,但是当亏损超过 30 美元时,获利迅速转变为亏损。

较小的下跌可能带来获利,但是在做决定之前,要考虑到回调的累积。在最近交易不断波动且发生单日猛跌的情况下,做多不是明智的决定。

长时间没有出现单日猛跌会给人交易情况安全的错觉。投资者认为风险较低,从而增加多头头寸,从而风险增大。如果持有黄金多头头寸过多,一旦价格下跌,投资者在没有仔细分析前就会条件反射地卖出。图 7-3 反映发生第一次猛跌时投资者并不着急采取行动,直到再次回调或者发生剧烈的单日下跌后才开始行动。

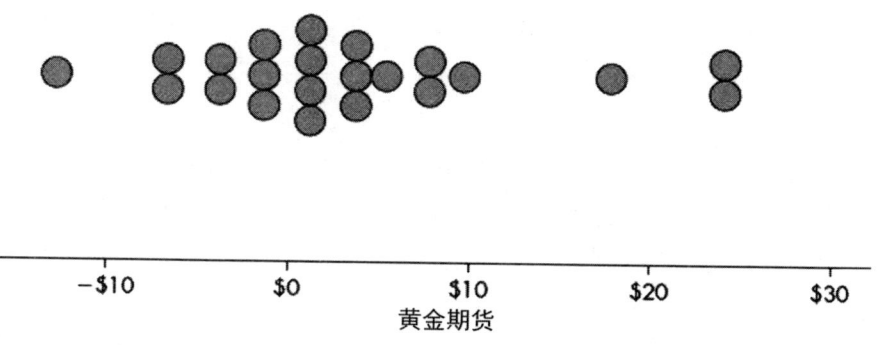

图 7-3　黄金期货 30 多个交易日没发生回调的表现结果

压抑后的反弹

我们要考虑的另一个方面,是下跌超过 30 美元的 29 个交易日发生压抑后反弹的可能性。

我们的研究问题是,通过分析下跌超过 30 美元的 29 个交易日,用这些交易日当天的最低价减收盘价,得出的结果会不会明显影响第二天的交易(见表 7-5)?

表 7-5 虚拟的两只单日下跌 32 美元的股票，目的在于展示两只股票的不同

股票	单日价格变动	最低价	收盘价	收盘价减最低价之差
AAA	-$32	$1700	$1734	$34
BBB	-$32	$1700	$1704	$4

AAA 股票日内价格之差更大（34 美元），BBB 股票的日内之差为 4 美元。哪只股票胜率更高？表 7-6 将两价格之差分为三类，展示了股票在第二天的表现。

表 7-6 黄金期货第二天的表现

价格差	累积涨跌
差值最大的 10 个交易日	-$86.8
介于两者之间的 9 个交易日	-$70.1
差值最小的 10 个交易日	$26.20

图 7-6 中的交易日收盘价与最低价比较接近。在差值最大的 10 个交易日中，黄金期货累积下跌 86.80 美元，而在差值最小的 10 个交易日黄金期货却有小幅恢复（26.20 美元）。

之前我们设置的因变量是价格变动 10 美元，当价格上涨时，涨幅能够更准确地反映价格变动。研究时间从 2009 年 10 月 13 日至 2012 年 2 月 29 日（600 个交易日）。

2009 年 10 月 13 日，黄金期货收盘价为 1055 美元，之后一路飙升至 1900 美元，达到顶点后开始下跌。2011 年 8 月 23 日，黄金期货开盘价高于 1900 美元，第二天下跌 104 美元。图 7-4 展示了其下跌情况。下跌 104 美元后，紧接着发生一系列下跌，直至 2012 年 2 月 29 日，当日下跌 77.10 美元。

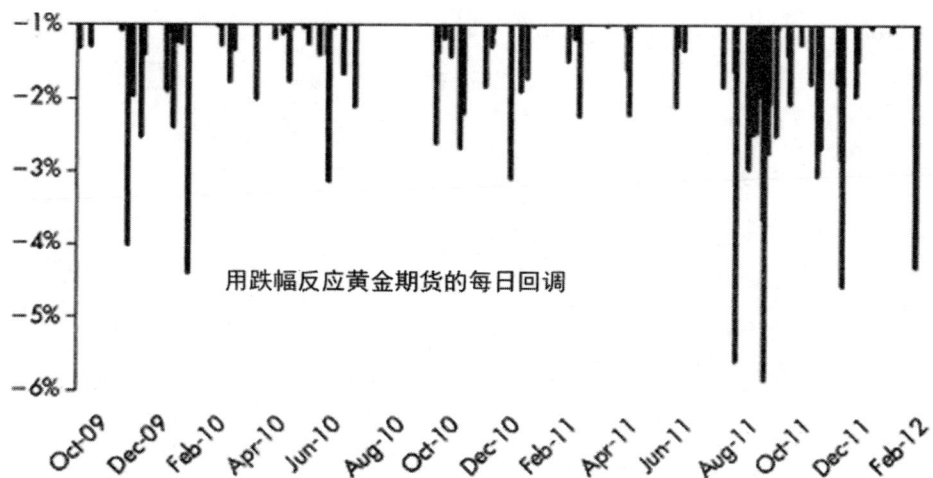

图 7-4 黄金期货每日跌幅,在这 600 个交易日中,有 80 个交易日跌幅超过 -1%,29 个交易日跌幅超过 -2%

无鸟之笼

一旦发生金融危机,后果不堪设想。水坝有个小洞,如果及早发现,花很小的力气就能修复;但是如果坐视不管,问题就不能得到解决。随着时间的推移,小洞越变越大,修复漏洞所需的花费也越来越大。[①]

当市场崩溃时,似乎总能找到新闻来合理地解释市场的下跌,但是应该如何正确地衡量新闻的影响?毕竟价格下跌总是伴随着坏消息。我们最好将精力放在跌幅上,预测价格涨跌的事,就留给经济学家操心吧。

当市场交易环境脆弱不堪时,经济学家马上开始夸大当前形势,将问题严重化。市场人士接收到这些信息后,采取的措施通常都会让市场价格低于公允价值。

每天都在进行市场交易时,就没有什么事情是绝对的:市场和交易目标不断变化,投资者要不断应对各种不确定性。风险本身无法量化,因为

---

① 安东尼·特龙戈内:《金融与投资的定量分析法》,新加坡:圣智学习出版公司,2008。

群众的心理反应没有任何模式可循，风险评估时并没有考虑到不可量化的群众心理；数学模型有助于判断，但是它的效果也不敢保证。

交易就会让资金面临风险。我们不可能始终正确预测市场方向，我们能做的就是让投资组合的回报大于风险。与大部分研究不同，我们的研究关注的不是价格，而是运用概率来避免陷入再次回调。

根据概率做决策让我们更精明。例如，发生回调后通常会出现持续下跌。不存在没有缺陷的策略，因为市场方向从不固定。能确定的一点是，不能根据主观感觉进行投资决策，不能因为感觉市场可能猛跌就做出交易决定。

股市泡沫和其他问题总会对期货市场产生不良的影响：市场受挫时，什么时候是举白旗的最佳时机？经历惨痛亏损后，我们投入金钱的意愿会降低，但不能因为害怕亏损就拒绝交易。

惨痛的经历过后，我们在为另一次回调做准备时会更加聪明。当你能很好地识别风险后，下一个问题就是如何运用策略。"当风险来临时，拒绝承认风险不是勇敢，而是愚蠢。"

第8章　如何在走势不明的市场中进行交易

不可胜者，守也；可胜者，攻也。

——《孙子兵法》

　　许多投资者根据动量指标进行交易决策，他们中的大部分投资者非常相信动量指标，甚至不愿意对指标的可靠性进行严格的评估，他们并不了解指标的分析缺陷，只能依靠纯粹的猜测对系统进行改进。

　　本章用定量分析法对移动平均值指标进行验证，分析其对未来价格变动预测的准确性。

　　定量分析法不会让你显得不像技术分析师。两者之间并不矛盾，都有助于分析，而结合使用两种方法可以大大地改善你的表现。

　　关于移动平均值的讨论主要关注以下问题：

　　1. 如何计算移动平均值。移动平均值存在缺陷，你要不断进行调整来提高其准确性。如果参数调整能减少误差值，分析的精确度就能够得到提升，因此有必要讨论如何分析预测中的误差。①

　　2. 传统方法根据工具的价格来预测其方向，而我使用乘法方式，自变量可以提高因变量的可预测性，有关讲解贯穿整本书。

　　3. 虽然大部分书籍都告诉你移动平均值指标没有缺陷，但这些指标经

---

① 有关移动平均线的预测误差的讨论请参见附录部分。

常都不能预测价格变动。追踪移动平均值的表现很有必要，这样你才可以做出调整；当其效果不佳时，你就可以做出相应的反应。

如果不分析工具的价格，就很难发现其变化模式。移动平均线将一段时期内的价格平均值连成曲线，简化价格变动，这样我们更容易发现变化模式。

简化数值，发现模式

在交易中，移动平均值是简化趋势线最常见的方式。虽然移动平均值有其缺陷，但它们能很好地简化所调查指标的过去表现。移动平均值能简化趋势线，减缓指标的波动性。

以苹果股票2010年4月6日至2011年6月10日的300个交易日为例。图8-1到图8-4都是追踪苹果股票（代码：AAPL）的每日价格变动。在图8-1中不容易发现模式，而图8-2的10日平均线则更容易让人明白。

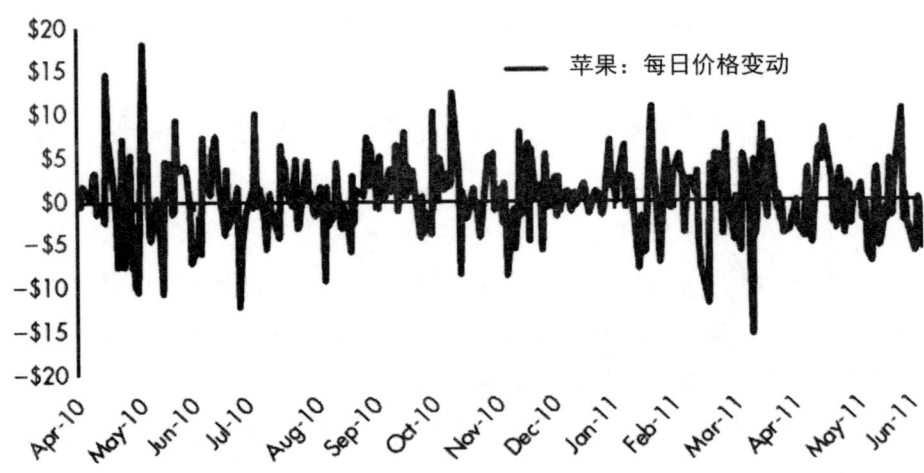

图8-1 苹果股票2010年4月6日至2011年6月10日的300个交易日的每日价格变动，因为没有简化数值，所以不容易发现其价格模式，将价格变动转化为移动平均值，简化趋势线，能降低白噪声

第 8 章　如何在走势不明的市场中进行交易

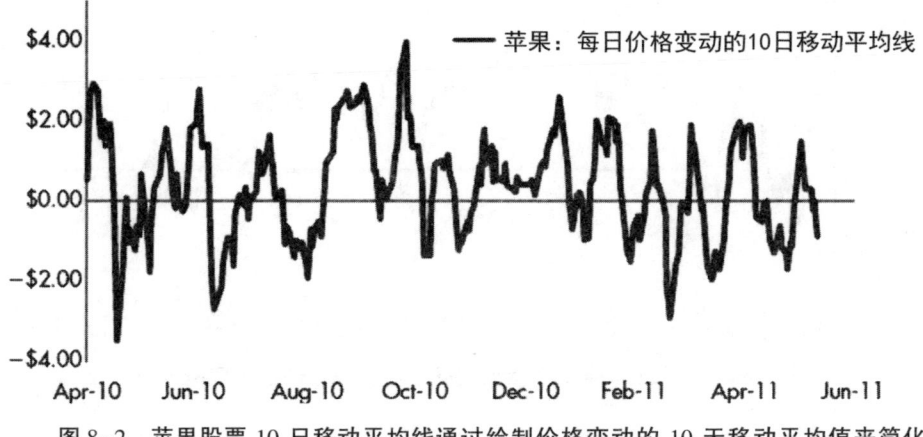

图 8-2　苹果股票 10 日移动平均线通过绘制价格变动的 10 天移动平均值来简化趋势线

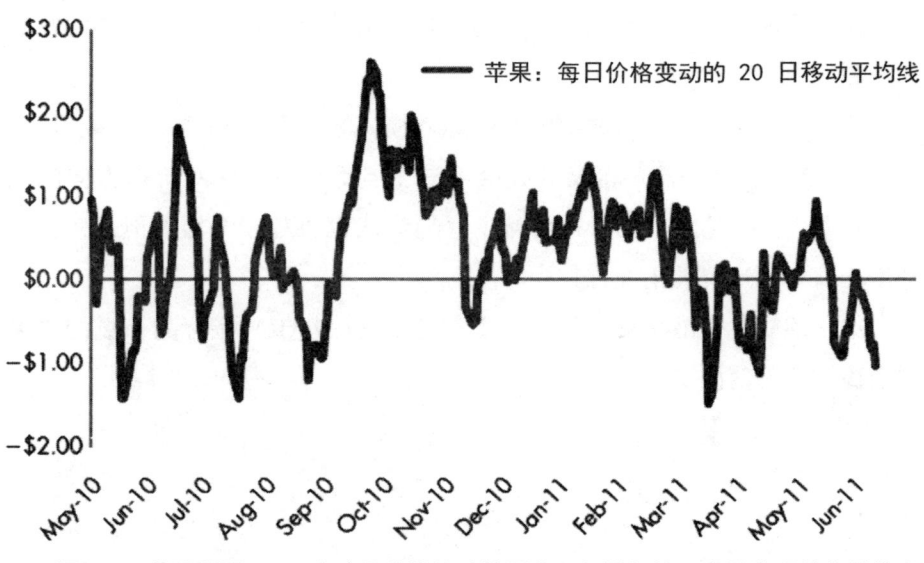

图 8-3　苹果股票 20 日移动平均线波动性更小，但是仍然不容易发现其交易模式

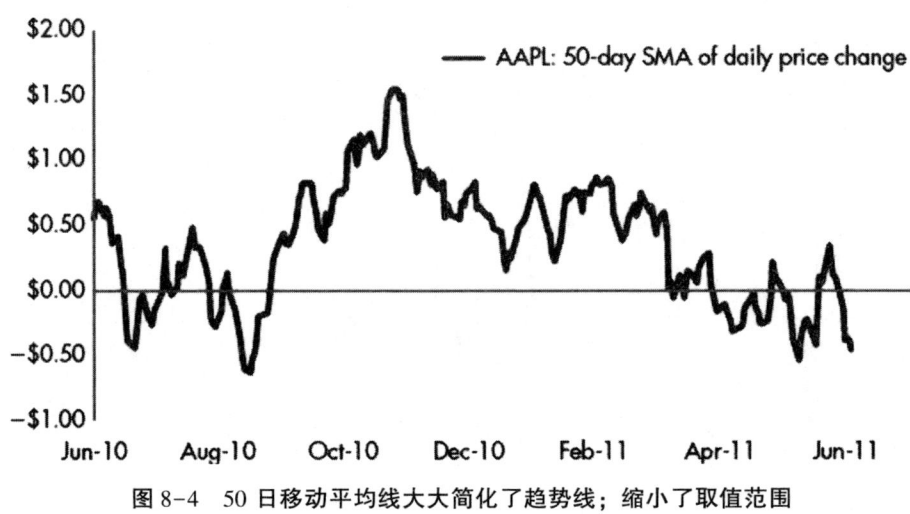

图 8-4　50 日移动平均线大大简化了趋势线；缩小了取值范围

随着天数的增加 [=AVERAGE（前 20 个交易日的数值）]，趋势线得到简化，波动性也逐渐降低（图 8-3）。

最终，50 日移动平均线 [=AVERAGE（前 50 个交易日的数值）] 的趋势模式更加清晰，但是我们的目的不是弄清楚趋势模式，而是增强我们的预测能力（图 8-4）。

移动平均值通过分析之前数值的趋势模式来进行预测。三条移动均线（10 日，20 日，50 日）得出的数值不同，但都能改变你对价格方向的认识。随着天数的增加，白噪声将减少，趋势线也更趋于平缓，但是，将移动平均值作为边界的情况比较少。

这样的简化会减少交易机会。支撑与阻力（SAR）指标为市场的决策制定提供有价值的参考。①

---

① 阻力线是指价格上涨至之前某一高度，但无法打破该价格继续上涨，该价格的虚拟线就是阻力线。支撑线是指价格下跌至之前某一高度，但无法打破该价格继续下跌。该价格的虚拟线就是支撑线。

计算移动平均值

财经频道主持人通常以四周移动平均值来表示经济指标的变化。计算移动平均值（SMA）的过程如下：

通过计算 4 天的平均值来得出 4 日移动平均值。以下列数值为例：2，3，4，3。其移动平均值为（12/4）= 3。如果接下来那天的数值是 6，则计算 2，3，4，3，6 的移动平均值。去掉最早的数值，加入最新的数值进行计算。这样，剩下四个数值的移动平均值为 16/4 = 4。

移动平均值具有很大的灵活性；可以分析不同时间间隔（如几分钟，几小时，几天，甚至更长时间）的趋势模式，大部分市场人士只用这个指标来计算工具的收盘价。计算很容易，难的是确定多少天移动平均值的结果最准确。

使用多少天的移动平均值很重要，因为参数（例如天数）越长，指标对当前价格的反应就越少；时间越长，交易机会也越少。

参数的选择没有标准答案，因为预测成功与否会因所投资的股票、领域或者期货而异。选择计算移动平均值的时间间隔时，记住一点，不管黑猫白猫，能抓住老鼠的就是好猫。

表 8-1 是根据 3 日移动平均值来做多或做空。

表 8-1 首先计算出 3 日移动平均值，收盘价高于 3 日移动平均值时则做多，收盘价低于 3 日移动平均值时则做空

时间	收盘价	3 日移动平均值	头寸	价格变动	做多	做空
2011 年 11 月 1 日	122	125.367	空	-3.5		
2011 年 10 月 31 日	125.5	127.577	空	-3.1		-3.5
2011 年 10 月 28 日	128.6	127.177	多	-0.03	-3.1	
2011 年 10 月 27 日	128.63	125.327	多	4.33	-0.03	
2011 年 10 月 26 日	124.3	124.28	多	1.25	4.33	
2011 年 10 月 25 日	123.05					
2011 年 10 月 24 日	125.49					

3日移动平均值计算过程如下：
（时间1 + 时间2 + 时间3）/n＝移动平均值

2011年11月1日　　（122.00 + 125.50 + 128.60）/3 = 125.367
2011年10月31日　　（125.50 + 128.60 + 128.63）/3 = 127.577
2011年10月28日　　（128.60 + 128.63 + 124.30）/3 = 127.177
2011年10月27日　　（128.63 + 124.30 + 123.05）/3 = 125.327
2011年10月26日　　（124.3 + 123.05 + 125.49）/3 = 124.280

下面是交易日间的价格变动：

2011年11月1日　　（122.00-125.50）= -3.50
2011年10月31日　　（125.50-128.60）= -3.10
2011年10月28日　　（128.60-128.63）= -0.03

计算结果见表8-2。

表8-2 当收盘价>交易信号（3日移动平均值）时做多，当收盘价<交易信号时做空，2011年11月1日做空（-1）的结果应该填入"做空"一列对应的单元格

时间	收盘价	大小关系	3日移动平均值	头寸	价格变动	做多盈亏	做空盈亏
2011年11月1日	122	<	125.367	-1	-3.5		2011年11月2日
2011年10月31日	125.5	<	127.577	-1	-3.1		-3.5
2011年10月28日	128.6	>	127.177	1	-0.03	-3.1	
2011年10月27日	128.63	>	125.327	1	4.33	-0.03	
2011年10月26日	124.3	>	124.28	1	1.25	4.33	
2011年10月25日	123.05						
2011年10月24日	125.49						

表 8-3 3 月移动平均值计算过程

月份	实际值	预测值	误差	绝对误差	误差百分比
1 月	11				
2 月	13				
3 月	12				
4 月	15	12	3	3	0.2
平均			3	3	0.2

相较于分析获利情况,减少误差更重要。减少误差之前必须先将其量化。接下来我们讨论如何分析误差以及如何提高预测的准确性。

实际值是你的分析对象。表 8-3 中是 4 个月的收盘价(1 月收盘价为 11,2 月收盘价为 13,三月收盘价为 12)[①]。3 月移动平均值是根据前 3 个月 [(1 月 + 2 月 + 3 月)/3] 的结果来预测下个月的结果(4 月 = 12)。

$$移动平均值 = (时间1 + 时间2 + 时间3)/3$$

$$(1 月 + 2 月 + 3 月)/n = 36/3$$

另一种比较简单的计算移动平均数的方法,是使用统计函数 =AVERAGE(取值范围)。

我们的预测价格是 12,但是实际值(4 月 = 15)高于我们的预测价格。预测值和实际值之间的差就是误差。

误差

上个例子中实际值(即每月价格变动)与预测值之间的差值是多少?这个差值就是误差。正的差值表示预测值小于实际值,负的差值表示预测值高于实际值(见表 8-4)。

预测的误差的计算等式如下:

---

① 我们以每月的价格为例进行预测,对任何时段的统计分析方法都相同。

误差 = 实际值 - 预测值

表8-4 我们预测值是12，比实际值低3美元，因此，我们对收盘价的预测偏低①

	实际值	预测值	误差	
4月	15	12	3	=15-12

绝对误差

=ABS（）函数可以将负数转换为正数，而正数则保持不变。

表8-5 和 表8-6是虚拟的两种情况，展示了使用 = ABS（单元格值）函数的理由。

表8-5 将负数转换为正数可以更好地对预测的准确性进行判断，如果不转换，得出的平均误差 = 0，这样不方便我们进行统计计算，而使用 = ABS 函数将为负数转换为正数，计算得出绝对误差值为（6/2）= 3

	实际值	预测值	误差
	3	0	3
	0	3	-3
总计			0

表8-6 误差值的汇总结果为0看似不存在预测误差，很容易误导投资者，=ABS函数可以将负数转换为正数，得以解决这个问题

	实际值	预测值	误差	绝对误差
	3	0	3	3
	0	3	-3	3
平均			0	3

---

① 回归分析法中，实际值 - 预测值 = 残差。

误差百分比

误差百分比能够反映出绝对误差与分析对象（在个案中我们要预测的是下个月的收盘价）之间的关系。

误差百分比 =（绝对误差 / 实际值）

表 8-7 用一组数据来展示了误差百分比的计算。

怎么判断预测值是高于还是低于实际值呢？当平均误差为正时，预测值低于实际值；当平均误差为负时，预测值高于实际值。

表 8-7 根据每月误差的绝对值可以计算出平均误差百分比，误差百分比能够反映我们的预测能力，在这个例子中，平均误差百分比是 0.238，我们应该努力缩小误差百分比，提高预测能力①

月份	实际值	预测值	误差	绝对误差	误差百分比
1月	11	8	3	3	0.273
2月	13	9	4	4	0.308
3月	10	11.333	-1.333	1.333	0.133
平均	11.333	9.444	1.889	2.778	0.238

预测值偏高或偏低时怎么办

许多交易者都知道移动平均值。表 8-8 包含了 12 个月的移动平均值。

---

① 安东尼·特龙戈内：《金融与投资的定量分析法》，新加坡：圣智学习出版公司，2008。

表 8-8 每月价格变动和我们的预测值（3 月移动平均值）之间的差值，大部分预测值都低于实际值

月份	实际值	预测值	误差	绝对误差	误差百分比
1 月	5				
2 月	8				
3 月	6				
4 月	10	6.33	3.67	3.67	0.367
5 月	11	8	3	3	0.273
6 月	13	9	4	4	0.308
7 月	10	11.33	-1.33	1.33	0.133
8 月	13	11.33	1.67	1.67	0.128
9 月	15	12	3	3	0.200
10 月	16	12.67	3.33	3.33	0.208
11 月	18	14.67	3.33	3.33	0.185
12 月	19	16.33	2.67	2.67	0.141
平均	13.889	11.296	2.593	2.889	0.216

与之前的计算不同，这些实际值和预测值都呈递增顺序，并且预测值与实际值在同一行，便于进行分析。

我们计算的是此前 3 个月的移动平均值，得出的平均每月误差为正（2.593）。预测值偏低，需要向上调整。上调预测值的目的在于降低平均每月误差百分比（0.216）。

图 8-5 中的线形图显示了预测价（浅色线）与收盘价（深色线）之间的关系。弄清楚预测值是高于还是低于实际值极其重要。

除 7 月，其他月份的 3 个月移动平均值都偏低。实际值（深色线）高于预测值（浅色线），因此需要上调预测值来提高预测的准确性。

第 8 章　如何在走势不明的市场中进行交易

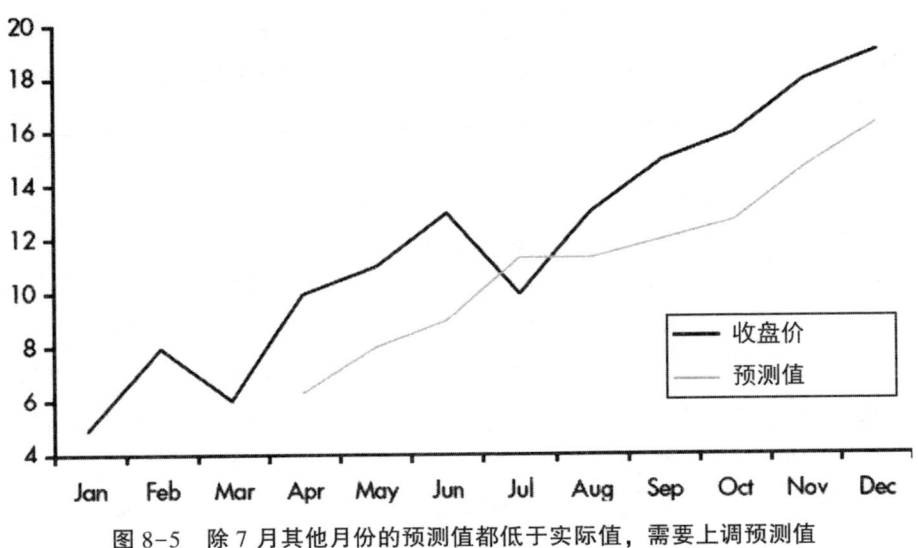

图 8-5　除 7 月其他月份的预测值都低于实际值，需要上调预测值

每日表现分析

表 8-9 是 SPY（标准普尔指数存托凭证，下同——编者注）的 3 日移动平均值，最右边两列是第二天的价格变动。做多或做空的结果代表的是第二天的结果。

价格变动结果为负（-5.27 美元）时做多，或者价格变动结果为正（1.76 美元）时做空的表现结果都不尽如人意。在市场环境走势不明的情况下，根据移动平均值进行交易决策的效果不理想。

通过对 SPY 每日实际收盘价与预测收盘价（3 日移动平均值）的对比分析，我们可以看出预测价要与收盘价保持一致并不容易。

预测值（移动平均值信号）总是追随着 SPY 的收盘价，追随着工具的最新价格，因此我们将之称为滞后指标。当上涨的价格开始下跌，或者当下跌的价格开始上涨，移动平均线的反应都会滞后，这样对我们很不利。幸好，我们有其他办法可以从某种程度上弥补"滞后"这一缺陷。

表 8-9　根据 3 日移动平均值进行的交易决策效果不太理想

Date	Closing Price	3-Day SMA	Trading Position	Price Change	Long	Short
11/18/2011	121.98	122.72	−1	−0.13		
11/17/2011	122.11	124.09	−1	−1.97		−0.13
11/16/2011	124.08	125.21	−1	−2.00		−1.97
11/15/2011	126.08	126.07	1	0.62	−2.00	
11/14/2011	125.46	125.48	−1	−1.20		0.62
11/11/2011	126.66	124.71	1	2.34	−1.20	
11/10/2011	124.32	125.12	−1	1.16		2.34
11/09/2011	123.16	125.77	−1	−4.72		1.16
11/08/2011	127.88	126.54	1	1.62	−4.72	
11/07/2011	126.26	126.00	1	0.78	1.62	
11/04/2011	125.48	125.24	1	−0.77	0.78	
11/03/2011	126.25	124.08	1	2.26	−0.77	
11/02/2011	123.99	123.83	1	1.99	2.26	
11/01/2011	122.00	125.37	−1	−3.50		1.99
10/31/2011	125.50	127.58	−1	−3.10		−3.50
10/28/2011	128.60	127.18	1	−0.03	−3.10	
10/27/2011	128.63	125.33	1	4.33	−0.03	
10/26/2011	124.30	124.28	1	1.25	4.33	
10/25/2011	123.05	124.17	−1	−2.44		1.25
10/24/2011	125.49	123.71	1	1.52	−2.44	
10/21/2011	123.97					
10/20/2011	121.66					
				SUM	−5.27	1.76

建立工作表的公式可参见表 8-10。

表 8-10 建立 3 日移动平均值和相应结果的公式

	A	B	C	D	E	F	G
1	Date	Closing Price	3-Day SMA	Trading Position	Price Change	Long Position	Short Position
2	11/18						
3	11/17	122.11	=AVERAGE(B3:B5)	=IF(B3>C3,1,-1)	=B3-B4	=IF(D3=1,E2,"")	=IF(D3=-1,E2,"")
4	11/16	124.08	=AVERAGE(B4:B6)	=IF(B4>C4,1,-1)	=B4-B5	=IF(D4=1,E3,"")	=IF(D4=-1,E3,"")
5	11/15	126.08	=AVERAGE(B5:B7)	=IF(B5>C5,1,-1)	=B5-B6	=IF(D5=1,E4,"")	=IF(D5=-1,E4,"")

加权移动平均值

建立移动平均值时，计算的天数越多，移动平均值就越不能反映最近的表现，因为它分给每天的权重是相同的。使用移动平均值是为了更好地发现成功或失败的新模式。因为每个值的权重相同，当股票或期货价格有大的变动时，预测值和实际值之间的误差就会增大；也就是说，预测值总是滞后于实际值，而不能影响实际值。预测值与实际值之间的误差有多大？视情况而定。预测值总是随实际值的变化而变化。

分配数值的权重是解决这个问题的办法之一。如果工具价格有大变动，通过提高近期数值的权重，这种变动能够很好地被反映出来。在下面的例子中，我们想通过任意权位的 3 月加权移动平均值来预测 SPY 的收盘价。

在表 8-11 中，我们将收盘价乘以（3×2×1）的权位，然后除以权位之和（3 + 2 + 1 = 6）。

= [（123.97×3）+（121.66×2）+（120.33×1）] /6

分母 = 权位之和（3×2×1）

收盘价乘以各自权位之和 / 权位之后 = 预测值

收盘价乘以 3×2×1 权位的计算过程，请参见表 8-12。

表 8-11 最近价格的权位最高，而最早价格权位最低

时间	收盘价	权位	公式	加权移动平均值
2011年10月21日	123.97	3	123.97×3	122.58
2011年10月20日	121.66	2	121.66×2	
2011年10月17日	120.23	1	120.23×1	
分母		6		

图 8-6 绘制出的是 SPY 3×2×1 权位的加权移动平均值和收盘价。

预测值的计算公式在 C 列。在 C2 单元格输入公式后，选中该单元格并向下拖动，就可以自动填充剩下的单元格。表 8-13 是 3 日加权移动平均值及最终表现结果。

预测价格和实际价格的对比图请参见图 8-7。

表 8-12 3×2×1 权位的 3 日加权移动平均值

	A	B	C
1	时间	收盘价	3-2-1 权位的加权移动平均值
2	11月18日	121.98	=［(B2×3)+(B3×2)+(B4×1)］/6
3	11月17日	122.11	=［(B3×3)+(B4×2)+(B5×1)］/6
4	11月16日	124.08	=［(B4×3)+(B5×2)+(B6×1)］/6
5	11月15日	126.08	=［(B5×3)+(B6×2)+(B7×1)］/6
6	11月14日	125.46	
7	11月11日	126.66	

第 8 章　如何在走势不明的市场中进行交易

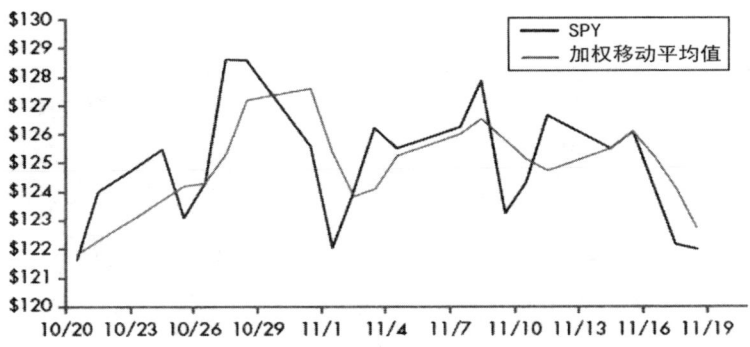

图 8-6　市场窄幅波动在某种程度上导致了低迷的表现结果

表 8-13　3×2×1 权位的加权移动平均值表现结果让人失望，做多和做空的表现都不理想，单独的移动加权平均值指标不足以作为交易决策的基础

Date	Closing Price	3-Day WMA	Trading Position	Price Change	Long	Short
11/18/11	121.98	122.37	−1	−0.13		
11/17/11	122.11	123.43	−1	−1.97		−0.13
11/16/11	124.08	124.98	−1	−2.00		−1.97
11/15/11	126.08	125.97	1	0.62	−2.00	
11/14/11	125.46	125.67	−1	−1.20		0.62
11/11/11	126.66	125.30	1	2.34	−1.20	
11/10/11	124.32	124.53	−1	1.16		2.34
11/09/11	123.16	125.25	−1	−4.72		1.16
11/08/11	127.88	126.94	1	1.62	−4.72	
11/07/11	126.26	126.00	1	0.78	1.62	
11/04/11	125.48	125.49	−1	−0.77		0.78
11/03/11	126.25	124.79	1	2.26	−0.77	
11/02/11	123.99	123.58	1	1.99	2.26	
11/01/11	122.00	124.27	−1	−3.50		1.99
10/31/11	125.50	127.06	−1	−3.10		−3.50
10/28/11	128.60	127.89	1	−0.03	−3.10	
10/27/11	128.63	126.26	1	4.33	−0.03	
10/26/11	124.30	124.08	1	1.25	4.33	
10/25/11	123.05	124.02	−1	−2.44		1.25
10/24/11	125.49	124.35	1	1.52	−2.44	
10/21/11	123.97	122.73	1	2.31	1.52	
10/20/11	121.66					
10/19/11	121.13					
				SUM	−4.53	2.54

735.46/6 = 122.5767（3 日加权移动平均值）

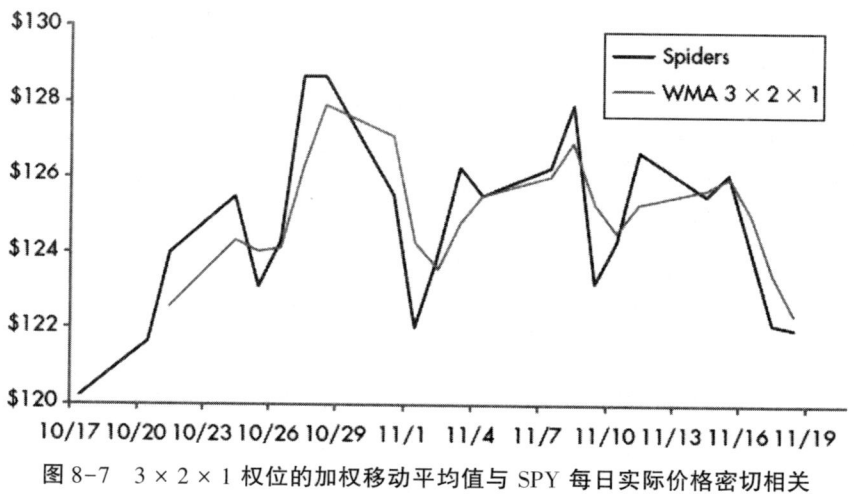

图 8-7 3×2×1 权位的加权移动平均值与 SPY 每日实际价格密切相关

表 8-14 对少量样本进行分析以便展示对比结果,但在实际操作中要对移动平均值和加权移动平均值进行对比分析

SPY	3 日移动平均值		3 日加权移动平均值	
	做多	做空	做多	做空
上涨天数	4	5	4	6
下跌天数	7	3	7	3
累积涨跌	-5.27 美元	1.76 美元	-4.53 美元	2.54 美元

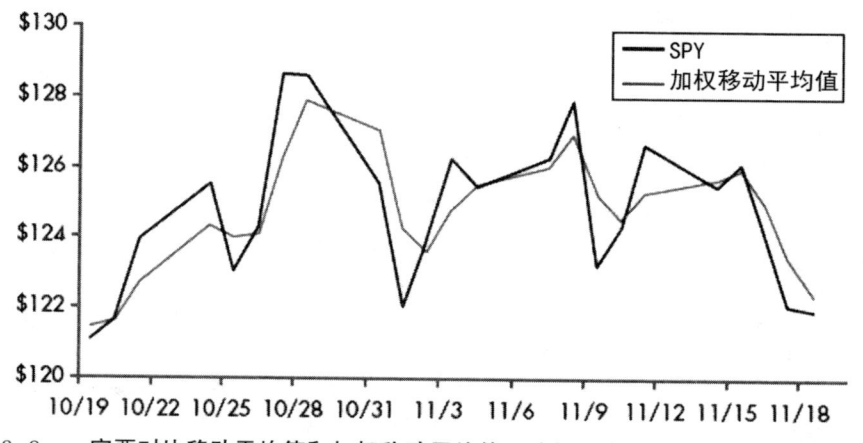

图 8-8 一定要对比移动平均值和加权移动平均值,分析哪个与实际值之间的差距更小

一定要对移动平均值和加权移动平均值的结果进行比较，表 8-14 展示了两种方法的结果对比。虽然取样较少，但大规模数据得出的结果也相差无几。

接下来就要对比移动平均值和加权移动平均值的误差百分比，这一点很重要。对比两种方法，取误差较小的一个，也可以对比实际值与预测值之间的差距。显然，预测误差值更低，与实际值之间差距更小的方法更好，我们使用这种方法预测的准确性也更好（图 8-8）。

模拟分析

3×2×1 的权位似乎比较合理，但是我们如何在同一张工作表中进行调整呢？假如我们想改变权位，怎样才能让 Excel 自动进行相关运算？（见图 8-9）

	A	B	C	D	E	F	G	H	I	J
1	date	close	wma	pos	pc	long	short		time	weighting
2	11/18/11	121.98	121.32	1	-0.13				t-1	3
3	11/17/11	122.11	121.44	1	-1.97	-0.13			t-2	1
4	11/16/11	124.08	124.29	-1	-2.00		-1.97		t-3	-1
5	11/15/11	126.08	125.68	1	0.62	-2.00			sum	3
6	11/14/11	125.46	126.24	-1	-1.20		0.62			
7	11/11/11	126.66	127.05	-1	2.34		-1.20			
8	11/10/11	124.32	122.75	1	1.16	2.34				
9	11/09/11	123.16	123.70	-1	-4.72		1.16			
10	11/08/11	127.88	128.14	-1	1.62		-4.72			
11	11/07/11	126.26	126.00	1	0.78	1.62				
12	11/04/11	125.48	126.23	-1	-0.77		0.78			
13	11/03/11	126.25	126.91	-1	2.26		-0.77			
14	11/02/11	123.99	122.82	1	1.99	2.26				
15	11/01/11	122.00	120.97	1	-3.50	1.99				
16	10/31/11	125.50	125.49	1	-3.10	-3.50				
17	10/28/11	128.60	130.04	-1	-0.03		-3.10			
18	10/27/11	128.63	129.05	-1	4.33		-0.03			
19	10/26/11	124.30	123.49	1	1.25	4.33				
20	10/25/11	123.05	123.56	-1	-2.44		1.25			
21	10/24/11	125.49	126.26	-1	1.52		-2.44			
22	10/21/11	123.97	124.45	-1	2.31		1.52			
23	10/20/11	121.66								
24	10/17/11	120.23								
25						6.91	-8.90			

C2 =((B2*$J$2)+(B3*$J$3)+(B4*$J$4))/$J$5

图 8-9 使用绝对引用输入加权公式的好处是，当"I"列权位改变时，程序会自动改变加权移动平均值

"C2"单元格的公式是[(B4×$I$2)+(B3×$I$3)+(B2×$I$4)]/$I$5,这样可以按3×1×-1权位计算,得出的结果是做多做空都可获利。

"C6"单元格的公式是[(B2×$I$2)+(B3×$I$3)+(B4×$I$4)]/$I$5,就等于[(121.98×3)+(122.11×2)+(124.08×-1)]/3。这样使用这些公式就能修改权位,计算和移动平均值表中也会自动做出改变。

表8-15中的权位是3×1×-1。

表8-15 这个权位组合给最近数值的权位更大,这样可以降低误差百分比

时间	权位
t_{-1}	+3
t_{-2}	+1
t_{-3}	-1
总计	3

市场窄幅波动时可能交替上涨交易日和下跌交易日,导致出现巨大的价格变动,发生这种情况时,我们应该给最近的交易日较高的权重。

t_{-3}的权重为负,这能够很好地反映图8-10所示的价格变动。

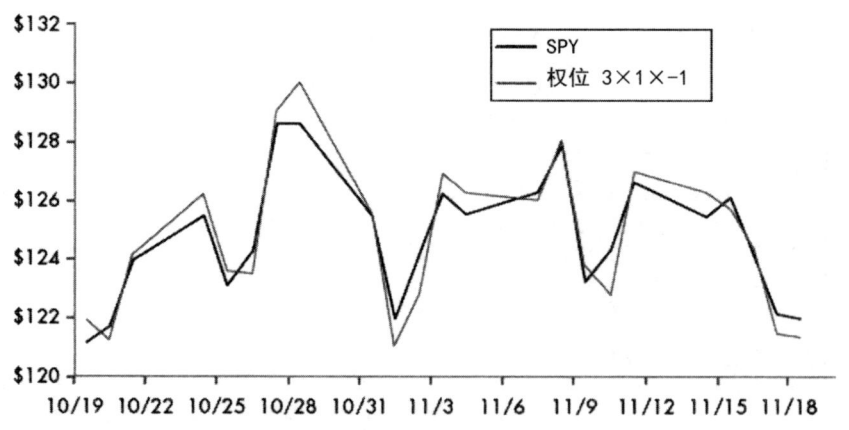

图8-10 按新权位计算得出的预测线紧随实际线之后,只有少数几个情况下的预测值低于实际值

你可以继续制作图表进行试验,直至找到最低误差百分比的权重组合为止。

进行统计后,我们可以对以下三个移动平均值的表现进行评估(表8-16)。

3 日移动平均值

权位为 3×2×1 的 3 日加权移动平均值

权位为 3×1×-1 的 3 日加权移动平均值

表 8-16　三个移动平均值的表现结果统计

Spiders 300 Days	Summary	3-Day SMA		3×2×1 WMA		3×1×-1 WMA	
		Long	Short	Long	Short	Long	Short
Advance	166	96	70	94	72	74	92
Decline	134	78	56	77	57	59	75
Win %	0.553	0.552	0.556	0.550	0.558	0.556	0.551
Summary	$9.33	$5.31	$4.02	$5.40	$3.93	$8.59	$0.74
Average	0.031	0.031	0.032	0.032	0.030	0.065	0.004

研究时间从 2009 年 9 月 13 日至 2011 年 11 月 18 日(300 个交易日)。

这些表现结果不尽如人意,300 个交易日的胜率与移动平均值都不太让人满意:做多的平均每日获利不超过 0.032 美元,下跌之后做空的结果也让人非常失望。表现结果最好的权位 3×1×-1 与众不同(见图 8-11)。

当然,在 112 美元至 133 美元的猛涨过程中,3 日移动平均值指标能够带来获利,但是它在市场长期窄幅波动时则作用有限。在早期持续上涨时,3 日移动平均值指标给出做空的交易机会不多;但是在猛跌 22 美元的 21 天中,3 日移动平均值指标能够轻松带来获利。但是情况并非这样。虽然计划得很好,但我们的方法没有成功。因此,在下一章我们会对移动平均值进行改进。

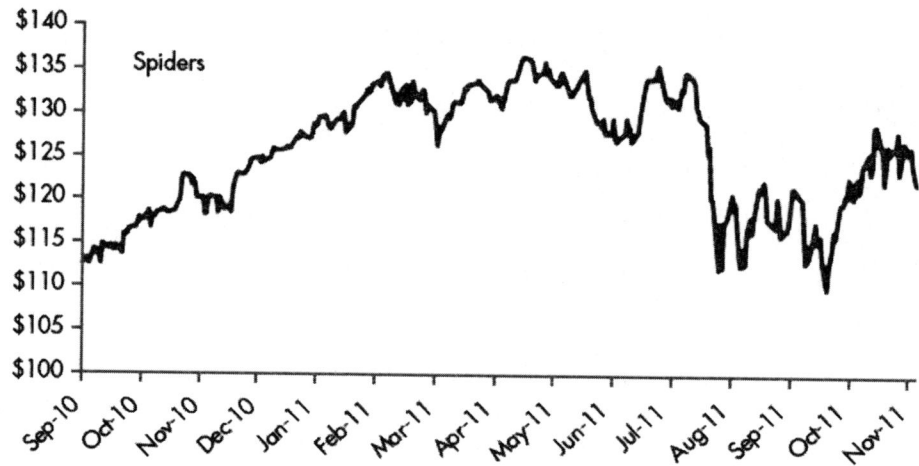

图 8-11 这 300 个交易日不是完全意义上的牛市，SPY 在 300 个交易日中反弹 3 次，但仍然没能超过 140 美元，并且在 2011 年 8 月跌破支持价之后猛烈下跌

第9章 在移动平均值中加入其他变量

世上没有真相，只有说辞。

——弗里德里希·尼采

本章继续讨论在交易 SPY（标准普尔指数存托凭证，下同——编者注）时使用移动平均值。移动平均值存在缺陷，是过于简单的一个指标。仅根据移动平均值得出的结果，通常不太令人满意。要弥补这一缺陷，需要在移动平均值分析中加入其他变量，并采用不同的理论思维和适用性更强的交易模式。

建立获利的交易系统从来都不是一件容易的事情，这是一个不断拆分系统，并仔细检查每一个组成部分的过程，我们要去其糟粕，取其精华，不断对系统进行试验，直至能够将其投入使用。

使用移动平均值时要考虑交易环境，但要获利只能在牛市环境下做多吗？

牛市环境下使用移动平均值

大部分指标都不能应对市场趋势的突然变动，移动平均值也不例外，它存在很多缺陷——对比三个不同时段的移动平均值，能够直观地说明这一点。

研究时间从 2003 年 9 月 30 日（SPY 收盘价 99.95 美元）至 2006 年 9 月 1 日（收盘价 131.42 美元），[①] 这期间大盘持续攀升，737 个交易日中上涨 31.47 美元，因此做多容易获利。

根据技术分析书上介绍的传统移动平均值方法，应该在价格（黑线）高于交易信号（100 日移动平均值，灰线）时做多，在价格低于交易信号时卖出平仓。移动平均值在期间最大的缺陷在于，只有当价格高于交易信号时，它才会给出买入信号，这会导致你错失很大一部分价格上涨时期，你永远不会在最低点买入。这很有挑战性，因为卖出平仓后，SPY 通常会在远低于灰线的地方触底迅速反弹，但是这个系统只有当黑线高于灰线时才会给出买入信号。[②]

从图 9-1 中可以看到两个缺陷：第一，每次下跌到一半时系统才会给出卖出平仓信号；第二，探底回升后系统再次给出做多信号的反应较慢。

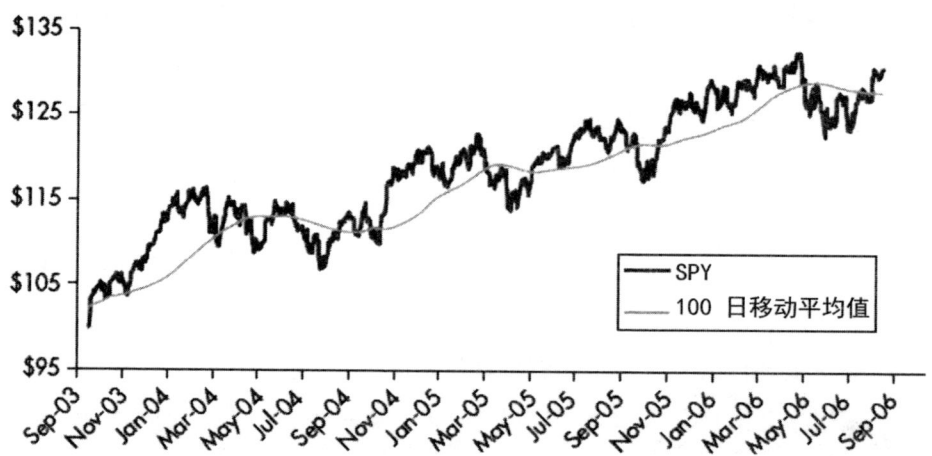

图 9-1 移动平均值的作用，虽然大盘上涨，但是 100 日移动平均值是滞后指标，因此它反应有延迟

100 日移动平均值是滞后指标：做多时，直到 SPY 发生猛烈下跌它才

---

① 研究时间从 2003 年 10 月 1 日至 2006 年 8 月 31 日。
② 附录部分对移动平均线的缺陷进行了讨论和展示。

会给出卖出信号，做空时，直到回升明显它才会给出买入信号。

鉴于这些缺陷，100 日移动平均值指标能否在这 31.47 美元的上涨中大捞一笔？不见得。这期间做多带来 14.02 美元的获利（涨、跌、平天数之比为 287：233：5），①而做空没能带来任何获利，反而亏损 17.45 美元（涨、跌、平天数之比为 118：93：1）。②

移动平均值跟踪实际价格，有各种各样的方法可以弥补其缺陷。

100 日移动平均值是个相对更落后的指标，其反映更慢，天数更少的指标对价格变化的反应则更快。观察 SPY 价格线形图，10 日移动平均值紧紧跟随着收盘价的变化而变化（图 9-2），因此似乎 10 日移动平均值指标能带来更好的表现结果。

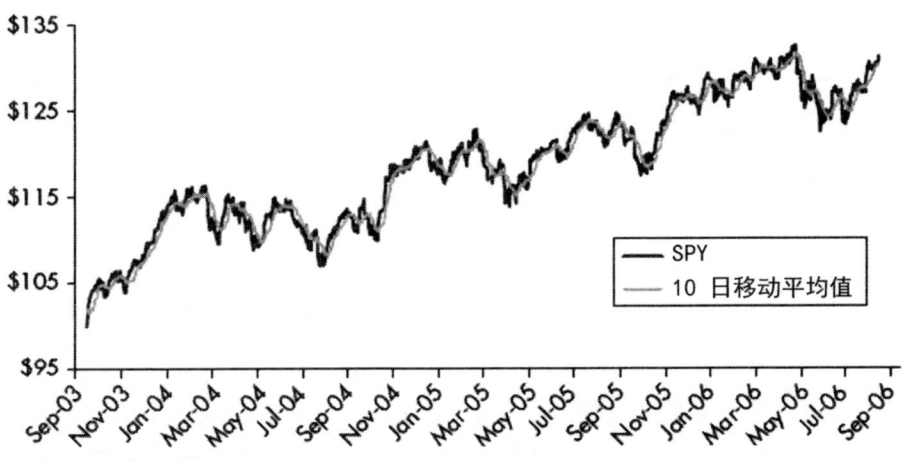

图 9-2　10 日移动平均值信号与 SPY 收盘价更贴近，但其表现结果却令人失望

虽然时间间隔更短的指标能更好地反映近期的价格波动，但其做多和做空的表现结果却都出人意料：做多带来的获利微薄（3.86 美元），而做空的结果更让人极其失望。

---

① 在进行统计时，我将每一个交易日都算作一次交易，因此如果当天做多头交易，第二天不管是继续做多还是改为做空，都会算作一次新的交易。

② 记住，做空时，价格上涨则交易亏损，价格下跌则交易获利。

3 日移动平均值指标在大盘看涨的背景下表现结果如何？

表 9-1 是三个移动平均值指标的对比。从目前来看，无论是做多（-12.88 美元）还是做空（42.25 美元），3 日移动平均值的表现结果都是最糟糕的。

表 9-1 是三个移动平均值指标的表现结果对比，不管交易参数，三个移动平均值指标的表现都不佳，相较而言，表现最好的是 100 日移动平均值

Spiders	3-Day		10-Day		100-Day	
737 days	Long	Short	Long	Short	Long	Short
Trades	416	321	429	308	529	208
Advance	216	189	235	170	291	114
Decline	195	131	192	134	233	93
Ties	5	1	2	4	5	1
Win %	0.519	0.589	0.548	0.552	0.550	0.548
Summary	-$12.78	$44.25	$3.86	$27.61	$17.83	$13.64
Average (APT)	-0.0307	0.1379	0.0090	0.0896	0.0337	0.0656

三个移动平均值指标分析时间从 2003 年 10 月 1 日至 2006 年 8 月 31 日（737 个交易日）。

显然，在大盘看涨的情况下，天数更多的移动平均值表现更好。不管是做多还是做空，100 日移动平均值的表现都最好。做多的 529 个交易日奠定了其成功（10 日移动平均值有 429 天做多，3 日移动平均值有 416 天做多）。做多天数比例达 71.78%。100 日移动平均值在 737 个交易日中带来 31.47 美元获利。这期间做多越多、做空越少的系统带来的获利越大。

对变量分类

在此前的研究中，移动平均值的表现让人气馁。我们稍作回顾，当 SPY 收盘价高于其 10 日移动平均值时，系统给出买入信号。如果不对自

第9章 在移动平均值中加入其他变量

变量进行分类,就会影响系统的表现结果。例如,移动平均值远离收盘价还是稍低于收盘价时,系统的表现更好?这个问题至关重要。

我们仍然分析当天收盘至第二天收盘期间做多的表现结果。

以下三种情况的交易信号各不相同,在三种情况下做多 SPY 的表现是否不同?

1. SPY 收盘价是 123 美元,10 日移动平均值是 120 美元;信号比收盘价低 3.00 美元。

2. SPY 收盘价是 123 美元,10 日移动平均值是 121.50 美元;信号比收盘价低 1.50 美元。

3. SPY 收盘价是 123 美元,10 日移动平均值是 122.70 美元;信号比收盘价低 0.30 美元。

10 日移动平均值(2003 年 10 月 1 日至 2006 年 8 月 31 日)能不能改善 SPY 令人失望的表现?以前我们对移动平均值进行过分析,做多的 429 带来 3.86 美元获利,而 SPY 在这 737 个交易日内总共上涨 31.47 美元,因此 10 日移动平均值的表现非常糟糕。

图 9-3 展示了 10 日移动平均值信号在不断剧烈波动,这表明市场中买入卖出频繁,而频繁交易需要支付巨额的佣金。

我们分析交易信号的目的在于提高系统表现。计算移动平均值时,"交易信号"是指工具收盘价与移动平均值之间的差值。本例中交易信号的计算公式如下:

$$交易信号 = SPY 收盘价 - 10 日移动平均值$$

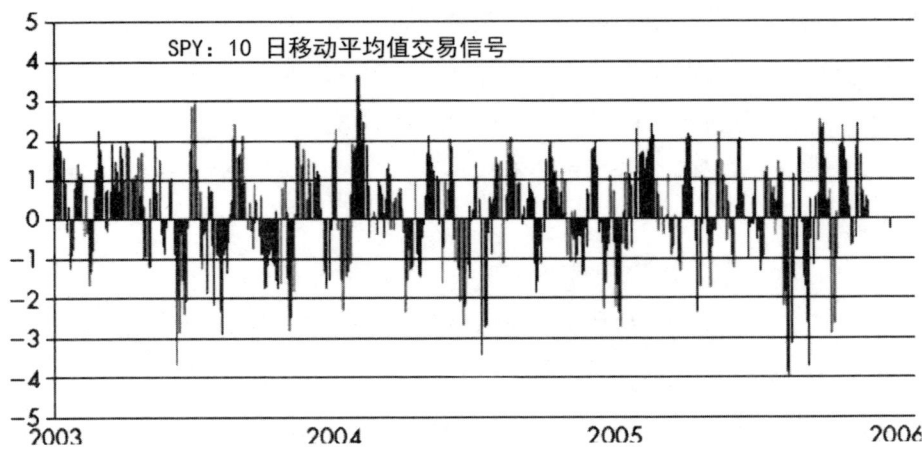

图 9-3 10 日移动平均值交易信号的剧烈波动，反映了交易信号的取值范围，这样我们就能分析交易信号大于 +2 或者低于 -2 时的表现

对交易信号进行分类，也许能提高我们的预测能力。通过对交易信号进行分类，我们能够分析系统在不同情况下的表现。

研究时间从 2003 年 9 月 30 日收盘至 2006 年 8 月 31 日收盘，共 737 个交易日。当交易信号 > 0 时，投资者做多。

表 9-2 以 0.50 美元为一个阶梯，将做多的交易信号分为 7 种情况。

表 9-2 10 日移动平均值在交易信号较小和较大的情况（灰色部分）下能带来收益

10日移动平均值交易信号	交易天数	平均涨跌	累积涨跌
> 0.00 to ≤ 0.499	98	0.0600	5.88
≥ 0.50 to ≤ 0.999	130	−0.0003	−0.04
≥ 1.00 to ≤ 1.499	89	−0.0796	−7.08
≥ 1.50 to ≤ 1.999	72	0.0625	4.50
≥ 2.00 to ≤ 2.499	33	−0.0476	−1.57
≥ 2.50 to ≤ 2.999	5	0.3220	1.61
≥ 3.00	2	0.2800	0.56
累计 (> 0.00)	429	0.0090	3.86

第9章 在移动平均值中加入其他变量

7种情况反映根据统计法进行交易决策的复杂性,以前的研究没有对交易信号进行细分,不管差值多大,只要收盘价 > 10日移动平均值,就做多。

429个交易日中带来了3.86美元的收益,但只有灰色阴影的情况才有收益。交易信号刚刚为正的情况为我们带来5.88美元的收益,交易信号大于等于2.50的情况带来的收益最多(2.17美元),介于两者之间的四种情况中有3类情况的表现结果都是亏损,风险较大。

市场表现通常不具有连续性。这个例子中,交易信号大于等于1.00并且小于等于1.499时表现的结果最糟糕,而交易信号大于等于2.50的两种情况对逆向投资者来说是再好不过的时机。这种失衡通常都会引起逆向投资者的注意,他们就是违背价格动量而行。

根据这个策略,投资者在交易信号 <0 时做空。

表9-3以0.50美元为一个阶梯,将做空的交易信号分为7种情况。

表9-3 在大盘看涨的环境下,只有一种情况(83个交易日)做空能够获利,因此收盘价和10日移动平均值之间的差值的参考意义不大

10日移动平均值交易信号	交易天数	平均涨跌	累积涨跌
< 0.00 to > -0.499	96	0.0845	8.11
≤ -0.50 to ≥ -0.999	83	-0.0655	-5.44
≤ -1.00 to ≥ -1.499	53	0.2906	15.40
≤ -1.50 to ≥ -1.999	35	0.0577	2.02
≤ -2.00 to ≥ -2.499	20	0.1090	2.18
≤ -2.50 to ≥ -2.999	15	0.0887	1.33
≤ -3.00	6	0.6683	4.01
累计 (< 0.00)	308	0.0896	27.61

10日移动平均值交易信号做空时,只有一种情况能够带来获利,表现不佳。但是在持续看涨的环境下(308个交易日上涨27.61美元),做空本来就不是件容易的事。

事情发生后，我们一看就能明白，只要不在大盘看涨的形势下做空，就能解决问题。这种"事后诸葛"的思想就和赌马的人总能在赛后轻易选出获胜的那匹马一样，但可惜的是，我们不能回到过去再进行一次交易。

自变量

自变量是导致结果的背后直接原因，它可以提高分析的准确性，完善你的分析。

虽然 SPY 表现良好，但 10 日移动平均值指标的表现结果却让人失望。不管是高于收盘价还是低于收盘价的 10 日移动平均值指标，表现都不理想。当表现结果不理想时，在分析中加入其他因变量能很好地改善效果。

新加入的变量必须对已有移动平均值指标的结果起一个补充完善作用。每个变量本身都会影响因变量。多个变量一起作用的效果通常会累积，也就是说，两个变量一起作用的效果会大大提升，不是两者效果相加，而是相乘。

我们首先讨论新变量。新变量通过反映 10 日移动平均值指标的趋势方向，即对比 SPY 最新收盘价和 N 天前的收盘价，来完善 10 日移动平均值指标。

变动率（ROC）指标等于最新收盘价减去 N 天前收盘价。现在我们用 11 天变动率来反映 10 日移动平均值的趋势方向。

我们的目的是确定 10 日移动平均值是在上涨还是下跌。表 9-4 中最新收盘价是 126.08 美元，11 个交易日前其收盘价是 127.88 美元，因此其趋势是在下跌。11 天变动率的计算方式如下：

$$11 \text{ 天变动率} = (\text{收盘价 } t_0 - \text{收盘价 } t_{-11})$$

第 9 章 在移动平均值中加入其他变量

表 9-4 SPY 的 11 天变动率指标（2011 年 11 月 15 日收盘价减 2011 年 10 月 31 日收盘价）为负（126.08 美元 - 127.88 美元 = -1.800 美元），而其 10 日移动平均值指标却给出了做多的信号（收盘价 126.08 美元 > 125.144 美元的 10 日移动平均值）

SPY	收盘价	10 日移动平均值	变动率	移动平均值信号
11/15/11	126.08	125.144	-1.800	1
11/14/11	125.46	125.386	-0.800	1
11/11/11	126.66	125.346	-1.970	1
11/10/11	124.32	125.777	0.020	-1
11/09/11	123.35	125.872	0.300	-1
11/08/11	127.88	125.389	2.390	1
11/07/11	126.28	125.310	2.310	1
11/04/11	125.25	125.182	3.590	1
11/03/11	126.25	124.723	5.120	1
11/02/11	123.99	124.437	1.410	-1
11/01/11	122.00	124.495	1.770	-1
10/31/11	127.88	123.730	5.310	1
10/28/11	126.26	123.361	5.750	1
10/27/11	128.63	122.549	7.880	1

11 天变动率等于 2011 年 11 月 15 日收盘价（126.08 美元）减去 2011 年 10 月 31 日收盘价（127.88 美元），等于 -1.80 美元。因此尽管移动平均值信号为正，但其趋势方向是在下跌。

两个变量的结合有以下四种可能性：

1. 收盘价 > 10 日移动平均值并且 11 天变动率 > 0（收盘价 t_0 > 收盘价 t_{-11}）的情况下做多

2. 收盘价 > 10 日移动平均值并且 11 天变动率 < 0（收盘价 t_0 < 收盘价 t_{-11}）的情况下做多

3. 收盘价 < 10 日移动平均值并且 11 天变动率 > 0（收盘价 t_0 > 收盘价

t_{-11}）的情况下做空

4. 收盘价 < 10 日移动平均值并且 11 天变动率 < 0（收盘价 t_0 < 收盘价 t_{-11}）的情况下做空

接下来的问题是，两个变量结合会有什么影响？如果做多，SPY 在 11 天变动率为正还是为负时表现会更好？

我们的研究问题是，如果做多，第二天表现根据 11 天变动率情况分类的结果会如何。

表 9-5 是根据 11 天变动率指标分类的表现结果，研究时间从 2003 年 10 月 1 日至 2006 年 8 月 31 日。

表 9-5　11 天变动率情况分为以下两类，显然，当 SPY 价格下跌（11 天变动率 < 0）时，平均每日获利更多（美元 0.0270）

做多	11 天变动率 > 0	11 天变动率 < 0	交易信号 > 0
交易天数	373	56	429
上涨天数	202	33	235
下跌天数	169	23	192
走平天数	2	0	2
胜率	0.542	0.589	0.548
平均每日涨跌	$ 0.010,63	$ 0.027,0	$ 0.009,0
累积涨跌	$ 2.35	$ 1.51	$ 3.86

11 天变动率指标能完善我们的分析；11 天变动率为负（即最新收盘价低于 11 天前收盘价）的 56 个交易日中带来了 1.51 美元的获利，表现更好。

如果做空，第二天表现根据 11 天变动率情况分类的结果会如何？（见表 9-6）

第 9 章 在移动平均值中加入其他变量

表 9-6 虽然 SPY 平均每天上涨，但是当 11 天变动率为正时，第二天做空能够带来更多获利；而当 11 天变动率为负时，第二天做空就是致命的错误

做空	11 天变动率 > 0	11 天变动率 < 0	交易信号 < 0
交易天数	64	244	308
上涨天数	31	139	170
下跌天数	32	102	134
走平天数	1	3	4
胜率	0.484	0.589	0.548
平均每日涨跌	－$0.0445	$0.1248	$0.0896
累积涨跌	－$2.85	$30.46	$27.61

虽然加入 11 天变动率变量后移动平均值指标的总获利仍然是 27.61 美元，但这带来了做空的交易机会。

当最新收盘价高于之前收盘价时，做空能够获利；反之，当最新收盘价低于之前收盘价时，做空平均每日亏损 0.1248 美元。记住，变动率为正时做空能够带来收益。

分析发现两个动量指标呈负相关：

1. 10 日移动平均值为正（做多）并且价格下跌（ROC11 为负）时，做多表现结果最好。

2. 10 日移动平均值为负（做空）并且价格上涨（ROC11 为正）时，做空表现结果最好。

在分析中加入其他变量来提高表现的方法很常见，在这个分析中 11 天变动率指标表现结果不错，但选择新加入的变量并不容易，这需要一些想象力。在这个例子中，我们的目的是确定移动平均值信号的趋势在上升还是在下降。11 天变动率为正（负）表明移动平均值信号上涨（下跌）。判断收盘价是低于还是高于移动平均值信号后，还需要判断 11 天变动率为正还是为负。

最后，我们需要找出能带来更多收益的分类情况。通过实验设计，我

们可以同时对移动平均值分类情况和变动率（$t_0 - t_{-11}$）进行分析，以便检验两者间的交互作用。

0.00<10日移动平均值交易信号<0.499的分类情况，在27个交易日中涨跌天数为17：10，是移动平均值>0且11天变动率<0的情况中获利最大的一类。

11天变动率小于0的情况下做多（表9-7）的56个交易日，以及11天变动率大于0的情况下做空的64个交易日的表现结果，验证了我们之前的负相关结论。

表9-7 下表反映了在10天移动平均值信号>0并且11天变动率<0（即最新收盘价小于之前收盘价）的情况下做多的结果

11天变动率<0的情况下做多		
10日移动平均值交易信号	交易天数	累积涨跌
0.00 <10日移动平均值交易信号< 0.499	27	2.84
0.50≤10日移动平均值交易信号< 0.999	18	0.44
1.00 ≤10日移动平均值交易信号< 1.499	8	-2.09
1.50≤10日移动平均值交易信号< 1.999	2	0.64
2.00 ≤10日移动平均值交易信号< 2.499	1	-0.32
2.50≤ 10日移动平均值交易信号	0	0
总计	56	1.51

表9-8 10天移动平均值信号<0并且11天变动率>0（即最新收盘价大于之前收盘价）的情况下做多的结果

10日移动平均值交易信号	交易天数	累积涨跌
-0.499<10日移动平均值交易信号<0.00	44	-1.50
-0.999<10日移动平均值交易信号≤-0.50	17	-1.68
-1.499<10日移动平均值交易信号≤-1.00	3	0.33
10日移动平均值交易信号≤-1.50	0	0
总计	64	-2.85

第9章 在移动平均值中加入其他变量

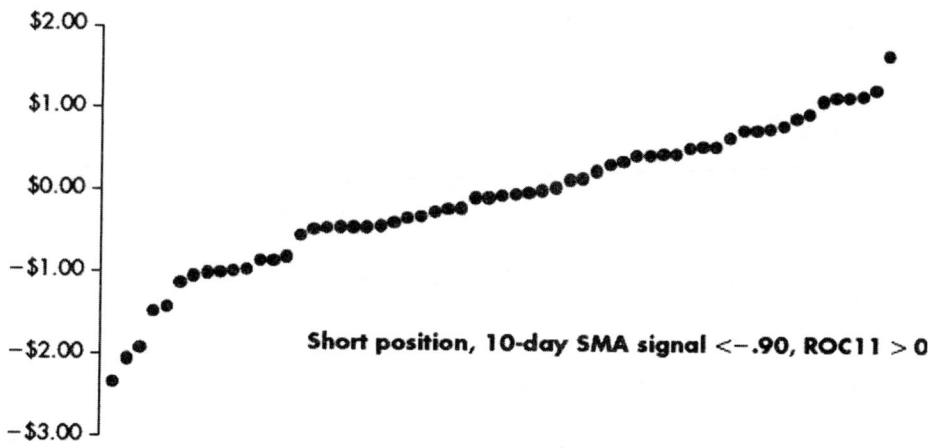

图9-4 10日移动平均值交易信号 <-0.90 并且 11 天变动率 >0，是买入平仓的好机会

当 10 日移动平均值信号<-0.90 时，卖空交易者实现了 3.18 美元的获利（图9-4）。

大部分书籍就到此为止了，让你感觉这个交易系统能够获利，但其实到这里这远远还没结束，为什么？因为我们不能回到过去再进行交易，而是要在未来市场进行交易。

交叉验证

另一个追踪研究结论的表现的方法，是进行交叉验证分析。这个方法可以验证之前得出的研究结论的可靠性。投入资金之前，一定要对研究结论再次进行分析，这一点很重要。比较实用的方法是使用过去表现进行筛选验证，即得出自己的研究结论后，以近期交易日为基准，再次进行分析。如果两个研究得出的结论相同，证明你的结论是对的。

在此前的研究中我们已经得出了结论（10 日移动平均值指标与变动率为负相关），现在只需要使用相同的两个变量再次进行分析——一旦结论得到验证，我们对其可靠性的信心会大大增加。①

现在我们对更近期的交易环境进行同样的分析。在以前的 300 个交易日中，SPY 在 2010 年 9 月 17 日的收盘价为 112.49 美元，至 2011 年 11 月 23 日其收盘价涨至 116.56 美元。虽然研究时间比之前的短，但其价格趋势与之前研究中价格上涨的趋势相同。300 个交易日上涨 4.07 美元，这符合我们之前的工作假说。在这种交易环境中做多容易获利，做空容易亏损。

表 9-9 包含了从 2010 年 9 月 17 日至 2011 年 11 月 23 日的 300 个交易日。

表 9-9　SPY 在 300 个交易日中上涨 4.07 美元，但 10 日移动平均值指标的表现结果却是做多亏损，做空获利

10 日移动平均值		
SPY	做多	做空
交易天数	185	115
上涨天数	101	65
下跌天数	84	50
平均涨跌	-0.0401	0.0998
累积涨跌	-$7.41	$11.48

移动平均值指标的表现结果让人失望。表现结果与传统理论完全背道而驰，做多亏损了 7.41 美元，而做空却获利 11.48 美元。当然，我们也可以无视传统理论。

面对这个结果，11 天变动率指标会对因变量产生积极还是消极的影响呢？（见表 9-10）

我们希望交叉验证的结果是两个研究结论一致（见表 9-11）。②

---

① 这本书中我不会生拼硬凑出符合我之前研究结论的结论，我直接下载了 SPY 在 2011 年感恩节之前 300 个交易日的交易表现。

② 以前的研究中有 3 天没有价格变动。

第9章 在移动平均值中加入其他变量

两个研究的分析结果相差甚远。以近期交易日为基准的研究结论不支持之前的研究结论，因此这个系统不可行。

表9-10 显然，两个动量指标（10日移动平均值指标与变动率指标）表现不一致

300 Days	10-Day Simple Moving Average with ROC			
	Long Position		Short Position	
SPY	ROC>0	ROC<0	ROC>0	ROC<0
Trades	147	38	36	79
Advance	83	18	19	46
Declines	64	20	17	33
Win %	0.565	0.474	0.528	0.582
APT	−0.0184	−0.1239	0.0467	0.1241
Summary	−2.70	−4.71	1.68	9.80

表9-11 两个研究结论相互矛盾

	10-Day Simple Moving Average with ROC11			
	Long Position		Short Position	
SPY	ROC>0	ROC<0	ROC>0	ROC<0
	September 30, 2003, to August 31, 2006 (737 trading days)			
Trades	373	56	64	244
Summary	$2.35	$1.51	−$2.85	$30.46
	September 17, 2010, to November 23, 2011 (300 trading days)			
Trades	147	38	36	79
Summary	$−2.70	−$4.71	$1.68	$9.80

长期分析

如果我们扩大研究中的交易天数，对使用移动平均值指标交易SPY进行更进一步的分析，会得出什么结果呢？

研究时间从 2003 年 10 月 1 日至 2011 年 11 月 23 日。

我们的工作假说是：

做多会带来获利

做空会遭受亏损

表 9-12 展示了做多和做空的对比结果。

表 9-12　本研究包含 2000 多个交易日，明显可以看出 10 日移动平均值（不包括变动率指标）指标效果不行。本研究中经历过熊市，这与之前的两个研究不同，当然，长时间的熊市极大地削弱了做多的表现结果

SPY	做多	做空
交易天数	1204	849
上涨天数	656	463
下跌天数	546	380
平均涨跌	-0.0338	0.0656
累积涨跌	-40.70	55.73

结果确实不理想，为什么还非要指鹿为马呢？当赚钱的系统近在眼前，你会墨守成规，还是选择行之有效的系统？

我们已经有了研究结论，但是在将之用于交易之前，记住让·雅克·卢梭所说的，"人人生而自由，却无处不在枷锁之中"。[①]

10 日移动平均值指标的表现结果让人失望，那我们为什么还要遵从这个收效不佳的理论呢？想不明白这个问题时，我们最好根据各种图表的最新发展，继续建立可行的综合性交易系统。

从目前结果来看，10 日移动平均值指标不能为我们带来获利，但是如果加入变动率指标，你会发现一些很有趣的东西（见表 9-13）。

---

① 让·雅克·卢梭：《社会契约论》，1762。

表 9-13 2000 多个交易日很好地展示了 10 日移动平均值指标对价格变动的反映，11 天变动率两种情况的表现大大不同

2,053 Days	10-Day Simple Moving Average with ROC11			
	Long Position		Short Position	
Sum	ROC > 0	ROC < 0	ROC > 0	ROC < 0
Trades	1,046	158	165	684
Advance	562	94	85	378
Declines	482	64	79	301
Win %	0.537	0.595	0.515	0.553
Average	−0.0264	−0.0825	0.0072	0.0797
Summary	−27.66	−13.04	1.19	54.54

产生交互获利

通过对结果进行连续性统计，我们发现新出现的成功模式，从而转入的交易系统，我称这种方式称为 GIA，即产生交互获利。

研究时间从 2003 年 10 月 1 日至 2011 年 11 月 23 日。

自变量为：

10 日移动平均值

11 天变动率

因变量为 SPY 的每日交易活动（收盘价 t_0 - 收盘价 t_{-1}）。

通过两个因变量，我们可以获取更多 SPY 的交易信息。移动平均值有两种分类情况，变动率也有两种分类情况。这样就有四种情况组合。投资者可以轻松地运用技术分析技能对情况组合进行分析（图 9-5）。

图 9-5 是移动平均值 > 0 并且变动率 > 0 的情况组合，图中一开始窄幅波动，出现多次峰顶和谷底，这时在平衡线附近做多能够获利。达到峰顶后，这一情况组合开始猛跌，最终跌破支撑线（也正好是平衡线），之后一路下跌，最终跌至-30 美元。达到支撑线后，SPY 经历了两年的上涨。

至 2011 年 2 月 SPY 又开始下跌，其连续性累积亏损达 27.66 美元。

图 9-5　技术分析师分析情况组合时可以立即找到适合的交易点

图 9-6 是移动平均值 > 0 并且变动率 < 0 情况组合的连续性统计结果，这一情况组合连续 6 年保持平稳，但是 7 天的连续下跌让其损失惨痛。

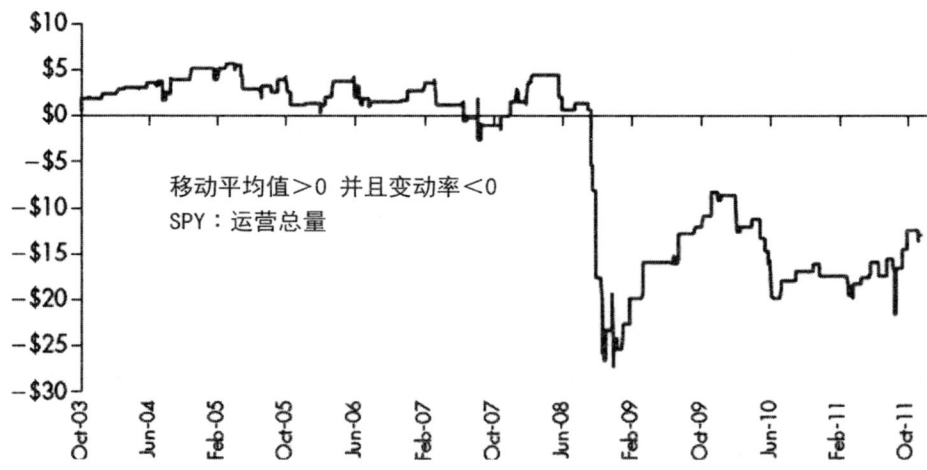

图 9-6　该情况组合起步缓慢，价格波动幅度小，猛跌 27.92 美元的 7 天连续下跌之前，其一直保持在平衡线附近，2009 年 2 月下跌开始回升

2008 年 6 月之前，移动平均值 > 0 并且变动率 < 0 的情况组合保持在

第9章 在移动平均值中加入其他变量

平衡点附近，为那些想在价格上涨至阻力线时卖出的交易者，以及想在价格下跌至支撑线时买入的交易者，提供了机会。①

最好的交易机会是在其跌破平衡线，累积亏损达到 27 美元时。随后出现牛市，这一情况组合上涨 20 美元后才再次下跌。

在 158 个交易日中，这一情况组合的价格变动较频繁。除了在下跌超过 25 美元时做空，以及在 2009 年 2 月的波动后做多，这个系统其他时间的交易结果表现并不理想；同时，7 天连续下跌也反映了猛跌会影响我们的连续性统计结果。

图 9-7 反映了移动平均值<0 并且变动率>0 的情况组合的表现，这个情况组合与以前两个情况组合的模式类似，但其回升超过了平衡线。

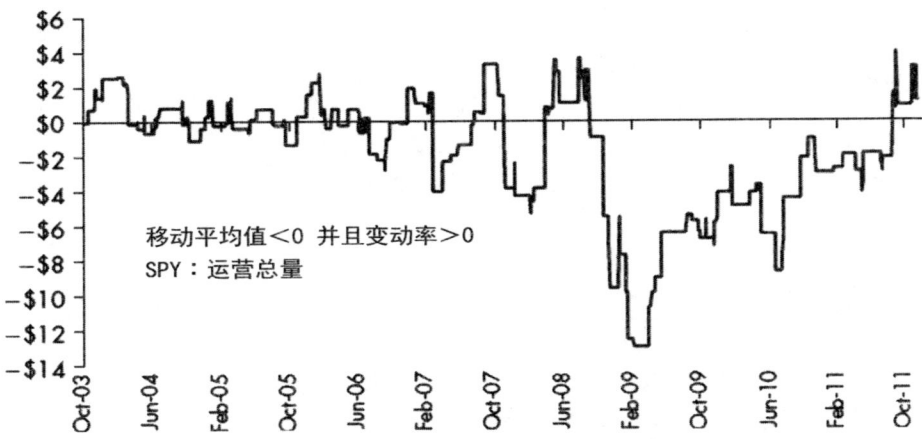

图 9-7 该情况组合也是起步缓慢，并且累积下跌越来越低，但每次下跌都能回升至阻力线，这种情况下做空表现良好，随后进入牛市，回升至之前的阻力线

---

① 价格在支撑线附近可以做多。如果价格上涨，则在触及阻力线前卖出平仓。如果价格跌破支撑线，则卖出止损。价格在阻力线附近可以做空。如果价格下跌，则在触及支撑线之前买入平仓。当市场环境与所持头寸相反时，你必须尽快平仓。

这种通道交易法能实现受益最大化，风险最小化。但是当价格打破以前的支撑线和阻力线时，投资者通常都不能冷静对待。运用这个策略需要自制力，因为当价格打破阻力线或支撑线时，损失通常都是巨大的，因此，你需要与其他运用这个策略的投资者竞争，看谁更换头寸的速度更快。

移动平均值<0并且变动率>0的情况组合，确实带来一系列做空获利的机会，但是，其在牛市却强力回升超过平衡线。因为这一情况组合的交易次数少（在2000多个交易日中只有165次交易），其连续性记录线形图的波动较大；即便如此，图表分析师也能凭借其智慧让获利的交易天数居多。

观察这个情况组合如何回升至阻力线，是一件有趣的事情，更有意思的是这个情况组合每次触及阻力线后都下跌，而且不断创出新低，直至出现牛市。

图9-8反映的是两个指标都为负（移动平均值<0并且变动率<0）的情况组合的表现结果，这个情况组合能够带来稳定的收益。

图9-8　这个情况组合与之前的组合不同，它平稳上涨至60美元

虽然移动平均值<0并且变动率<0的情况组合的交易结果一路上涨，但这有悖于传统观念，需要逆向投资者对这个情况组合的坚持。熊市时这个情况组合也遭受了一些损失，但在牛市环境下组合强力反弹，很快恢复过来。这个情况组合成功的原因之一，是投资者逢低买入的交易观念。

其他情况组合一开始起步缓慢，这个情况组合则不同，它早期就获得了成功。相较于前个情况组合，这个情况组合一直在上涨，没有出现猛跌后上涨的情况。

第9章　在移动平均值中加入其他变量

正如我在 2006 年 6 月的专题文章中所述，根据图表而不是交易系统进行交易。①

"通过分别交易每个情况组合的结果，做出的交易决策成功的可能性就越大；GIA 系统是积极的，因为你可以运用技术分析技能对情况组合进行分析。"②

描述统计学进行分析后，除了确定移动平均值的表现结果，并没有发现其有出色的表现。即使加入了其他变量（变动率），其表现结果也没能超越这 2000 个交易日的市场环境。因此，在关于动量指标的讨论中，我们不推荐在长期牛市的环境下使用移动平均值指标。如此看来，在研究结论没有得到验证之前，千万不要相信这些"事实"。研究结论得到验证之后，如果你的结论与传统观念相悖，那最好坚持自己的观点。

总　结

总的来说，对于那些愿意做功课的活跃的交易者来说，有利的交易机会大量存在。对新系统进行多方面的挖掘，比如将工具的表现细分为更小环境下的表现，在分析中加入更多的指标，以及对研究结论的表现进行连续性记录，都是运用动量指标获得成功必须做的功课。

市场在不断变化，这些指标的效果有时也是不确定的，运用到长期的环境中时，它们可能会让人失望，但它们有时也会带来出人意料的成功。因此，监控指标的进展很重要，当它们能够有效运作时，它们可以很好地预测价格走向，也有很多时候它们给出的信号能为我们带来收益。不管怎样，了结现有模式都是最重要的事，因为它们能让你了解到市场人士的主流思想。

---

① 安东尼·特龙戈内：《根据图表而不是交易系统进行交易》，《股票与期货技术分析》，2006 年 6 月。

② 安东尼·特龙戈内：《根据图表而不是交易系统进行交易》。

第 10 章 打破常规,坚持自己的观点

> 对群体活动过于在意的人,就像对蜂群的运作方式过于好奇的人,通常会被自己的好奇心蜇伤。
>
> ——亚历山大·蒲柏

对移动平均值进行深入研究后,我们不得不采取其他的策略。交叉移动平均值(CMA)能反映出的不同周期单位的两个移动平均值之差,这个指标等于两个移动平均值相减。交叉移动平均值有很多变化形式,我们先来研究比较简单的 3-8 天交叉移动平均值。①

交叉移动平均值

3-8 天交叉移动平均值的计算公式如下:

交叉移动平均值 = 3 天移动平均值 - 8 天移动平均值

3 天移动平均值对实际价格的反应较快,8 天移动平均值对实际价格的反应较慢。3 天移动平均值(周期单位较短)高于 8 天移动平均值(周

---

① 当然你也可以采用任何其他的移动平均值组合。我采用的是 13 世纪意大利著名数学家列奥纳多·斐波那契发明的数列。斐波那契数列是:0, 1, 1, 2, 3, 5, 8, 13, 21, 34, 55, ……。斐波那契的著作《计算之书》对欧洲商业具有深远影响。

期单位较长），是看涨交叉移动平均值指标；反之，则是看跌交叉移动平均值指标。

建立交叉移动平均值时有多种可能的情况组合，通常经过数周的观察，我们就可以得出最能带来获利的情况组合，但如果不进行分析，其带来的结果将时好时坏。

表 10-1 展示了 1 月 12 日的 3-8 交叉移动平均值的计算过程，浅色部分是 3 天移动平均值。

表 10-1　3-8 交叉移动平均值等于 3 日移动平均值减 8 日移动平均值。当 3 日移动平均值大于 8 日移动平均值时，得出的结果为正，表明价格看涨

	每日价格变动	3日移动平均值	8日移动平均值
Jan 12	1.20	1.00	0.30
Jan 11	0.60		
Jan 10	1.20		
Jan 9	0.40		
Jan 8	0.20		
Jan 5	-1.00		
Jan 4	-0.40		
Jan 3	0.20		

3-8 交叉移动平均值为正（1.0 - 0.3 = 0.70），因此，该指标看涨，预测第二天价格上涨。

因为 3 日移动平均值大于 8 日移动平均值，得出的结果为正。交叉移动平均值为负，则预示着价格有下跌趋势。从前两章我们已经知道，在没有对假说的真实性进行验证的时候，我们绝不能完全接受假说。[①]

表 10-2 展示了 3-8 交叉移动平均值组合的表现结果，我们的工作假

---

①　安东尼·特龙戈内：《动量指标在直线下跌的市场中的运用》，交互数据公司电子周刊 www.eSignal.com，2009 年 2 月 6 日。

说是：①

3 天移动平均值 > 8 天移动平均值 = 交叉移动平均值看涨

3 天移动平均值 < 8 天移动平均值 = 交叉移动平均值看跌

表 10-2　一般情况下这 635 个交易日平均每日上涨 0.0530 美元，相比之下，指标看涨时的表现却不太令人满意（390 个交易日上涨 2.29 美元），而指标看跌时则完全错失了市场机会。指标看跌时该策略让我们做空头交易，但这时价格却平均每日上涨 0.1280 美元，因此做空的表现结果极其让人失望，而在指标看跌时做多的表现结果会更好②

SPY	指标看涨	指标看跌	累积统计结果
Trades	390	245	635
Adv	219	133	352
Dec	171	111	282
APT	$0.0059	$0.1280	$0.0530
Sum	$2.29	$31.37	$33.66

研究时间从 2009 年 6 月 25 日至 2011 年 12 月 30 日（635 个交易日）。

2009 年 6 月 26 日 SPY（标准普尔指数存托凭证，下同——编者注）的收盘价是 91.84 美元，至 2011 年 12 月 30 日其收盘价是 125.50 美元，上涨 33.66 美元。

从表现结果可以明显看出，交叉移动平均值看涨时做多和看跌时做空的效果不佳；当表现效果不佳时，更严格的交易环境通常可以为我们指明正确的方向。

我们首先分析 3-8 交叉移动平均值为较大正数的表现结果。表 10-3 是 SPY 的每日价格变动。2011 年 10 月 28 日交叉移动平均值飙升至

---

① 你可以为两个移动平均值分配不同权重，从而对加权移动平均值进行分析。

② 计算 3-8 交叉移动平均值时，将 0.00 美元结果纳入计算会导致误差。

2.573，表明将有强力反弹。我们想知道 SPY 在交叉移动平均值飙升后的表现结果。2011 年 10 月 27 日 4.33 美元的每日价格变动让 3-8 交叉移动平均值超过 2.000。

表 10-3　SPY 10 天的价格变动，2011 年 10 月 28 日，3-8 交叉移动平均值超过 2.000，我们要分析的是 SPY 接下来几个交易日的表现

日期	收盘价	价格变动	3日移动平均值	8日移动平均值	3-8交叉移动平均值
10/28/2011	128.60	-0.03	127.177	124.604	2.573
10/27/2011	128.63	4.33	125.327	123.851	1.475
10/26/2011	124.30	1.25	124.280	122.801	1.479
10/25/2011	123.05	-2.44	124.170	122.585	1.585
10/24/2011	125.49	1.52	123.707	122.268	1.439
10/21/2011	123.97	2.31	122.253	121.675	0.578
10/20/2011	121.66	0.53	121.790	121.141	0.649
10/19/2011	121.13	-1.45	121.313	120.881	0.432
10/18/2011	122.58	2.35	121.793	120.204	1.590
10/17/2011	120.23	-2.34	121.103	119.443	1.661

3-8 交叉移动平均值超过 2.000（见图 10-1）后，投资者是否应该在接下来的交易日中做空？接下来的研究中我们将分析 SPY 在交叉移动平均值超过 2.000 后第一天、第三天以及第八天的表现。

除了展示交叉移动平均值超过 2.000 的交易日，这个线形图也很好地反映了 SPY 的价格变动。近期 3-8 交叉移动平均值频繁突破 ±2.000 边界，这是接下来会发生大波动的预警信号。

分析 3-8 交叉移动平均值大于 2.000 的情况下做多的表现结果之前，我们首先来看 3-8 交叉移动平均值在 ±2.000 边界内时 SPY 的表现。

这个研究关注的是 3-8 交叉移动平均值高于上边界（2.000）时 SPY 的表现结果。虽然发生情况不多，但交叉移动平均值突破上边界会不会让投资者犹豫不决？当投资者做出决定时，会不会因为其违背现有动量指标

而导致 SPY 价格下跌？

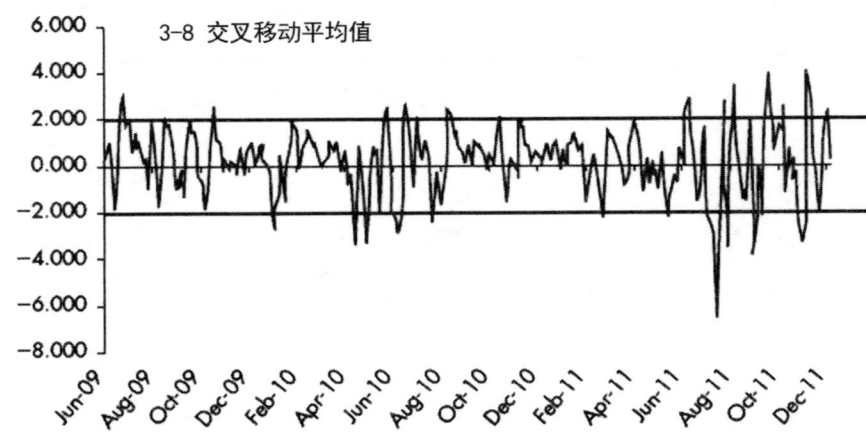

图 10-1　计算出 3-8 交叉移动平均值后，线形图反映了高于 2.000（上边界）和低于 2.000（下边界）的交易日，这个研究中我们关注的是 SPY 在交叉移动平均值突破 2.000 上边界后的回调

图 10-2 清楚地展示了上边界的阻挡。当交叉移动平均值稍高于 2.000 时，我们倾向于做空。接下来我们通过分析来验证这个工作假说。

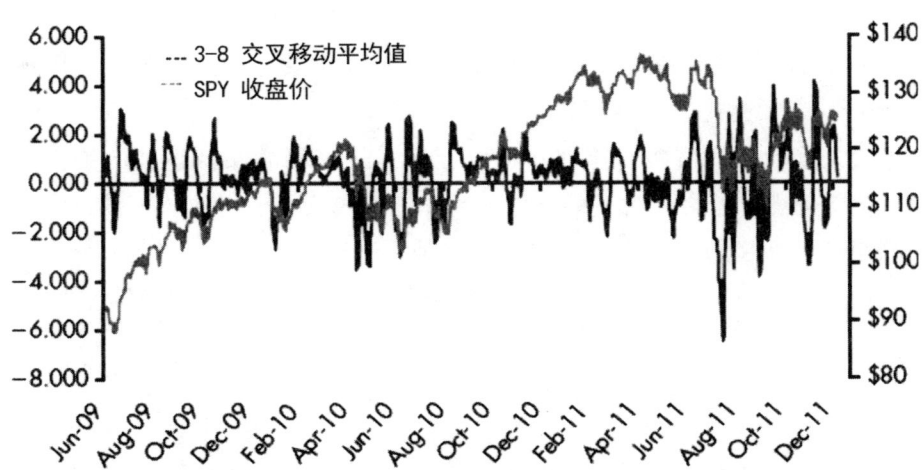

图 10-2　双轴图反映了 SPY 的收盘价和 3-8 交叉移动平均值，当交叉移动平均值波动范围紧缩时出现了最高的收盘价

这个分析与之前的分析不同，分析中的因变量有三个。通常我们用第二天的表现作为验证，但是这个分析考虑了 3-8 交叉移动平均值大于 2.000 后第一天、第三天和第八天的价格。

分析时间从 2009 年 6 月 26 日至 2011 年 10 月 30 日，分析结果请见表 10-4。

表 10-4 我们分析了 3 天移动平均值减 8 天移动平均值所得结果（交叉移动平均值）大于+2.000 上边界时，SPY 在隔天（n×1）、接下来三天（n×3）以及接下来八天（n×8）的表现结果

3天移动平均值减-8天移动平均值	交叉移动平均值>+2.000		
交叉移动平均值	n×1	n×3	n×8
交易天数	47	47	47
上涨天数	25	21	21
下跌天数	22	26	26
平均值	-$0.3879	-$0.7343	-$0.6145
累积统计结果	-$18.23	-$34.51	-$28.90

3 天移动平均值减去 8 天移动平均值所得结果为正，表明近期出现买压。[1]

交叉移动平均值飙升至 2.000 以上后，SPY 不能保持强劲的价格上涨。隔天上涨开始转下跌，平均每日下跌 0.3879 美元，而最大下跌发生在之后第三天（平均每日下跌 0.7343 美元）。

出现较大交叉移动平均值后，下跌影响会持续 8 天（见表 10-5）。交

---

[1] 另一种方法是分析的开始日期在前，生成结果的日期在后；也就是说，我们从 2009 年 6 月 26 日开始得出结果——但是为了计算 8 日移动平均值，我们必须从 2009 年 6 月 16 日开始收集数据，因此这天是非正式开始日期。因为 2011 年倒数第 4 个交易日的收盘价突破了上边界，最后 8 天移动平均值没有包含 2012 年的 5 个交易日。

叉移动平均值连续超过上边界的情况经常出现，因此，接下来第三天（n×3）和接下来8天（n×8）的表现结果可能有重复。交叉移动平均值超过+2.000后的每一天，你都在增加赌注。

表10-5 灰色阴影部分是超过上边界（2.000）的交易日，接下来第三天和接下来第八天的表现结果存在部分重复

日期	收盘价	价格变动	3日移动平均值	8日移动平均值	交叉移动平均值	n×1	n×3	n×8
12/19/2011	120.29	-1.30	121.357	122.884	-1.527			
12/16/2011	121.59	-.60	121.840	123.689	-1.849			
12/15/2011	122.19	.45	122.327	124.273	-1.946			
12/14/2011	121.74	-1.31	123.000	124.776	-1.776			
12/13/2011	123.05	-1.16	124.437	125.166	-0.730			
12/12/2011	124.21	-1.84	124.737	125.406	-0.670			
12/09/2011	126.05	2.10	125.577	125.504	0.073			
12/08/2011	123.95	-2.78	125.647	124.754	0.893			
12/07/2011	126.73	.47	126.403	124.224	2.180	-2.78	-2.52	-6.44
12/06/2011	126.26	.04	125.780	122.925	2.855	.47	-.21	-4.67
12/05/2011	126.22	1.36	125.350	121.713	3.637	.04	-2.27	-4.03
12/02/2011	124.86	-.11	124.940	120.834	4.106	1.36	1.87	-3.12
12/01/2011	124.97	-.02	123.337	120.184	3.153	-.11	1.29	-1.92

n×3 代表接下来三天的表现
n×3 for 12/07/2011 = -$2.52 =SUM(12/08 + 12/09 + 12/12)
n×3 for 12/06/2011 = -$0.21 =SUM(12/07 + 12/08 + 12/09)
n×3 for 12/05/2011 = -$2.27 =SUM(12/06 + 12/07 + 12/08)

接下来的分析中因变量仍然相同，但分析的是当3-8交叉移动平均值结果低于-2.000时接下来一天，接下来三天和接下来八天SPY的表现。

图表分析师能从635个交易日中发现许多正在形成的模式，而SPY跌破-2.000支撑线对逆向投资者最有吸引力。这是我们下一个研究（表10-6）的基础，我们要分析的是交叉移动平均值跌破下边界后SPY的表现。

表10-6 3天移动平均值减8天移动平均值所得结果（交叉移动平均值）小于-2.000下边界时，SPY在隔天（n×1），接下来三天（n×3）及

接下来八天（n×8）的表现结果

3天移动平均值减8天移动平均值		交叉移动平均值<-2.00	
交叉移动平均值	n×1	n×3	n×8
交易天数	47	47	47
上涨天数	24	29	26
下跌天数	23	18	21
平均值	$0.2919	$0.7272	$0.8947
累积统计结果	$13.72	$34.18	$42.05

交叉移动平均值突破下边界，为逆向投资者带来了良好的机会。虽然动量指标看跌，但三个因变量的结果都是上涨，因此我们应该做多；回升不断增强，逆向投资系统在接下来八天获得最大收益。

对比分析

接下来的研究中我们将用到=RANK函数，分析纳斯达克100科技指数基金（PowerShares QQQ）的收盘价在前30个交易日中的排名。

研究时间从2010年4月9日至2011年11月4日（400个交易日）。

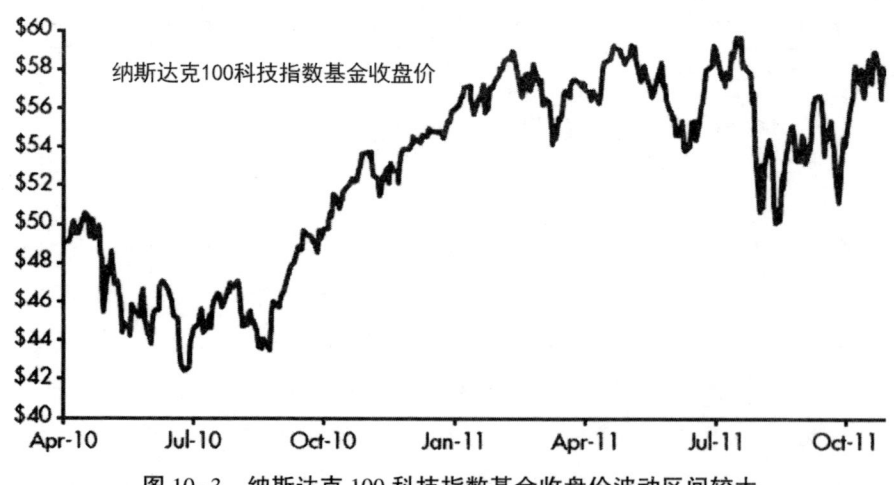

图10-3 纳斯达克100科技指数基金收盘价波动区间较大

第 10 章 打破常规，坚持自己的观点

纳斯达克100科技指数基金这400个交易日的收盘价波动性不断增大，这只指数基金的收盘价格开局下跌，但之后一路上涨，直至在54美元左右出现窄幅波动的交易模式，三次差点突破60美元。第三次达到峰顶后开始下跌并突破支撑位，日内价格跌至49.99美元，让投资者以为做空能够更好地获利，而后价格频繁波动直至回到阻力线。

定位

=RANK函数非常灵活，它可以进行"滚动"排名，即对特定时间段进行排名，而不必对整个工作表中的数值进行排名。接下来我们对纳斯达克100科技指数基金（代码：QQQ）的收盘价进行排名。虽然研究中包括了400个交易日，但我们只分析收盘价在前30个交易日中的排名。[①]

分析出收盘价在前30个交易日中的排名（排名第1代表收盘价最高，排名第30代表收盘价最低）后，哪个排名区间的表现最好？

我们将对排名最高和排名最低的情况进行对比分析，最好的表现来自排名居中的区间；因此，我们将分析以下三类排名情况：

排名 1 至 5
排名 11 至 20
排名 26 至 30

计算出纳斯达克100科技指数基金收盘价在过去30个交易日中的排名后，我们来分析这三类排名情况第二天的表现。

除了分析三类排名情况第二天的表现结果外，我们还应将其表现结果与400个交易日的上涨表现进行对比。表10-7与表10-8展示了三类排名情况的计算过程。

[①] 和其他研究一样，有时候为了得出某个指标（例如10日移动平均值），需要增加分析的交易天数。为了得出第371至400个交易日这30个交易日的排名，我们需要额外添加在此之前的29个交易日。

表 10-7 不满足条件的交易日没有显示表现结果，2011 年 11 月 3 日的排名属于"排名 1 至 5"一类，而之前的两天的排名则属于"排名 11 至 20"一类

	A	B	C	D	E	F	G
1	日期	收盘价	价格变动	30天排名	排名1至5	排名11至20	排名26至30
2	11/04/11	57.80	-0.30	8			
3	11/03/11	58.10	1.18	5	-0.30		
4	11/02/11	56.92	0.48	12		1.18	
5	11/01/11	56.44	-1.51	15		0.48	
6	10/31/11	57.95	-0.99	6			

表 10-8 排名 11 至 20 使用的是 =IF（AND）语句，其他两类排名使用的是 =IF 语句

日期	收盘价	价格变动	30天排名	排名1至5	排名11至20	排名26至30
11/04/11	57.80	=B2-B3	=RANK(B2, B2:B31)			
11/03/11	58.10	=B3-B4	=RANK(B3, B3:B32)	=IF(D3<=5, C2,"")	=IF(AND (D3 > 10, D3<21),C2,"")	=IF (D3>=25, C2,"")
11/02/11	56.92	=B4-B5	=RANK(B4, B4:B33)	=IF(D4<=5, C3,"")	=IF(AND (D4 > 10, D4<21),C3,"")	=IF (D4>=25, C3,"")
11/01/11	56.44	=B5-B6	=RANK(B5, B5:B34)	=IF(D5<=5, C4,"")	=IF(AND (D5 > 10, D5<21),C4,"")	=IF (D5>=25, C4,"")
10/31/11	57.95	=B6-B7	=RANK(B6, B6:B35)	=IF(D6<=5, C5,"")	=IF(AND (D6 > 10, D6<21),C5,"")	=IF (D6>=25, C5,"")
10/30/11	58.94	=B7-B8	=RANK(B7, B7:B36)	=IF(D7<=5, C6,"")	=IF(AND (D7 > 10, D7<21),C6,"")	=IF (D7>=25, C6,"")

400 个交易日中每一类排名情况的表现结果，见表 10-9。

排名 11 至 20 这一类的表现结果最好，涨跌天数 47-37，纳斯达克 100 科技指数基金这 400 个交易日的总获利为 9.06 美元，而这一类排名情况就带来 7.60 美元的获利。

通过排名，你能了解工具收盘价近期所处的位置，这对你很有帮助，因为很多指标只给出交易信号，但是你不知道当前收盘价在历史收盘价中处于什么位置。

表 10-9　排名 11 至 20 的表现结果最好，其他两类极端情况的表现结果不尽如人意

	纳斯达克100科技指数基金当前收盘价在前 30 个交易日中的排名情况			
	排名1至5	排名11至20	排名26至30	总计
交易天数	149	84	74	400
上涨天数	83	47	35	216
下跌天数	65	37	38	182
平均值	0.0058	0.0905	0.0157	0.0227
累积统计结果	$0.87	$7.60	$1.16	$9.06

交易区间

我们正在根据近期价格分析指数基金的表现，这时有必要对支撑与阻力（SAR）进行讨论。交易区间是高于和低于当前价格的两条线。高于价格阻力线[①]的情况，见图 10-4；低于价格支撑线的情况，见图 10-5。

---

① 关于阻力线的更多信息可以从以下文章中获取：安东尼·特龙戈内：《小心，即将触及阻力线》，载于 eSignal.com 2012 年 5 月 25 日；安东尼·特龙戈内：《与阻力线擦肩而过》，载于 eSignal.com 2012 年 1 月 1 日；安东尼·特龙戈内：《警惕：看跌的交易量》，载于《股票与期货技术分析》，2012 年 9 月。

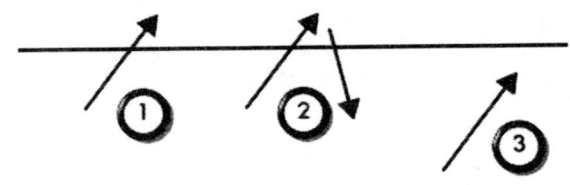

图 10-4　在阻力线附近的三种交易情况

在接近阻力线的区间常见的交易策略：

1. 突破上区间（阻力线）——顺从价格涨势做多。

2. 突破上区间，但工具没能继续上涨，转而回跌——预测价格会继续下跌，因此做空。

3. 价格上涨接近上区间，但预测价格将在未达到上区间时开始下跌——预测工具不会突破历史阻力位，价格会继续下跌，因此做空。

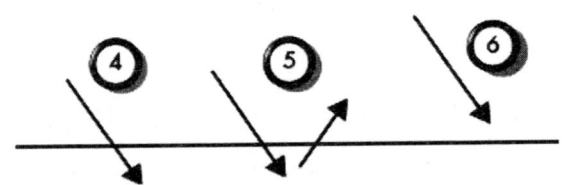

图 10-5　在支撑线附近的三种交易情况

在接近支撑线的区间常见的交易策略：

1. 价格跌破下区间（支撑线）——预测价格继续下跌，因此做空。

2. 突破下区间，但工具没能继续下跌，转而上涨——预测价格会继续上涨，因此做多。

3. 价格下跌接近下区间，但预测价格将在未达到下区间时开始上涨——预测工具不会跌破支撑线，价格会继续上涨，因此做多。

上下区间将当前工具价格包含在两条线之间,因此技术分析师将之称为包络线。高于当前价格的线为阻力线,而低于当前价格的线为支撑线。当价格趋近上下区间时,根据包络线指标,我们的交易策略是持有相反头寸。

另一种常见的方法是用交易区间来区分价格波动。例如,将上区间设定为高于当前价格一个标准差,将下区间设定为低于当前价格一个标准差。

虽然有很多交易策略,但对日内交易者来说,使用这些指标时都有着同样的缺陷:不能根据当天的市场波动情况绘制价格区间,只能根据之前日内交易的平均值来绘制价格区间。我们都知道,开盘前价格变动较小,此时区间的交易范围也较小;一旦开盘,价格变动增大,在看似紧凑的区间内价格波动剧烈,导致交易活动频繁。

开盘后剧烈的价格变动,最终导致区间扩大,但是早上之后市场活动开始减少,这时较大区间内价格变动趋于缓和,导致交易活动减少。

下午交易机会减少,直至接近收盘时价格变动增大,交易活动随之增多。收盘后交易活动停止,这时区间较大,但是价格变动相对缓和,此时不易持有头寸。

这样看来,区间会影响交易机会。因此,在使用区间策略时,我建议要对比同一时段的波动性:如果你在09:30至10:30期间进行交易,就对这个时段进行对比分析。虽然你应该更关注该时段较近期的价格变动,如果你想根据以前这一时段的情况进行分析,一定要进行必要的调整。[1]

价格小幅回调

价格小幅回调影响巨大:它能为我们带来频繁的获利,但当它失败时,我们的情绪会受到很大影响。这个系统的基础类似于价格涨跌,但是,洞察价格小幅回调不是件容易的事。

短期数据(如3天移动平均值)给出的交易机会较多,但这时的交易

---

[1] 安东尼·特龙戈内:《动量指标在直线下跌的市场中的运用》,交互数据公司电子周刊 www.eSignal.com,2009年2月6日。

环境波动性太大（图10-6），得出的策略可以带来获利，但不适合那些在波动较大的市场中不能很好地控制自己情绪的投资者。价格回调时需要快速执行委托单。

50天移动平均值给出的交易机会相对较少，更适合大部分交易者（图10-7）。

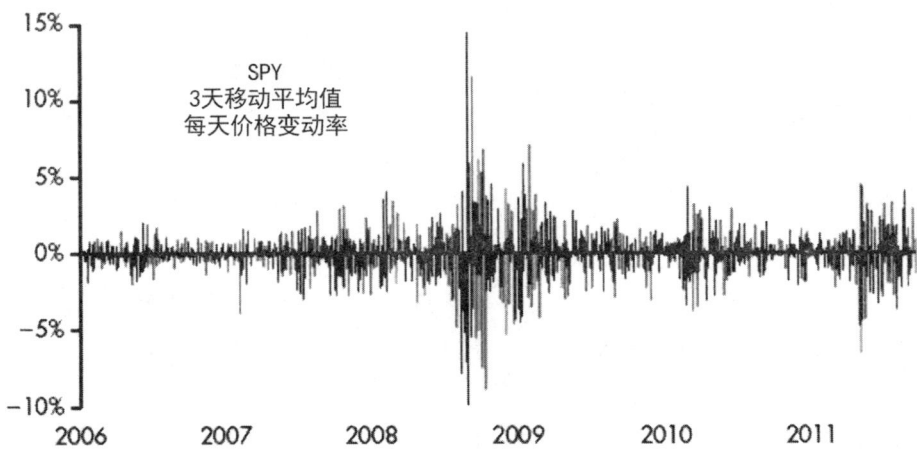

图10-6　3天移动平均值有很多白噪声，这时系统给出的交易机会较多，但这种环境会催生很多情绪化交易

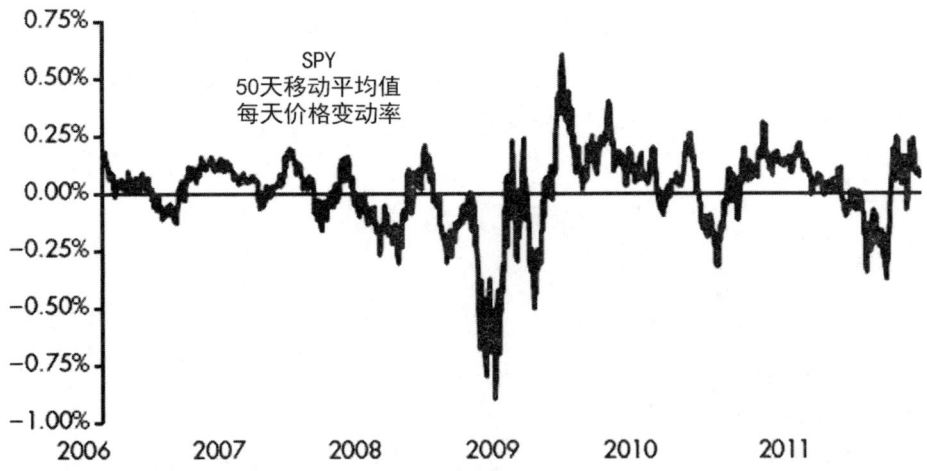

图10-7　50天移动平均值的每日价格跌幅让人一目了然，价格跌幅达-0.25%以下时出现交易机会

第10章 打破常规，坚持自己的观点

从 50 天移动平均值线形图中可以看出，当价格跌幅达 -0.25% 以下时，做多似乎可以带来获利——问题是，应该在什么时候平仓？

人们更关注建仓，但平仓也非常重要。在这个研究中，我们将平仓时机简单设定为在买入 SPY 三天后卖出平仓。

许多交易情况会连续进行。例如，当 SPY 50 天移动平均值跌幅突破 -0.25% 后，可能出现持续下跌。当连续数日跌幅保持 -0.25% 以下时（买入信号），除 2008 年出现的长期下跌，分析结果建议你改为做多。

当 50 天移动平均值跌幅突破 -0.25% 后，SPY 在接下来三天的表现如何？

研究时间从 2006 年 1 月 3 日至 2011 年 12 月 30 日（1511 个交易日）。自变量是 SPY 收盘价的 50 天移动平均值跌幅，当交易信号低于 -0.25% 时则为因变量。研究中我们在收盘时建立 SPY 多头头寸，持仓三个交易日，三日后收盘时卖出平仓（见表 10-10）。

表 10-10 SPY 的 50 天移动平均值跌幅达 -0.25% 以下，给出买入信号，因变量是在接下来三个交易日做多

	A	B	C	D	E	F	G
	日期	收盘价	变动额	变动率	50天移动平均值-0.0025		3天累积表现结果
2	10/10/2011	119.58	3.87	0.033	-0.0013		
3	10/07/2011	115.71	-0.78	-0.007	-0.0021		
4	10/06/2011	116.49	2.07	0.018	-0.0020		
5	10/05/2011	114.42	2.08	0.019	-0.0028	1	5.16
6	10/04/2011	112.34	2.41	0.022	-0.0032	1	3.37
7	10/03/2011	109.93	-3.22	-0.028	-0.0038	1	6.56
8	09/30/2011	113.15	-2.90	-0.025	-0.0032	1	1.27

F4 单元格空白，表示交易者没有进行操作。F5 单元格的值为 1，表示

在接下来三天做多。G5 是接下来三天的累积表现结果（5.16 美元 = 2.07 -0.78 + 3.87）。

我们结合使用两个函数来计算 3 天价格变动。使用 IF 语句判断条件（F5 = 1）。如果语句为真，则继续计算接下来三天的价格变动之和；如果语句为假，则不返回任何单元值。

3.87 + - 0.78+2.07 =5.16
=IF［F5 = 1, SUM（C2：C4），" "］

公式的计算结果请见图 10-8。大部分交易活动发生在 2008 年冬天。

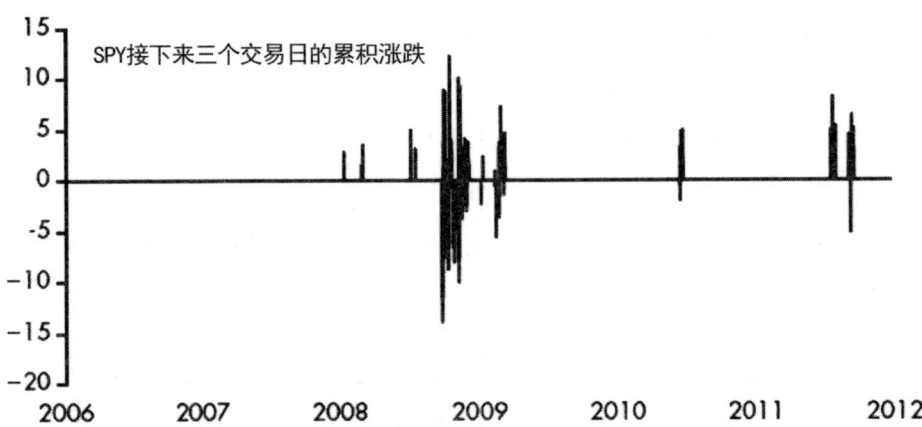

图 10-8　50 天移动平均值跌幅达 -0.25% 以下时做多的策略，从大体上来看能在接下来三个交易日获利，但熊市时遭受了巨大损失

系统很长时间没有给出交易机会，但当交易机会出现时，通常都较快速、密集。出现持续下跌时不适合使用这个系统交易，除此之外，这个系统表现不错（系统表现结果见表 10-11），但是要小心熊市陷阱。

表10-11 统计94天做多的结果时有些数据值得注意,虽然系统平均16天才给出一个交易机会,但0.63美元的平均每日涨跌值得等待

做多SPY接下来3个交易日的表现	
总交易天数	1511
做多交易天数	94
上涨天数	55
下跌天数	39
胜率	0.585
平均每日涨跌	0.6302
累积涨跌	$59.24

高胜率和0.63美元的平均每日涨跌非常可观。虽然受到熊市的影响,系统仍然实现了获利,更重要的是,我们在这个统计分析中运用了两个函数语句。

使用这个系统的缺陷出现在期货市场进入熊市时,这时你可能会遭受亏损。猛烈下跌是难以应对的,股票可能会快速下跌到难以预见的低点。我们在资金和感情上都很难全身而退。

日 内 区 间

本研究分析的是SPY在正常交易时段的表现,具体来说,是分析日内价格与收盘价之间的关系。

本研究是关于SPY在正常交易时段交易的日内价格。

H 代表最高日内价格
L 代表最低日内价格
PM 代表下午收盘价

H - PM = 最高价 - 收盘价

SPY 触及最高价格后下跌，最高价与收盘价之间间隔较大，差值为较大的正数，而较小的正数差值则表明最高价与收盘价之间间隔较小。

PM - L = 收盘价 - 最低价

当收盘价远高于当日最低价时，所得差值为较大正数，而当收盘价接近当日最低价时，所得差值为较小正数。

我们的目的是分析当 H - PM >（L - PM + 0.50 美元）时 SPY 的表现。

研究时间从 2010 年 6 月 1 日至 2011 年 12 月 30 日。自变量是 H - PM >（PM - L + 0.50 美元），[①] 因变量是 SPY 连续两个交易日之间的价格变动差。

系统的分析过程，见表 10-12（收盘价 t_0 - 收盘价 t_{-1}）。

表 10-12 得出信息至关重要的工作表，得出因变量时使用了 =IF 语句

Date	Op	Hi	Lw	Cl	Pc	H - PM	PM - L	H - PM > (PM - L + $0.50)
11/08/2011	126.92	128.02	125.71	127.88	1.62	0.14	2.17	
11/07/2011	125.39	126.39	124.20	126.26	0.78	0.13	2.06	
11/04/2011	125.23	125.70	124.01	125.48	-0.77	0.22	1.47	
11/03/2011	125.27	126.50	123.60	126.25	2.26	0.25	2.65	
11/02/2011	123.83	124.40	122.79	123.99	1.99	0.41	1.20	
11/01/2011	122.03	123.51	121.52	122.00	-3.50	1.51	0.48	1.99
10/31/2011	127.16	127.26	125.32	125.50	-3.10	1.76	0.18	-3.50
10/28/2011	128.00	128.85	127.80	128.60	-0.03	0.25	0.80	
10/27/2011	127.63	129.42	125.96	128.63	4.33	0.79	2.67	

---

① 在 H - PM <（PM - L + 0.50 美元）公式中使用 0.05 美元进行试验，其效果取决于 SPY 价格、市场波动性以及其他许多因素，而且，当价格变动较大时，可以用涨跌幅代替价格变动。

第 10 章 打破常规，坚持自己的观点

H－PM 与 PM－L 的差值在 0.50 美元以上与在 0.50 美元以下的两种情况表现差别巨大（图 10-9）。虽然胜率差不多，但是差值在 0.50 美元以上的情况平均收益更多，这时用图像来反应每日表现结果让人一目了然。

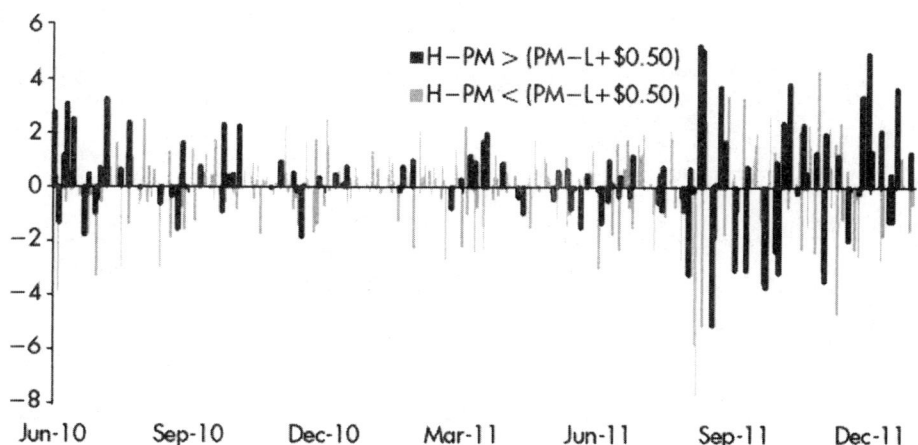

图 10-9 黑线代表 H－PM ＞（PM－L + 0.50 美元），灰线代表 H－PM ＜（PM－L + 0.50 美元）

H－PM ＞（PM－L + 0.50 美元）的策略虽然给出的交易机会较少，但是表现不错，114 个交易日中带来了 29.50 美元的获利（表 10-13），而 H－PM ＜（PM－L + 0.50 美元）的策略的收益结果仅仅不算太坏，因此它并不是一个严格的交易系统。

如图 10-9 所示，交易次数增多通常预示着会有大的变动发生。我们采集这些数据时不能进行分析，因此结果有待发展。

表 10-13 H－PM ＞（PM－L + 美元 0.50）及 H－PM ＜（PM－L + 美元 0.50）的表现结果

SPY	H－PM ＞（PM－L + 0.50 美元）	H－PM ＜（PM－L + 0.50 美元）
交易天数	114	288
上涨天数	62	152

下跌天数	51	136
胜率	0.543	0.528
平均每日涨跌	$0.259	-$0.040
累积涨跌	-$29.50	-$11.53

总　结

　　动量策略有时不符合现有模式。哪个策略表现更好呢？当前交易环境通常是最好的衡量标准。追随价格动量，莽撞行事是自然反应，但许多研究都表明，出现大波动时，在不了解市场会如何作用的情况下追随群体活动会陷入困境。

第 11 章 限制性交易系统

> 相对于学习，最好是创造！创造是生命的本质。
>
> ——尤利乌斯·恺撒

本章将更加深入地分析限制性交易系统。限制性交易系统会对交易条件进行限制，所以不会每天都给出交易机会。虽然给出的交易机会较少，但系统的胜率很让人满意。

在市场开始看好时还按兵不动不是件容易的事，但是好在随着经验的积累，你会发现更多可靠的交易机会，以此来弥补限制性交易策略的不足。[①]

很多系统都需要对当前交易环境进行分析，但这些限制性系统不需要，因为它们的交易限制条件是固定的。例如，如果 SPY（标准普尔指数存托凭证，下同——编者注）收盘价只比当日最低价略高，我们就做多，不必考虑当前价格指标、成交量剧增或其他因变量的情况。我们只需要看 SPY 收盘价与最低价之差是否在 0.08 美元以内。

顺势投资

最好的获利机会是，开始持有头寸相对较少，之后市场急剧动荡，当

---

① 安东尼·特龙戈内：《以少胜多》，《股票与期货技术分析》，2004 年 2 月。

价格跌至最低点时买入股票，随即市场趋势扭转，交易屏上的"价格变动列"由红转绿。

许多日内交易者坚信猛跌之后适合做多，这样操作看起来很有吸引力，但否值得投入资金呢？不管怎样，抓住最低点并不容易。如果能等到早上波动性开始降低时再出手，我们胜率会更大。

不是每个人都适合在早上进行交易，有些投资者在靠后时段表现更好。赛马闪电般冲出起跑门，在第一个弯道争夺位置，进入第一个直道上时纷乱平息，这时要预测比赛结果也相对容易。与赛马类似，对许多投资者来说稍后时段是做出决策的最佳时机。①

在11∶00或稍晚时早上波动性降低后建立头寸，买入止损或卖出止损，这个策略的胜率极高。

观察SPY价格超过其11∶00价格后的表现，能得出这时顺势还是逆势投资效果更好。如果顺势投资，在下单买卖交易平台以外的股票时，我们需要建立止损买单；而如果逆势投资，我们需要建立限价卖单（见图11-1上半部分）。

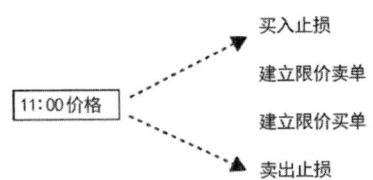

图11-1　根据11∶00的价格，我们有两种不同的选择

图11-1是根据11∶00价格进行期货市场交易决策。价格上涨时卖出平仓可以获利，但如果价格持续上涨，是不是就很难由看涨转为看跌呢？

另一方面，如果SPY价格相较于11∶00时价格有大幅下跌，那么逆市做多是不是好策略？换句话说，当价格跌破特定点时，下午是否就会进入熊市？这些推测看起来合理，但在进行分析前，就只能将它们视为推

---

① 安东尼·特龙戈内：《掌控收益》，《股票与期货技术分析》，2008年8月。

第 11 章 限制性交易系统

测,而不能当作事实。

从开仓买入开始分析,当股票价格比 11:00 时价格上涨 0.75% 时,我们建立止损买单做多。

当 SPY 价格比 11:00 价格上涨 0.75% 时(更具体地说,是 11:00 至 16:00 期间价格比 11:00 时的价格上涨 0.75%,建立头寸的时间是在 11:00 之后不久建立止损买单时),你会怎么做——是做多还是做空?

价格涨幅没达到 0.75% 时,不执行止损买单。假如 SPY 涨幅达到 0.75%,我们的目的在于获得做多或做空的收益。对价格上涨 0.75% 时做多的表现进行分析,做空结果与做多结果相反。①

本系统非常高效,而且得出结果后无须再进行其他分析,只需在价格高于和低于 11:00 价格 0.75% 时下单即可。② 因为你进行交易的价格与 11:00 的价格相差巨大,在 11:00 前不需要担心建仓的事情,但是,一定要在价格上涨至或下跌至你的设定价之前建立头寸。

建立止损买单后,股票价格上涨至设定价格时就买入头寸做多。执行止损买单后,投资者希望 SPY 价格继续上涨。

如果 SPY 11:00 价格是 100 美元,当价格上涨至 100.75 美元时,建立止损买单。

假定股票 11:00 价格是 100 美元,做多的计算过程如下:

$$100 \times 1.0075$$
$$= 100 \times (100 \times 0.75\%) = 100.75 \text{ 美元}$$

当价格涨至设定价格,即 100.75 美元时,投资者就开始做多。③

---

① 如果 SPY 11:00 的价格是 100 美元,当价格上涨至 100.75 美元时,执行止损买单。如收盘价为 101.75 美元,止损买单可以为你带来 1.00 美元的收益;而如果价格上涨至 100.75 美元时,做空将亏损 1.00 美元。

② 你必须对所有已启用系统的表现结果进行监测,但是因为这是个限制性交易系统,对系统表现的追踪不应太频繁。

③ 虽然实际止损单不是这个价格,但我们在计算时可以进行这样的假设。

进行任何交易前，一定要搜集更多信息。如果了解 SPY 在这 1379 个交易日中 11：00 至 16：00 期间的表现，你是不是会更有信心呢？

这只交易所交易基金（ETF）于 2006 年 4 月 20 日开始交易，当天 11：00 的价格为 131.13 美元，至 2011 年 10 月 7 日 16：00，SPY 的价格为 115.69 美元。尽管价格有所下跌，但我们的目的是在下跌的环境中做多获利。

本研究关注的是距 11：00 价格的涨跌幅，因此有必要计算异常值（表 11-1）。

表 11-1　SPY 在 11：00 至 16：00 期间价格下跌 7.11 美元，胜率为 0.518。①

交易范围：2006 年 4 月 20 日至 2011 年 10 月 7 日的 11：00 至 16：00	
第 10 百分位数	-1.086%
第 15 百分位数	-0.788%
第 85 百分位数	0.767%
第 90 百分位数	0.970%
累积涨跌	-$7.11
平均值	-0.0052
标准差	1.13
涨、跌、平天数之比	715：653：11

相较于这 1379 个交易日的累积下跌，SPY 在 11：00 至 16：00 期间累积下跌 7.11 美元，相对缓和。这表明我们的策略是成功的。我们希望通过做多来提高平均每天获利（APT）。图 11-2 反映了 SPY 在这 5 个小时内的价格变动。

---

① 将 11：00 价格上涨或下跌 0.75% 设为止损点，上涨 0.75% 时大约是第 85 百分位数（0.767），下跌 0.75% 时大约是第 15 百分位数（-0.788）。

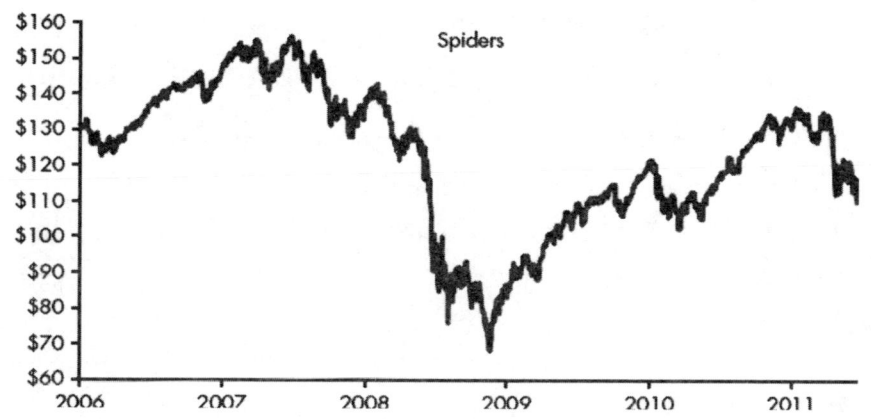

图 11-2　SPY 收盘价包括了不同的时段，虽然研究末尾这 100 个交易日中价格猛跌，但系统仍然带来 21∶8 涨跌天数比，并获利 6.95 美元

我们的分析包含了 SPY 价格猛跌和长期上涨等不同价格走向（2009 至 2011），因此在评估策略的效果时，有必要通过线形图来反映系统表现的连续性结果。

在时间跨度如此大的情况下，请务必对更近期的交易活动进行分析，我们将 1378 个交易日的表现结果与最后 100 个交易日的表现结果进行对比（表 11-2）。

表 11-2　系统在下跌的交易环境中取得 44.28 美元的收益，表现非常不错，尤其是在最后 100 个交易日，系统的涨跌天数为 21∶8，并且平均每天获利 0.24 美元

1378 个交易日	比 11∶00 价格上涨 > 0.75%	前 100 个交易日
上涨天数	198	21
下跌天数	134	8
胜率	0.596	0.724
累积涨跌	$ 44.28	$ 6.95
平均每日上涨	$ 0.13	$ 0.24

虽然系统限制严格，但是仍然在 1379 个交易日中给出了 332 次交易机会（占总交易天数的 24%）。

44.28美元的累积获利表现不错,但系统在最后100个交易日的表现如何?在最后100个交易日中,1000股多头头寸能为顺势投资者带来6950美元的获利,而且SPY在这100个交易日中价格猛跌,这样看来这个结果就更让人满意了。

四分之三系统表现的连续性统计结果线形图(图11-3)很有用,它包括了平缓走势、长期上涨走势、再次的平缓走势以及2011年的再次猛涨。

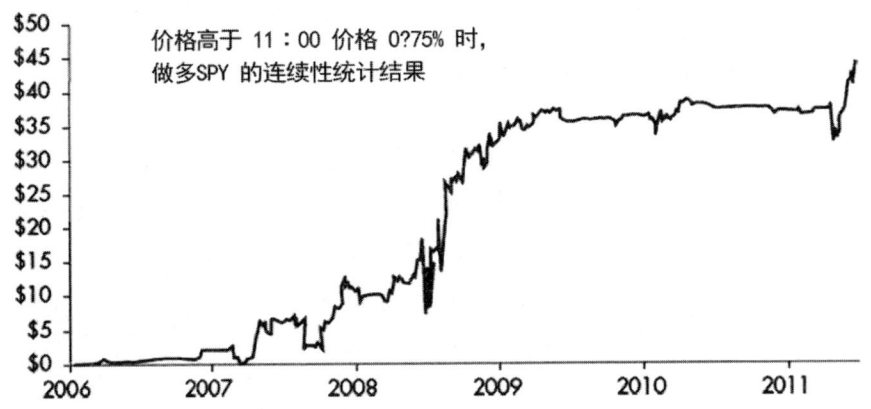

图11-3 做多SPY的连续性统计结果显示,开始上涨之前,表现结果的波动性较大

图11-3清楚地反映了系统经历了多长时间才开始带来获利,值得注意的是,系统大部分的获利是在2008年的熊市取得的;而当SPY恢复时,系统进入了长达两年的平缓期,最后在微跌后开始再次上涨。

这个系统有许多让人惊喜的表现。例如,考虑到进行分析的时机,即使是成功的系统也不能长期稳定地获利。另外,两幅统计图的表现截然相反,尤其是2008年的表现,而如果不进行分析,我们永远不会有这些发现。

当SPY价格比11:00价格下跌0.75%时(更具体地说,是11:00至16:00期间价格比11:00时的价格下跌0.75%,建立头寸的时间是在11:00之后不久建立止损卖单时),应该做多还是做空?

建立止损卖单后,股票价格下跌至设定价格时,卖出头寸做空。执行卖单后,投资者希望 SPY 价格继续下跌。

假定股票 11:00 价格是 100 美元,做空的计算过程如下:

= 100 × 0.9925　　　99.25 美元
= 100 − (100 × 0.75%)　　　99.25 美元

如果 SPY 在 11:00 价格是美元 100,当价格下跌至 99.25 美元时,建立止损卖单。

做空在价格下跌时获利,我们希望做空的结果能超越做多的结果;但再次强调,如果不进行分析,一切都只是推测。表 11-3 是当价格比 11:00 价格下跌 0.75% 时做空的表现结果。

表 11-3　带来寥寥收益的做空操作

1378 个交易日	比 11:00 价格下跌> −0.75%	前 100 个交易日
上涨天数	195	20
下跌天数	214	19
胜率	0.477	0.513
累积涨跌	−13.60	−2.22
平均每日上涨	−0.033 美元	−0.057 美元

这 1379 个交易日累积下跌 7.11 美元,因此当价格比 11:00 价格下跌 0.75% 时做空的效果不算理想。通过线形图(图 11-4)我们能更清楚地看出系统在这期间的表现。

使用这一策略做空表现平平,最好的表现是在 2009 年到 2011 年牛市上涨的环境下。显然,在牛市环境出现下跌时,交易者更容易卖出平仓,而这会导致 SPY 价格继续下跌。①

图 11-4 系统在牛市期间（2009 年至 2011 年）表现良好，SPY 在牛市期间上涨 140 美元，是做空的最佳表现时期

虽然表现结果不让人满意，但我们仍然要继续分析这一午后（指 11 点-16 点的交易区间）策略。比如，等到下跌更剧烈时做空的表现会怎样呢？实际上，比 11：00 价格下跌过多反而会促成反弹。比 11：00 价格下跌 1.5%时做空结果更糟糕，在 150 个交易日中上涨 21.46 美元（平均每天上涨 0.143 美元）。②

收盘后表现

有时，将系统的限制条件设置为极端值会带来最好的表现结果，遗憾的是，以异常值为基础的交易策略实例非常少。为列举出足够多的案例，

---

① 有 73 个交易日在 11：00 至 16：00 期间既经历过上涨又经历过下跌（先上涨 0.75%后下跌 0.75%，或者先下跌 0.75%后上涨 0.75%）。

② 11：00 后不会立即发生大幅的波动，因此你不必等待立即开始交易。虽然你想在价格上涨至或下跌至目标价格前下单，但对于中午前无法看到交易情况的交易者来说，这仍然是个可行的系统。

第 11 章 限制性交易系统

我们回头分析前 1201 个交易日。与其他研究不同，本研究重点分析收盘后交易，具体来说是分析 2007 年 1 月 3 日至 2011 年 10 月 7 日的 16：00 至 18：00 期间的表现。这 1201 个交易日中，SPY 在这两小时内上涨了 3.24 美元，似乎没有任何操作价值。

如果 16：00 到 18：00 期间上涨或下跌超过 40 美分，那么在 18：00 逆市建仓并在第二天早上 08：00 平仓的策略，能不能带来获利？

失败往往是最好的老师。在这种情况下，成功（超过 0.40 美元的上涨）和失败（超过 0.40 美元的下跌）都能给留下你难忘的印象。在 16：00 至 18：00 期间上涨超过 40 美分的 63 个交易日中，SPY 在 18：00 至 08：00 期间累积下跌 16.10 美元，平均每日下跌 0.256 美元，适合做空。

在 16：00 至 18：00 期间下跌超过 40 美分的 91 个交易日中，在 18：00 至 08：00 期间做多带来了 22.75 美元的收益（每日获利 0.250 美元）。

这两小时中交易活动大大减少。当期货市场经历剧烈价格变动时，交易者通常都会有强烈的情绪反应。收盘后出现剧烈价格变动时，夜间交易时段的 12 小时内会不会有不同的表现结果？

我们可以通过绘制散点图来回答这个问题，图中包含两个变量：散点图左侧是因变量（Y 轴），底部是自变量（X 轴）。

散点图图 11-5 反映了在 SPY 价格剧烈变动后，在 18：00 至 08：00 期间做空的结果。左侧下跌 35 的异常值对应着 5.95 美元的下跌（累积下跌 16.10 美元）。虽然大部分数值趋于集中，但其总体趋势偏向亏损。

图 11-6 的散点图反映了在 16：00 至 18：00 期间下跌超过 0.40 美元的情况下，在 18：00 至 08：00 期间逆市做多的表现结果。但是逆市建仓从来都不是件容易的事，尤其是在交易者情绪强烈时。

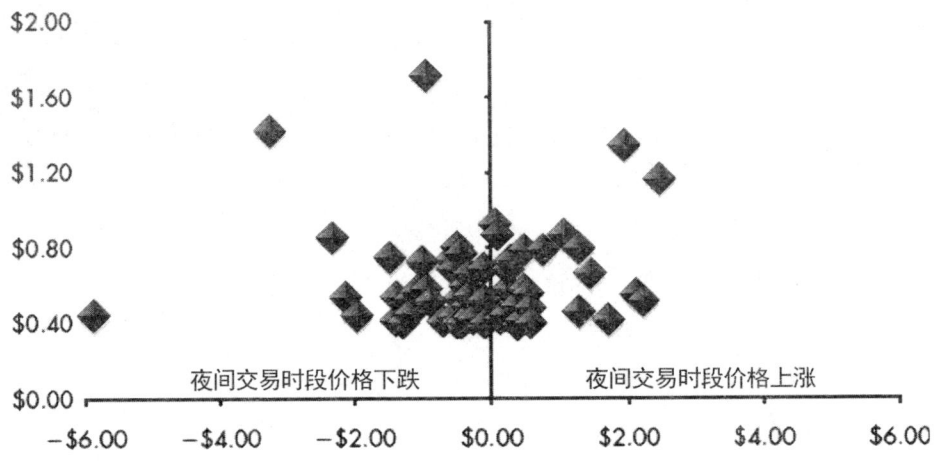

图 11-5 在 16：00 至 18：00 期间猛涨（Y 轴左侧起点为上涨>0.40 美元）的情况下，在 18：00 至 08：00 期间做空，并且在 08：00 平仓的表现结果

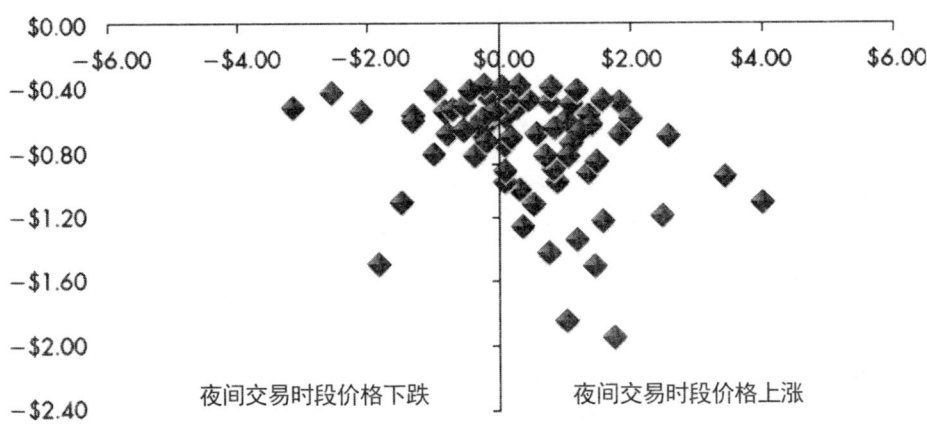

图 11-6 散点图上面的轴是当 16：00 至 18：00 期间价格下跌超过 40 美分后，在夜间交易时段做多的表现结果，左侧部分 Y 起点为下跌超过 0.40 美元，终点为最大下跌 1.97 美元，有 57 个交易日在夜间交易时段上涨，34 个交易日在夜间交易时段下跌，累积上涨 22.75 美元

显然，散点图的右侧控制着大局，愿意在 16：00 至 18：00 下跌超过 40 美分后做多的日内交易者，有机会获利。从散点图中我们可以看出，平衡线右侧的三点能够带来获利，并且有 5 个高于 2.00 美元和三个低于 -2.00 美元的异常值。

在 16：00 至 18：00 期间下跌 1.00 美元的情况很反常，投资者会将这次价格猛跌当作单日抛售。16：00 至 18：00 价格下跌超过 1.00 美元的交易日中，夜间交易时段价格涨跌天数为 11：2，平均每日上涨 0.93 美元。我们应该这样考虑：当 SPY 遭遇猛跌时，表现不佳是必然的结果；但是，今天的情况已经和造成猛跌时的情况不一样。事实上，我们总是在赌"不会遭受亏损"，然而，我们的要紧事事并不是要预测今天的情况会比过去下跌的情况糟糕多少。我们只是对比发生类似下跌情况后 SPY 的表现。回头分析过往类似的情况，12：5 的涨跌天数比，代表着市场仍然有很大发挥空间（表 11-4 是研究的表现结果）。

表 11-4　16：00 至 18：00 期间价格剧烈变动后，在收盘后交易中的表现结果——很明显，逆市建仓能够带来更多收益

1201 个交易日	18：00 至 08：00	
2007 年 1 月 3 日至 2011 年 10 月 7 日	> +0.40 美元	<-0.40 美元
上涨天数	28	57
下跌天数	35	34
胜率	0.444	0.626
累积涨跌	-$16.10	$22.75
平均每日上涨	-$0.256	$0.250

表 11-5 是 16：00 至 18：00 期间下跌最大的交易日。

表 11-5　16：00 至 18：00 期间下跌最大的交易日（右侧显示的是其对应的夜间交易时段——18：00 到 08：00——的表现）

16：00 至 18：00 收盘后交易时段	18：00 至 08：00 夜间交易时段
-$1.97	$1.74
-$1.87	$1.03

-$1.52	-$1.80
-$1.51	$1.45
-$1.44	$0.77
-$1.37	$1.17
-$1.27	$0.37
-$1.24	$1.57
-$1.22	$2.49

在16:00至18:00期间下跌少于1.20美元的9个交易日中，有一个交易日在夜间交易时段下跌。9个交易日累积获利8.79美元，平均每日获利0.98美元。大幅回调似乎是不错的投资对象。

防止亏损

限制性交易系统不会一直提供交易机会，更多是防止你在不能获利的环境下进行交易。接下来的研究将证明，限制性交易系统的分析结果使你识别并远离不利交易环境。

研究时间从2009年7月24日至2011年11月29日。

SPY在这594个交易日中下跌了9.00美元，因此不适合做多，但此前的价格情况是否就预示着这一大幅下跌呢？

假如期货市场连续5天在开盘时（09:30到10:30）表现强劲，这会对下一小时的交易产生积极还是消极影响？

更精确地说，自变量是开盘时（09:30到10:30）5日移动平均值>0.30美元，因变量是SPY在10:30至11:30期间的表现（见表11-6）。

第 11 章 限制性交易系统

表 11-6 5 日移动平均值是过去 5 天 09:30 至 10:30 交易时段表现的平均值

Date	z930	z103	z113	k93_103	k103_113	5-Day SMA
11/29/2011	120.05	120.66	120.51	0.61	−0.15	0.30
11/28/2011	119.54	119.96	119.99	0.42	0.03	0.05
11/25/2011	116.38	117.37	117.27	0.99	−0.10	−0.15
11/23/2011	118.06	117.18	116.88	−0.88	−0.30	−0.34
11/22/2011	119.39	119.77	118.83	0.38	−0.94	−0.14
11/21/2011	120.20	119.54	119.12	−0.66	−0.42	−0.18

Z930 为 09:30 的价格
Z103 为 10:30 的价格
Z113 为 11:30 的价格
K93-103 代表 09:30 至 10:30 期间的价格变动
K103-113 代表 10:30 至 11:30 期间的价格变动
5-Day SMA 代表 09:30 至 10:30 期间价格变动的 5 日移动平均值
=AVERAGE（K93-103 的 5 日移动平均值）
11/29/2011 =（0.61+0.42+0.99+−0.88+0.38）= 0.30
11/28/2011 =（0.42+0.99+−0.88+0.38+−0.66）= 0.05

这 594 个交易日中，当 09:30 至 10:30 期间价格的 5 日移动平均值为正时，SPY 在 10:30 至 11:30 交易时段中（k103-113）累积下跌 9.00 美元；也就是说，在动量指标＞0 的 332 个交易日中，SPY 在 10:30 至 11:30 期间累积下跌 9.89 美元。

动量指标在 09:30 至 10:30 期间上涨超过的 65 个交易日中，SPY 在 10:30 至 11:30 期间累积下跌 6.63 美元。大部分日内交易者比较关注开盘时段，如果开盘时价格上涨，他们开始交易的意愿度就更高，但早盘价格上涨通常会伴随着熊市陷阱。

在 09:30 至 10:30 期间价格下跌＜-0.50 的 15 个交易日中，SPY 累积下跌 2.08 美元（平均每日下跌 0.139 美元）。因为采样较少，系统可能不会给出交易机会，但是，了解这些结果能让你避免因错误决定而遭受损失。

为什么 09:30 至 10:30 期间的 5 日移动平均值会影响 10:30 至 11:30期间的表现？当原因没有导致结果时，任何没有理论支撑的解释都只是空谈。

有时分析结果虽然没有理论基础，但仍然非常可靠，这时不需要理论也可以进行预测，但是根据没有经过事实验证的理论进行交易却不会带来成功；换句话说，没有理论基础但有预测能力的系统，胜过虽有合理的理论基础但无预测能力的系统。

扩展研究范围

本系统通过研究 SPY 在 09：30 至 10：30 期间的最高价与最低价之差来寻求获利。研究时间从 2009 年 7 月 14 日至 2011 年 11 月 29 日（602 个交易日）。我们首先来分析 SPY 在 09：30 至 10：30 期间最高价与最低价的最大差值。

10：00 发布经济指标可以引起价格迅速上涨。伴随着交易量的激增，价格变动通常都非常巨大。

=PERCENTILE 函数可以计算交易量并分析 09：30 至 10：30 期间的价格差，我们可以通过 =PERCENTILE 函数来分析不同时段的表现，本研究将对价格范围最大的 60 个交易日进行分析。

=PERCENTILE（每小时表现的取值范围，0.90）函数能以 0.10 美元为增量计算 SPY 在 09：30 至 10：30 期间表现的百分位数。表 11-7 反映了 602 个交易日中对应的值。

表 11-7 602 个交易日 09：30 至 10：30 期间差值的百分位数所对应的差值

SPY：602 个交易日	
09：30 至 10：30 期间的百分位数	最高价与最低价之差
0.10	$ 0.45
0.20	$ 0.54
0.30	$ 0.62
0.40	$ 0.70
0.50	$ 0.77

0.60	$0.85
0.70	$0.96
0.80	$1.10
0.90	$1.34

第 90 百分位数 = 1.34 美元

我们在分析了 602 个交易日（2009 年 7 月 14 日到 2011 年 11 月 29 日）后，筛选出 60 个最高价与最低价之差大于 1.34 美元的交易日。

根据 09：30 至 10：30 期间的百分位数，接下来 1 小时是否存在获利机会？

更具体来说，能不能因为 09：30 至 10：30 期间的最高价与最低价之差大于 1.34 美元而做多？

本研究是根据 09：30 至 10：30 期间最高价与最低价之差大于 1.34 美元（第 90 百分位数）的交易日，分析其所对应的 10：30 至 11：30 期间的价格变动。

在满足条件的 60 个交易日中，SPY 在接下来 1 个小时的涨、跌、平天数之比（30：29：1）不太让人满意。但是 SPY 在 602 个交易日的 10：30 至 11：30 期间累积下跌-7.84 美元；相对而言，这 60 个交易日带来的 4.76 美元收益非常让人满意。

这引出了另一个重要问题：当 09：30 至 10：30 期间的价格范围 > 1.34 美元时，这一时段价格是上涨还是下跌会不会对 10：30 至 11：30 期间的表现产生影响？

下面的研究将分析这两种情况：当 09：30 至 10：30 期间的价格范围（最高价减最低价）> 1.34 美元时，这一时段价格是上涨还是下跌会对以后的交易有什么影响？

602 个交易日中，SPY 在这一时段的最高价-最低价的第 90 百分位数等于 1.34 美元，因此我们分以下两种情况进行分析：

09：30 至 10：30 价格范围>1.34 美元，并且 09：30 价格> 10：30 价格

09：30 至 10：30 价格范围> 1.34 美元，并且 09：30 价格< 10：30 价格

因变量都是在 10：30 建立多头头寸，并在 11：30 卖出平仓。

满足条件的 60 个交易日累积上涨 4.76 美元，如果将 09：30 至 10：30 期间的价格变化细分为上涨或下跌，其在 10：30 至 11：30 期间的表现是否会存在差异呢？不，09：30 至 10：30 期间上涨和下跌的差异不大，上涨的涨、跌、平天数之比为 14：12：1，累积上涨 2.43 美元，而下跌的涨跌天数之比为 16：17，累积上涨 2.33 美元。

显然，09：30 至 10：30 期间价格范围最大（＞1.34 美元）的 60 个交易日的表现，轻松超越了其他 542（602－60）个交易日的表现——虽然如此，异常值能否为我们带来交易机会？

在 09：30 至 10：30 期间价格范围大于 60 个交易日中，猛跌（<－1.00 美元）的交易日表现，是否能够超过猛涨（>1.00 美元）的交易日表现？

不能，这一时段下跌<－1.00 美元的 17 个交易日，在 10：30 到 11：30 期间累积上涨 0.22 美元；而这一时段上涨>1.00 美元的 12 个交易日，在 10：30 至 11：30 期间累积上涨 0.21 美元。

两个不同时段的研究

当夜间交易时段表现强劲，并且强劲表现一直持续到第二天 11：00 时，如果 SPY 在 11：00 至 13：00 期间价格变化相对平稳，那么接下来 3 小时（13：00 至 16：00，也是正常交易时段的最后 3 小时）是否适合进行交易呢？

或者说，如果纳斯达克 100 科技指数基金（Power Shares QQQ）在 16：00 至次日 11：00 期间大幅上涨或下跌，但在 11：00 至 13：00 期间小幅上涨，这是否有利于我们在接下来 3 个小时中进行交易？

这个研究中存在两个不同的交易环境，即 SPY 在 16：00 至次日 11：00 期间的价格以及在 11：00 至 13：00 期间的价格，研究的参数有两

个,这与此前的研究不同。

研究时间从 2010 年 6 月 7 日到 2011 年 12 月 30 日 (398 个交易日),包含 16:00 至次日 11:00 期间的两种价格情况 (上涨 0.4% 或下跌 0.4%),以及 11:00 至 13:00 期间的一种价格情况,因此,这是一个限制性交易系统。

在满足了 16:00 至次日 11:00 期间的条件后,我们来分析 11:00 至 13:00 期间的条件。

价格上涨的情况是在 16:00 至次日 11:00 期间价格上涨超过 0.4%,满足这个条件后,我们再来分析 11:00 至 13:00 期间的价格。假设价格变动保持在 0.4% 以内,我们就在 13:00 时建立多头头寸,并在 16:00 时卖出平仓。

价格下跌的情况是在 16:00 至次日 11:00 期间价格下跌超过 0.4%,满足这个条件后,我们再来分析 11:00 至 13:00 期间的价格。假设价格变动保持在 0.4% 以内,我们就在 13:00 时建立多头头寸,并在 16:00 时卖出平仓。

虽然从数据上看表现不错(见表 11-8),但系统在 398 个交易日中只给出了 24 次交易机会——尽管交易机会较少,但是系统也完善了我们已有的交易。

表 11-8 使用带有两个参数的限制性交易系统来分析 SPY 在 13:00 至 16:00 期间的表现结果,从分析结果中可以看出,两种情况的表现都超越了系统没有给出交易机会的 374 个交易日(累积上涨)的表现

SPY 在 13:00 至 16:00 期间的表现结果			
交易条件	交易天数	平均每天涨跌	累积涨跌
涨幅大于 0.004%	13	0.142,3	$1.85
跌幅小于 -0.004%	11	0.222,7	$2.45
介于以上两个条件之间	374	0.005,1	$1.92

交易模式

系统研究法并不能包括所有价格情况。虽然许多限制性系统必须分析连续交易日的表现，但有些交易系统只需要具体价格模式的交易日。我在专题文章《情境交易》中论述过，在分析中包含过长的交易日会对分析结果产生怎样的影响①，当需要分析较长的交易日时，这一论述非常有意义。

图 11-7 中价格回调后立即反转，这形成了短期模式——技术分析师将这种模式称为 V 型交易模式。

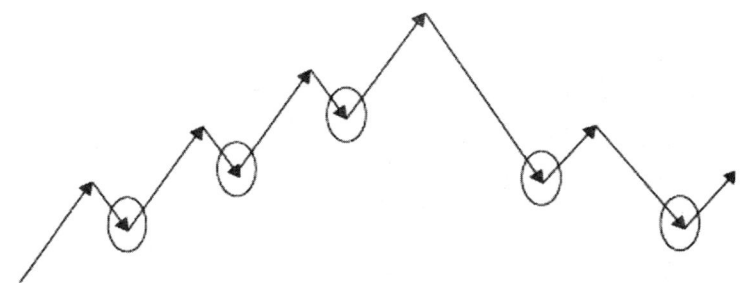

图 11-7　与对工具的连续性研究不同，特定模式（如 V 交易模式）要求交易日满足所分析的模式，图中的圆圈代表股票价格突然反转，急剧下跌接近结束，转为强劲上升

进行图表模式研究的所有书籍，都会为读者提供大量模式，并对价格模式开始和结束的交易日进行特有分析。

总　结

虽然这些系统给出的交易机会不多，但其表现结果非常让人满意，这样看来，建立限制性交易系统能够增强你的信心。拥有信心后，你将能建

---

① 安东尼·特龙戈内：《情境交易》，《股票与期货技术分析》，2009 年 10 月。

立起更多这类高胜率交易系统。虽然有这些系统作为辅助,但你需要适当调整你高昂的情绪,等待市场时机成熟后才下手。玩扑克时,如果手气差就该趁早弃牌;同样,在投资中,如果进行交易的胜率不大,最好先静观其变。

第 12 章　确定交易量的变化特征

避实击虚。

——《孙子兵法》

大部分市场人士认为交易量是期货价格变动的领先指标。虽然交易量至关重要,但到目前为止我们一直关注的仍然是价格而不是交易量。市场策略师认为,应该在制定交易决策前对价格和交易量进行综合分析。

虽然大部分日内交易者都赞同这一点,但仍然有许多交易者认为交易量对期货价格变动的指示作用不大,这从某种程度上解释了为什么有些市场人士不充分研究交易量对其所交易的工具的影响。

交易活动是动态的,因此不能孤立地进行研究。这与将水桶浸入水流湍急的河中相似:当你把水桶提到岸上时,水桶中的水就不再湍急了。根据这个东方哲学的思路,当市场活动强劲时,看得见的指标反而不是很有用,因为这些指标融合了交易中所有的因素,这往往会影响我们得出的结果。

交易量每小时都在变化,不同交易日之间的变化更是明显,图 12-1 中 SPY(标准普尔指数存托凭证,下同——编者注)交易量的 50 日移动平均值可作例证。

图 12-1　5 年中 SPY 交易量的 50 日移动平均值起伏不定，根据这些波动我们可以进行相应的调整

仅根据 50 日移动平均线进行推测存在一定的问题。通过交易量我们能掌握交易活动大的变动，那么我们是否需要进行必要的调整？

交易量失真

我在 2011 年发表过一篇关于交易量的文章，在文章中我论述了对比分析目前的交易量和移动平均值对交易者有弊无利，因为"移动平均值笼统地分析几个交易日的平均值，但不会考虑价格变动的强弱"。[1]

表 12-1 是不同价格变动所对应的交易量，1260 个交易日的平均交易量是22,640万股，当 SPY 价格出现剧烈变动时，其交易量远高于平均交易量。

---

[1]　安东尼·特龙戈内，《对比分析交易量》，载于《股票与期货技术分析》，2011 年 2 月。

表 12-1 对比分析 SPY 价格剧烈变动时的交易量与其平均交易量，四种情况下的交易量都高于 1260 个交易日的平均交易量，这表明我们需要进行调整。

1260 个交易日交易量对比(平均交易量 22,640 万股)		
SPY 涨跌幅	交易天数	平均交易量(单位:万)
+1.00%至 +2.00%	152	22,878
> +2.00%	84	34,795
-1.00%至 -2.00%	142	26,712
<-2.00%	106	37,864

研究时间从 2007 年 1 月 3 日至 2011 年 12 月 30 日，包含了 5 年中 SPY 单日价格涨跌超幅超过 1% 的四种情况。表 12-1 中列出了交易天数及平均交易量（ATV），按价格变动幅度对交易活动进行了分类。

以跌幅最大的分类情况（跌幅<-2.00%）为例，这 106 个交易日的平均交易量为 37,864 万股。我认为，当价格跌幅<-2.00%时，我们应该采用 37,864 万股作为平均交易量进行对比分析，而不应该采用 1260 个交易日中 22,640 万股的平均交易量。

表 12-2 中列出了四种价格情况中高于和低于平均交易量的交易天数。

表 12-2 四种价格情况中高于和低于 22,640 万股平均交易量的交易天数，跌幅较大时只有几个交易日低于平均交易量

低于/高于 22,640 万平均交易量的交易天数		
SPY 每日涨跌幅	低于平均交易量的交易天数	高于平均交易量的交易天数
+1.00%至 +2.00%	95	57
> +2.00%	15	69
-1.00%至 -2.00%	47	95
<-2.00%	6	100

涨幅较小时低于平均交易量的交易天数（n = 95），超过了高于平均交易量的交易天数（n = 57）；但是当涨幅超过 2% 时，交易者更愿意顺

着强劲的涨势进行交易，此时有 15 个交易日低于平均交易量，69 个交易日高于平均交易量。

问题仍然还没解决，按照价格情况进行分类来分析每个类别的平均交易量，这样是否能够提高我们的预测能力？

SPY 跌幅超过 1% 的交易日有 142 天，其中有 95 个交易日的交易量高于平均交易量。但跌幅超过 2% 的交易日中，有 100 个交易日的交易量高于平均交易量，只有 6 个交易日的交易量低于平均交易量。这些统计数据作用明显，分析交易量时如果不考虑价格情况，很可能得出错误的结果。

SPY 价格剧烈变动后，第二天的表现如何？表 12-3 按四类价格情况列出了 SPY 第二天的表现。

表 12-3 SPY 第二天的表现，每日价格变动后，价格大幅上涨则第二天做空，价格大幅下跌则第二天做多

各分类的表现统计结果			
SPY 每日涨跌幅	交易天数	第二天表现——价格涨跌	平均每日涨跌
+1.00% 至 +2.00%	152	−39.64	−0.261
> +2.00%	84	−17.94	−0.214
−1.00% 至 −2.00%	142	23.45	+0.165
<−2.00%	106	30.62	+0.289

如果不按照价格情况将平均交易量分类，那么只能以传统方式将交易环境分为看涨/看跌两类（见表 12-4）。

表 12-4 当每日价格变动剧烈时，期货价格的趋势会让交易量变大还是变小

每日价格涨跌幅	低于平均交易量	高于平均交易量
	交易环境	
> +1%	看跌	看涨
> +2%	看跌	看涨
<−1%	看涨	看跌
< −2%	看涨	看跌

第 12 章 确定交易量的变化特征

价格上涨时如果交易量大则市场看涨，如果交易量小则市场看跌；价格下跌时如果交易量小则市场看涨，如果交易量大则市场看跌。

因此，我们希望每个分类情况出现以下结果：

希望价格上涨时的交易量高于平均交易量，而不希望其交易量低于平均交易量。

希望价格下跌时的交易量低于平均交易量，而不希望其交易量高于平均交易量。

从这个理论角度来看，我们研究的问题如下：

SPY 价格上涨，如果交易量高于平均交易量，是否会引起第二天价格上涨（看涨）；如果交易量低于平均交易量，是否会引起第二天价格下跌（看跌）？

SPY 价格下跌，如果交易量低于平均交易量，是否会引起第二天价格上涨（看涨）；如果交易量高于平均交易量，是否会引起第二天价格下跌（看跌）？

在本研究中，我们将分析 SPY 每日的收盘价变动（$t_0 - t_{-1}$）（见表 12-5）。

表 12-5 价格上涨 1% 且交易量低于平均交易量的情况，是目前表现最差的情况，价格下跌 1% 的分类中，交易量低于和高于平均交易量的情况都带来了获利，然而表现最好的情况是价格下跌 2% 以上并且交易量高于平均交易量时

SPY：交易天数 = 1260	累积第二天价格涨跌			
01/03/07 至 12/30/11	平均交易量为 22,640 万			
每日价格涨跌幅	交易天数	低于平均交易量	交易天数	高于平均交易量
+1.00% 至 +2.00%	95	-39.90	57	0.26
> +2.00%	15	-0.14	69	-17.80
-1.00% 至 -2.00%	47	9.54	95	13.91
<-2.00%	6	3.32	100	27.30

在价格上涨 1% 到 2% 的分类中，低于和高于平均交易量的交易天数比是 95∶57，这一分类的表现结果让人失望。这 95 个交易日第二天累积下跌 39.90 美元，这支持了我们关于看跌环境的推测。但是在价格上涨超过 2% 的分类中，69 个高于平均交易量的交易日第二天累积亏损 17.80 美元，不能支持我们关于看涨环境的推测。

价格上涨和下跌的分类都有不符合推测的表现，无法得出决定性的结果，并且价格下跌超过 2% 的分类中，小于平均交易量的交易天数只有 6 天，因此我们很难得出准确结果。

价格下跌 1% 至 2% 的分类中，低于和高于平均交易量的情况都实现了获利，而价格下跌大于 2% 的分类中，高于平均交易量的 100 个交易日在第二天实现了 27.30 美元的获利，这显然不是看跌环境。这与传统观念相悖。

我们再次进行调整，分析单日价格涨跌幅超过 2% 的分类，当交易量高于和低于该分类的平均交易量时，SPY 在第二天的表现如何？（见表 12-6）

表 12-6 价格上涨超过 2% 的分类中，平均交易量为 34,795 万，高于和低于平均交易量的情况在第二天的表现都是亏损；而价格下跌超过 2% 的分类中，平均交易量为 37,864 万，高于和低于平均交易量的情况在第二天都能带来获利，并且高于平均交易量的情况在第二天再次表现出众（+25.69 美元）

SPY:交易天数 = 1260	累积第二天价格涨跌			
	平均交易量为 34,795 万			
> +2.00%	交易天数	低于平均交易量	交易天数	高于平均交易量
	49	-$9.89	35	-$8.05
	平均交易量为 37,864 万			
<-2.00%	交易天数	低于平均交易量	交易天数	高于平均交易量
	64	$4.93	42	$25.69

价格猛跌并且交易量超过平均交易量的情况，在第二天带来了 25.69

美元的获利，这与传统观念相悖。

遭遇猛跌时进行交易量调整

我们继续研究这个问题，对另一只期货指数进行分析，研究时间相对较短，从 2010 年 6 月 30 日至 2011 年 11 月 11 日。虽然将 SPY 换成 QQQ（纳斯达克 100 科技指数基金）统计数据会彻底改变，但是柱状图（图 12-2）中交易量的波动非常大，这符合限制性系统的研究条件。我们需要进一步分析不同情况下的交易量变动。

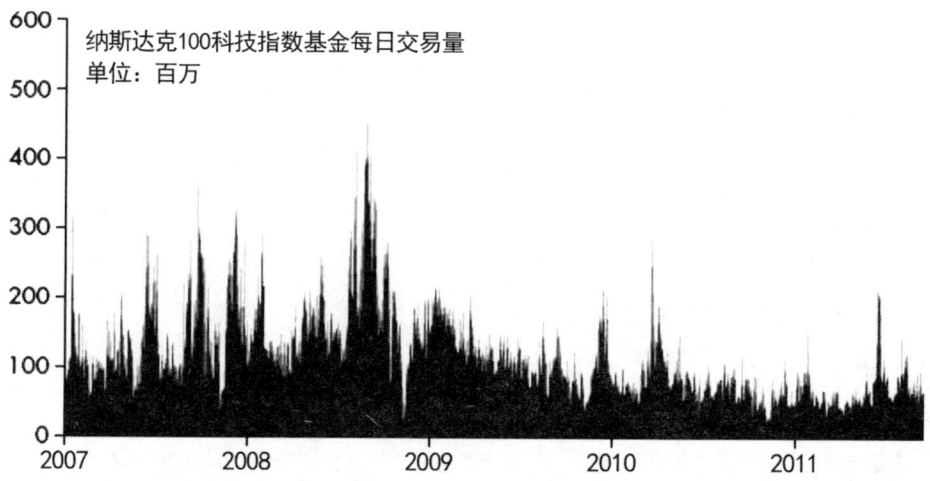

图 12-2　交易量（单位：万股）存在长期变动，每日交易活动的峰值生成平均值中的上涨趋势

纳斯达克 100 科技指数基金在这 600 个交易日中的平均交易量为 8211 万股。一般来说，当交易日价格上涨时，如果交易量高于平均交易量，则市场看涨，低于平均交易量，则市场看跌。当纳斯达克 100 科技指数基金价格下跌超过 1% 时，有 24 个交易日的交易量低于平均交易量，有 65 个交易日的交易量高于平均交易量（表 12-7）。

表 12-7 表现结果验证了之前的研究结论，当 SPY 价格跌幅超过 2% 且交易量高于平均交易量时，SPY 在第二天会强劲反弹

每日跌幅	低于/高于 600 个交易日平均交易量（8200 万）的交易天数			
2010 年 6 月 30 日至 2011 年 11 月 11 日纳斯达克 100 科技指数基金	低于平均交易量		高于平均交易量	
	交易天数	累积涨跌	交易天数	累积涨跌
−1.00% 至 −2.00%	20	−$3.02	34	$3.41
<−2.00%	4	$0.78	31	$6.16

异常值会拉高或降低移动平均值（尤其是假日前后的交易），对交易活动进行排名可以改善这一点。

对数值进行排名

通过对交易量进行排名，我们可以减少异常值的偏度。表 12-8 是交易量最大和最小的 10 个交易日。

表 12-8 交易量过大或过小会拉高或降低平均交易量，对数值进行排名可以降低统计误差

纳斯达克 100 科技指数基金排名	2011 年 1 月 3 日至 2011 年 11 月 15 日（单位：百万）	
	10 个交易量最大的交易日	10 个交易量最小的交易日
1	214.10	25.34
2	205.88	30.13
3	204.72	35.02
4	193.65	36.21
5	176.29	36.82
6	151.84	37.35
7	143.78	37.74
8	137.00	37.82
9	132.78	38.05
10	129.96	38.06

第12章 确定交易量的变化特征

将连续两天的交易量相减后（$t_{-1} - t_0$），大的差值交易量变化会增强还是削弱纳斯达克100科技指数基金第二天的表现？

为了回答这个问题，本研究以2011年1月3日至2011年11月6日期间的221个交易日为研究对象。

2010年12月31日：收盘价54.46美元
2011年11月16日：收盘价57.17美元

排名第1代表交易量最大，而排名第221代表交易量最小（见表12-9）。

表12-9 221个交易日中，6050万股的交易量（2011年10月31日）排名121，第二天交易活动大量增加（9990万股），排名第19。问题是，连续两个交易日之间排名相差102位，是否会对纳斯达克100科技指数基金的价格产生影响

日期	收盘价	交易量（百万）	交易量排名	排名差
11/15/2011	58.13	52.18	150	39
11/14/2011	57.49	44.62	189	-48
11/11/2011	57.85	54.47	141	-49
11/10/2011	56.78	65.97	92	-13
11/09/2011	56.81	69.52	79	28
11/08/2011	58.88	62.88	107	-11
11/07/2011	58.21	65.51	96	17
11/04/2011	57.80	61.51	113	-55
11/03/2011	58.10	78.99	58	42
11/02/2011	56.92	65.12	100	-81
11/01/2011	56.44	99.90	19	102
10/31/2011	57.95	60.50	121	77

由于最高量的排名最低,因此比较两个连续交易日时,如果交易量增长,则得出的排名差为正;相反,如果交易量减少,则得出的排名差为负。①

连续两个交易日的排名差波动较大,较大的排名差是否会对表现产生影响?

图12-3展示了如何在使用自动筛选命令时将条件设置为"大于"80,以便得出排名大于80的结果。

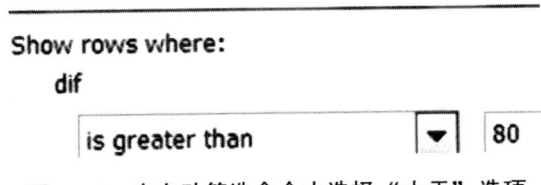

图12-3 在自动筛选命令中选择"大于"选项

表12-10中连续两个交易日的排名差为负(交易量下降),表12-11中连续两个交易日的排名差为正(交易量增加)。②

表12-10 交易纳斯达克100科技指数基金时,交易量排名差超过-30时能够在第二天带来获利

交易量排名差	交易天数	累积涨跌	平均每日涨跌
-1 to -30	54	-8.30	-0.154
-31 to -80	32	8.88	0.278
≤-81	23	8.40	0.365

---

① 用哪个排名做减数、哪个排名做被减数,可以根据个人习惯而定。

② 本研究包括了221个交易日,如果增加或减少交易天数,得出的结果也会完全不同。

表 12-11 当连续两个交易日的交易量增加时，排名差为正

交易量排名差	交易天数	累积涨跌	平均每日涨跌
1 to 30	56	0.13	0.002
31 to 80	39	−10.74	−0.275
≥ 81	17	3.49	0.205

连续两个交易日间排名差越大，第二天的价格变动就越大。

根据这些结果，我们可以对交易量的排名进行比较分析，但是这个研究中没有考虑经过多个交易日后交易量之间的差异。这是个问题，当我们试图增加研究的交易日来巩固研究结果时，就会发现明显的正态分布钟形曲线。相较于中间部分的数值，当钟形曲线两侧发生小幅上涨或下跌时，影响更大。

但是，我们可以使用 =RANK 函数来缓解这个问题。使用"滚动排名"函数进行新的研究之前，我们先对交易所交易基金（ETF）在当前市场中的交易活动进行对比分析，这将非常有用。

两只股票的交易量的比率

市场在猛跌之后，有超越之前表现的趋势，当投资者意识到这一现象后，他们开始逆势建仓，这会导致市场突然改变走势。大多数情况下，在分析猛跌后又突然恢复的模式时，"交易量的变化通常能很好地预示股票或期货价格的开始猛跌和开始反转"。[1]

但是，获取整个市场的历史交易量数据比较困难。新的交易所交易基金在进入市场时，会对已有股票的交易活动产生不良影响。例如，SPY、纳斯达克 100 科技指数基金或黄金期货有多少副产品？这些类似的副产品会分散期货的交易量。因为交易量的这种分散，对比历史数据这一指标的

---

[1] 安东尼·特龙戈内：《情景交易》，《股票与期货技术分析》，2009 年 10 月。

精确性也有所降低。

此时，对比两个工具的历史数据，是解决这个问题的好办法。在接下来的讨论中，我们将分析 SPY 与迷你标普 500 期货指数合约每日交易量的比率。

比率是两个数之间的数学关系。在这个研究中，我们将分析两只股票的 50 日移动平均值之间的比率。

SPY 与迷你标普 500 期货指数合约代表的是同一指数，即我们要分析的是这两只股票的交易量。我们首先来看 SPY 的 50 日移动平均值与迷你标普 500 期货指数合约的 50 日移动平均值之间的关系。

计算比率时，通常较大的数是分子，较小的数是分母。

两只股票在过去 1342 个交易日（2006 年 10 月 10 日到 2011 年 11 月 24 日）中交易量的 50 日移动平均值（图 12-4）如下：

SPY = 21430 万

迷你标普 500 期货指数合约 = 199.3 万

比率 = 21430/199.3 = 108

图 12-4　SPY 与迷你标普 500 期货指数合约每日交易量对比，得出交易量的 50 日移动平均值后，用 SPY 的 50 日移动平均值除以迷你标普 500 期货指数合约的 50 移动平均值

第12章 确定交易量的变化特征

每股迷你标普 500 期货指数合约对应 108 股 SPY，108 的比率是分界点。对于这一结论，有以下两种情况：比率低于 108 时，SPY 的交易量较少；比率高于 108 时，SPY 的交易量较多。

如果持有 200 万股迷你标普 500 期货指数合约不变，SPY 交易量的改变将引起比率的改变。

16,000 万/200 万 = 80
20,000 万/200 万 = 100
24,000 万/200 万 = 120

比率低于 108，表示 SPY 的交易量较少。线形图清楚地展示了这两只股票之间交易量的差异，2008 年之后比率高于 108 的情况很少出现，我们的问题是：出现这一现象是因为 SPY 失去了吸引力，还是因为迷你标普 500 期货指数合约有更大的吸引力？

回答这个问题的方法之一，是比较类似的股票。

纳斯达克 100 科技指数基金 = 11,920 万
纳斯达克指数期货 = 32.8 万
比率 = 11920 万/32.8 万 = 363

比率等于 363，表示交易量相当。与 SPY/迷你标普 500 期货指数合约组合不同，这一组合的早期表现（2006 年至 2008 年）非常平稳，2008 年开始猛涨（图 12-5），之后跌至 350 以下。

显然，要么是因为对指数基金的需求较少，要么是因为交易所交易基金间竞争太激烈。接下来我们研究的问题是，用交易所交易基金过去的交易量来衡量现在的交易量是否可靠，以及新的交易所交易基金的不断增长是否会影响公司的每日交易量。

图12-5 纳斯达克100科技指数基金与纳斯达克指数期货每日交易量对比,得出交易量的50日移动平均值后,用纳斯达克100科技指数基金的50日移动平均值除以纳斯达克指数期货的50移动平均值

根据分析结果,而不是准则进行交易

为降低波动性,这三只热门交易所交易基金采用了交易量(左轴)和价格(右轴)的四周移动平均值。这三幅双轴图反映了每周的收盘价和交易量(单位为百万)。SPY、纳斯达克100科技指数基金和黄金信托基金分别对应图12-5、图12-6和图12-7。

两幅图有一个明显的共同点:当两只指数基金价格稍微下跌时就会出现恐惧情绪。当交易者做出过激反应时,交易量会出现激增,这有可能是因为他们仍然受到以前熊市(2007年10月到2009年3月)的影响。

黄金信托基金的形式也类似,价格一路上涨,但交易量却不理想。

更具体来说,这三只基金之间的差异与工具相关,这反映了投资者对期货价格的态度。出现经济危机时,市场专家非常看好黄金,认为它能化解所有经济风险,因此不了解以前情况的投资者认为价格一下跌就是买入的时机,这种坚定的态度导致了这种买入模式,但投资者不可能永远都是这种态度。我们的目的是留意价格下跌导致的交易量增加,从而导致交易机会的大大增加。

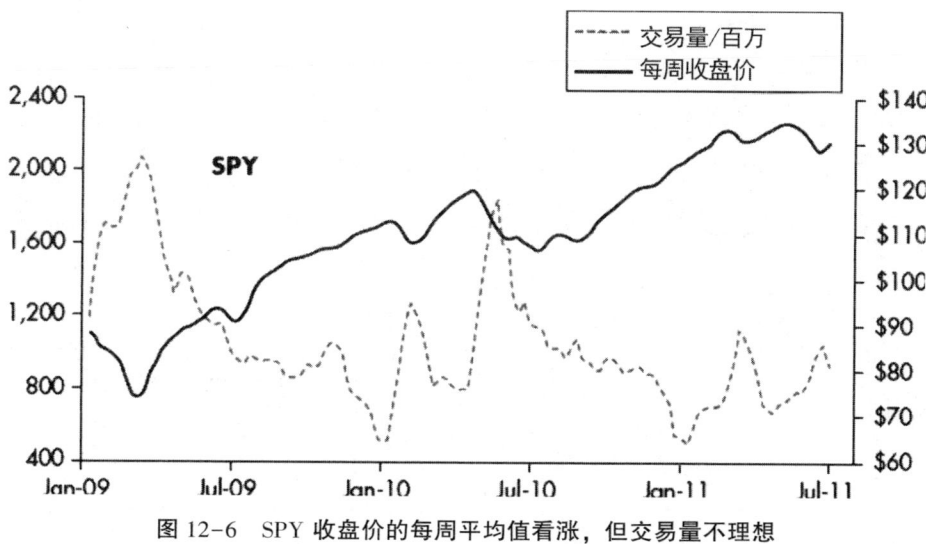

图 12-6　SPY 收盘价的每周平均值看涨，但交易量不理想

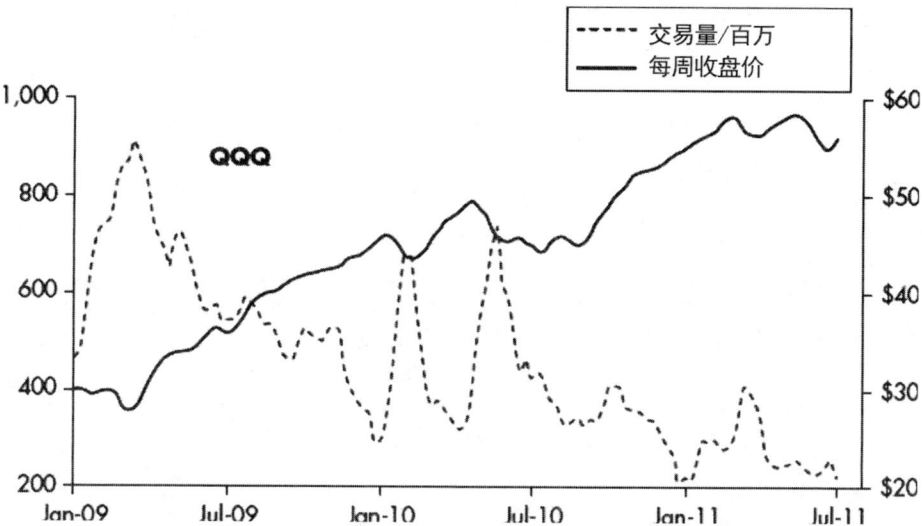

图 12-7　形势与图 12-6 基本相同，但纳斯达克 100 科技指数基金价格上涨与交易量减少呈负相关

不放弃思考

尽管市场看涨，但交易量仍然在持续下降，这让许多市场策略师感到不解，需要通过技术分析来解释为什么价格上涨的同时交易量会下降。

图 12-6 至图 12-8 三幅图明显不符合基础理论：大多数学术著作认为牛市的市场看涨，并伴随着交易量的增加，但是这三幅图中每周交易量反而有所下降。

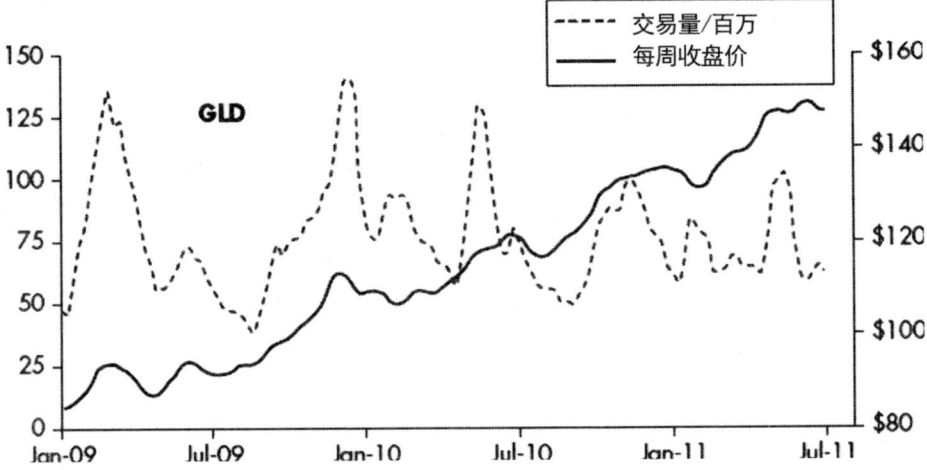

图 12-8　仍然通过交易量和价格的四周移动平均线来降低波动性，黄金信托基金价格第一次下跌之前其交易量呈直线上升，但当这一贵金属的价格上涨到较高位时，投资者开始逢低买入，这时价格微跌后都会出现交易量的上升

我对于这一现象的解释，可在交互数据公司的电子周刊（www.eSignal.com）中找到。对这三幅图的分析，反映了过去的波动是如何影响投资者的情绪的。显然，股价暴跌通常会对投资者心理造成影响，导致其不能对当前市场趋势模式做出正确的反应。[1]

---

[1]　安东尼·特龙戈内：《根据图表，而不是投资理论进行交易》，载于交互数据公司电子周刊，www.eSignal.com，2010 年 2 月。

第12章 确定交易量的变化特征

2008年的金融危机使投资者们非常讨厌风险，经过340天的折磨后，他们决定放弃交易。当3月10股市开始反弹时，他们也离自己的电脑屏幕远远的，他们少量地进行交易，倾向于不顺从市场的恢复。尽管市场有所恢复，他们仍然不愿进行交易，他们让情绪凌驾于逻辑思考之上，放弃了顺势投资。这些投资者经历过惨痛的亏损，他们不愿意再经历这种痛苦。

早盘交易量

大部分市场策略师都忽略了至关重要的早盘交易量。大多数日内交易者都会关注期货市场情况，以预测价格走势，但如果只关注价格，所得出的结论就没那么具有说服力。应该在建仓前了解早盘的交易情况。本研究对迷你标普500期货指数合约在06:00至09:00期间偏大的交易量进行分析，以便得出它对09:00至11:00期间价格变动的影响。[①]

研究时间从2010年6月2日至2011年11月25日（386个交易日）。

使用以下函数可找出异常值：

=PERCENTILE（交易量取值范围，0.90）
第90百分位数 = 232,529

得出这个值后，再使用IF语句得出交易量高于232,529的交易日。我们的目的是在建仓前对异常值有所了解。

交易量激增能够带来大量信息，通常可以提醒我们市场行为将发生变化。图12-9中迷你标普500期货指数合约价格猛跌，随后有所恢复，交

---

① 你可以把迷你标普500期货指数合约换成SPY。在07:00至08:00期间，SPY的平均交易量为930,631，中间值为686,037，说明这期间存在过大交易量（2007年1月30日至2012年1月6日）。

易量猛增，之后价格又开始下跌。

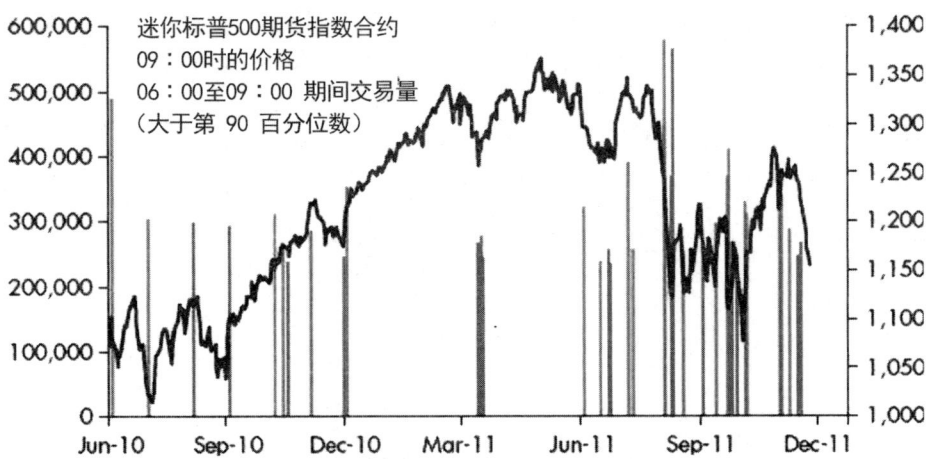

图12-9 迷你标普500期货指数合约指数期货在06：00至09：00 3小时中交易量偏大，导致价格急剧下跌

对比分析一段时间内的早盘交易量，能得到很多信息，但是对早盘交易量进行滚动排名分析，通常能更好地预测期货的价格走势。

30日滚动排名

此前的分析中，我们对221个交易日的交易量进行了排名（使用=RANK函数），得出第1至第221名的排名后，我们对连续两个交易日之间的排名差进行了分析。

在接下来的研究中，我们将分析SPY在570个交易日中的表现情况。我们不会使用=RANK函数对这570个交易日进行排名，而是使用"滚动"排名得出SPY的收盘价在此前30个交易日中的排名。为得出排名差，将连续两个交易日的30日滚动排名相减，见表12-12。

表 12-12 SPY 收盘价格的 30 日滚动排名反映了滚动排名函数如何对短期交易环境进行分析

	A	B	C	D	E	F	G
1	日期	收盘价	交易量	价格变动	价格滞后t_{-1}	30日滚动排名	排名差
2	11/25/11	116.34	99,556,980	−0.22		30	−10
3	11/23/11	116.56	223,964,569	−2.63	−0.22	20	1
4	11/22/11	119.19	215,986,143	−0.47	−2.63	21	−5
5	11/21/11	119.66	228,508,379	−2.32	−0.47	16	5
6	11/18/11	121.98	215,062,788	−0.13	−2.32	21	−17
7	11/17/11	122.11	330,064,090	−1.97	−0.13	4	11
8	11/16/11	124.08	234,785,173	−2.00	−1.97	15	14
9	11/15/11	126.08	184,192,038	0.62	−2.00	29	1
10	11/14/11	125.46	158,973,173	−1.20	0.62	30	−0
11	11/11/11	126.66	189,674,278	2.34	−1.20	30	−11
12	11/10/11	124.32	231,347,018	1.16	2.34	19	−14
13	11/09/11	123.16	336,971,570	−4.72	1.16	5	19
14	11/08/11	127.88	224,088,063	1.62	−4.72	24	6
15	11/07/11	126.26	196,184,911	0.78	1.62	30	−10
16	11/04/11	125.48	248,867,478	−0.77	0.78	20	−7
17	11/03/11	126.25	286,067,470	2.26	−0.77	13	8
18	11/02/11	123.99	244,533,308	1.99	2.26	21	−18
19	11/01/11	122.00	414,961,250	−3.50	1.99	3	19
20	10/31/11	125.50	227,500,425	−3.10	−3.50	22	2

这解决了之前交易所交易基金由于副产品的竞争而失去交易量的问题。

以下三天的排名公式如下：

2011 年 11 月 25 日 =RANK（c2, c2∶c31）

2011 年 11 月 23 日 =RANK（c3, c3∶c32）

2011 年 11 月 22 日 =RANK（c4, c4：c33）

与此前的研究不同，我们这次分析的是短期内的交易量。例如，2011年 11 月 4 日的交易量为 41,400 万股；这个交易量在过去 30 个交易日内是第 3 大交易量，因此其交易量排名为第 3。滚动排名解决了多个交易日中交易量不均的缺点。使用短期移动平均值可能出现这个问题，可能由于异常值或在假期前后（例如 2011 年 11 月 25 日的血拼日，被称为"黑色星期五"）而不能准确地反映交易量，这时移动平均线显示的交易量偏低。

滚动排名更好地保持了数值的完整性，但是 30 日滚动排名对于某些股票可能不是最精确的指标。降低预测误差最好的方法，是通过数字运算来进行验证。

研究时间从 2009 年 8 月 24 日至 2011 年 11 月 25 日（570 个交易日），SPY 在这期间累积上涨 13.38 美元，因此有希望获利。但是将价格作为变量考虑时，交易量的 30 日滚动排名能否反映出 SPY 第二天的价格变动？（表 12-13）

表 12-13 根据 30 日滚动排名情况列出了第二天的表现，大部分亏损都发生在连续两个交易日的排名相同时，但是排名差值在 ± 21 至 30 的情况也出现了亏损

30日滚动排名	交易天数	总计	平均每天获利
−21 to −30	11	−5.80	−0.527
−11 to −20	65	12.23	0.188
−1 to −10	195	17.71	0.091
= 0	48	−21.95	−0.457
1 to 10	170	9.98	0.059
11 to 20	67	4.80	0.072
21 to 30	14	−3.59	−0.256
Sum	570	13.38	0.024

这些结果加深了我们对交易量的了解，排名差在 1 至 20 和 -1 至 -20 的情况都能获利，但是当排名无变化或排名差超过 ± 20 时，第二天的表现结果都是亏损。当然，我们可以在上述研究中加入 SPY 的每日价格变动，以便我们获取更多的信息。

对日内交易时段进行排名

进行日内交易时，对连续两个交易时段的交易量进行排名，能很好地预测价格方向。

以 00：00 至 06：00 期间迷你标普 500 期货指数合约的交易情况为例，了解这 6 个小时的交易量非常有用，但是加入 06：00 至 08：00 期间的交易量，能否增强我们的预测能力？

因变量是连续两个时段的交易量：

迷你标普 500 期货指数合约 00：00 至 06：00 期间的交易量
迷你标普 500 期货指数合约 06：00 至 086：00 期间的交易量

得出这两个时段的交易量后，将两个时段的排名差相减。

当天交易量排名 =（06：00 至 08：00 排名）-（00：00 至 06：00 排名）

排名 1 表示交易量最大，排名 599 表示交易量最小。

计算排名差时，排名差为负表示前一时段交易量较少，而排名差为正表示前一时段交易量较多（表 12-14）。①

---

① 00：00 至 06：00 期间的平均交易量为 10.8 万，而 06：00 至 08：00 期间的平均交易量为 5.8 万，前一时段的交易量更大，但是需要得出排名差，排名差即代表两个时段交易量的相对差。

表12-14 统计数据显示了2012年2月3日的排名差，用00：00至06：00期间的排名491（v0006）减去06：00至08：00期间的排名309（v0608），所得排名差为正（182），它表明与00：00至06：00期间相比，后一时段的交易量有所增加

Date	vm 00_06	vm 06_08	z8 Price	z11 Price	Rank v0006	Rank v0608	Rank Difference	08:00 to 11:00 Price Change
2/3/2012	65,595	49,429	1,323.00	1,338.25	491	309	182	15.25

本研究中的因变量是迷你标普500期货指数合约在08：00至11：00期间的交易情况，研究时间从2009年10月21日至2012年2月17日。[①]

当交易量的排名差在-1至-50期间时，排名差较小，这一分类累计亏损121.75美元（表12-15）；而排名差在-151以上的59个交易日累计上涨77.75美元，给期望做多的投资者带来了最佳的获利机会。

表12-15 排名差为负代表06：00至08：00期间交易量下降，相较于此前6小时（00：00至06：00），这两小时期间交易量有所下降，这307个交易日中，迷你标普500期货指数合约在08：00至11：00期间价格累计下跌24.50美元

排名差分类	交易天数	累积涨跌	平均每日获利
from -1 to -50	115	-121.75	-1.059
from -51 to -150	133	19.50	0.147
from -151 to -250	48	68.25	1.422
LT -250	11	9.5	0.864
ES: SUMMARY POINTS	307	-24.50	-0.080

排名差在1至50的分类情况累计上涨75美元（表12-16），而排名差大于250的24个交易日，累计下跌76美元（平均每日下跌3.17美元）。

---

① 按照惯例，假日前后的交易日中从00：00至06：00期间不会进行交易。

表 12-16 排名差为正代表 06：00 至 08：00 期间交易量上升，相较于此前 6 小时（00：00 至 06：00），这两小时期间交易量有所上升。这 287 个交易日中，迷你标普 500 期货指数合约在 08：00 至 11：00 期间价格累积下跌 61.25 美元

排名差分类	交易天数	累积涨跌	平均每日获利迷你标普500期货指数合约总体表现
from 1 to 50	114	75.00	0.658
from 51 to 150	110	−99.25	−0.902
from 151 to 250	39	39.25	1.01
GT 250	24	−76.25	−3.18
ES: SUMMARY POINTS	287	−61.25	−0.213

这两个因变量能提供更多投资者对于开盘态度的信息。当我们想了解早盘变动时，交易量的下降和上升为我们提供一些有用信息。

总　　结

交易量激增反映了交易群体的害怕。虽然害怕资金流失是导致交易量激增的主要原因，但日内交易者同样害怕错过获利的机会。当早盘交易量出现异常时，我们就应该多加注意了——交易量异常是群体情绪的反应，它通常预示着期货价格的变动。

对比分析交易量是个很好的指标，但单独对比分析交易量也是不稳定的指标，因为假日、较短交易日或夏季低迷都会造成交易量下降，但这些不是市场情绪的反映，这时就需要调整我们的分析。

将交易量纳入分析，通常能提高你的预测能力，但有时也会出现错误。出现过大交易量时一定要留意，这通常都预示着将发生异常的价格变动。

我们喜欢随大流行动，但避实击虚能够降低我们的风险：交易量下降有时是让人惊喜的获利环境，但是要避实击虚就必须知道股票的"实"和"虚"。如果开盘时我们都不知道敌人在哪里，没有准备充分就进入战场只会遭受风险。

第 13 章　因变量

研究科学中的艺术，

学习艺术中的科学，

扩展你的感官，

尤其是学习如何观察，

这样才能认识到世事万物都是互有关联、环环相扣的。

——列奥纳多·达·芬奇

本章中的系统与之前的策略不同，交易决策关注的不是正在交易的股票，而是因变量。

本研究使用欧元指数期货①。

作为迷你标普 500 期货指数合约以及黄金指数期货的前项变量。运用这些系统时，我们将分析欧元指数期货在 712 个交易日中两个方面的表现：06：00 时的价格（价格范围 1.1911 美元到 1.5121 美元），以及 06：00 至 09：00 期间的价格走势。

虽然我们只分析了两种指数期货，但每一种指数期货都有许多衍生品。我最喜欢的是 SPY（标准普尔指数存托凭证，下同——编者注），因

---

① 欧元是一个外汇产品，交易类别属于 6E，交易货币为美元，合约乘数为 125,000（根据交易平台不同，其交易代号有所不同）。欧元是欧元区的官方货币，通用符号是 €，代码 = EUR。

为迷你标普 500 期货指数合约与纳斯达克 100 科技指数基金以及罗素 2000 指数有极大的相关性，它们都是很好的交易选择。

另一个因变量是黄金指数期货，它的合约乘数较低。对于更愿选择黄金基金的投资者来说，有两只热门的替代股票：黄金信托基金，其 2012 年 2 月 17 日的收盘价为 167.35 美元，平均交易量为 1220 万股；国际板合约，价格为黄金信托基金的 1/10（2012 年 2 月 17 日的收盘价为 16.80 美元），平均交易量为黄金信托基金的一半（610 万股）。

做好准备

研究时间从 2009 年 3 月 1 日至 2011 年 12 月 1 日，这期间两个因变量实现了强力反弹。2009 年 3 月 9 日迷你标普 500 期货指数合约（合约乘数为 50 美元）的 06：00 价格最低，为 677.00 美元；之后价格一路上涨，至 2011 年 5 月 2 日涨至最高，为 1368.00 美元。[1]

2009 年 4 月 20 日黄金指数期货的 06：00 价格最低（872.60 美元），至 2011 年 9 月 5 日其 06：00 价格涨至 1899.40 美元。

本研究开始时，迷你标普 500 期货指数合约（图 13-1）的价格为 718；在 712 个交易日中它上涨了 626 点，研究结束时价格为 1244。

经济新闻有时会让期货投资者集体选择规避风险的安全投资方式，我们的目的是了解如何避开这段时间。在这个研究中，严重的深度回调是由欧盟周边国家/地区的财政问题引起的，濒临破产的边缘时，美国有任何一点解决方案的迹象，都会都会引起期货市场的单日回升。

---

[1] 迷你标普 500 期货指数合约是期货合约，是 S&P 500 的迷你版，但其交易度更活跃。

第 13 章 因变量

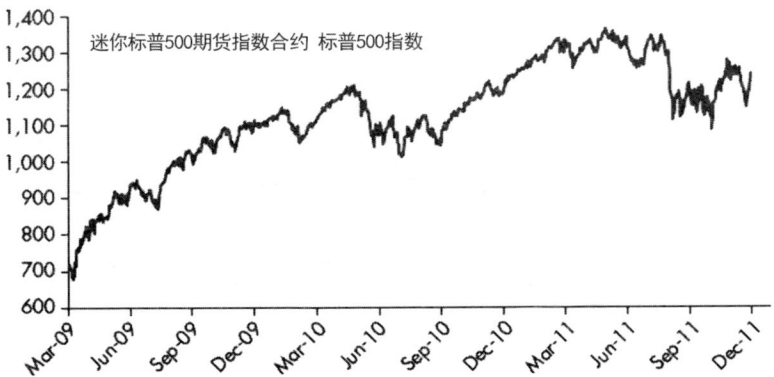

图 13-1 迷你标普 500 期货指数合约稳步上涨至 1200，之后价格微跌，而后价格飙升至 1368，一段时间后价格猛跌

除 2011 年秋出现过明显下跌之外，黄金期货一路上涨，下跌情况相对较少（图 13-2），但美中不足的是，2011 年秋黄金期货在 15 个交易日中猛跌 192.10 美元，这次猛跌多少有些令人不安，它反映了投资者持有这一期货头寸时多么容易受到价格猛跌的影响。

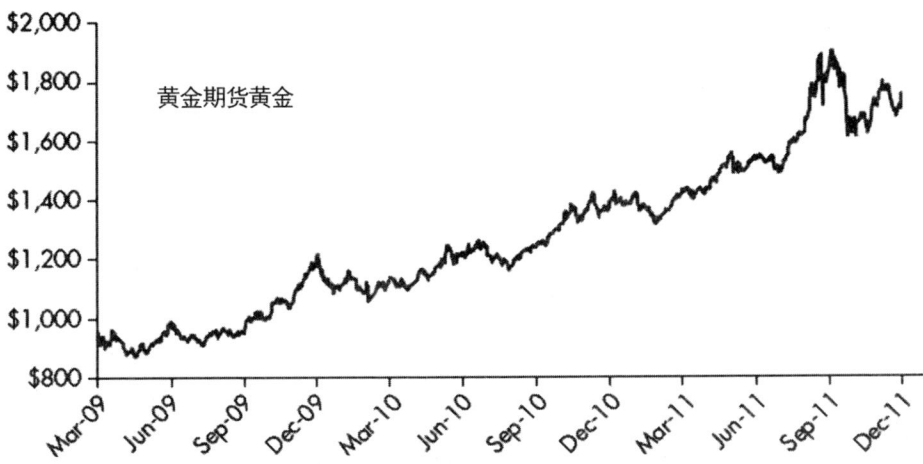

图 13-2 研究开始时黄金期货价格为 952.30 美元，之后价格一路上涨，在到达 1899.40 美元（06：00 价格）之前没出现过几次下跌，但在 2011 年秋的 15 个交易日中价格猛跌 192.10 美元。之后价格有所回升，在经过 712 个交易日后，黄金期货收于 1754.30 美元

自变量的背景

经济学家认为,欧洲主权国家的财政危机是造成市场动荡的主要原因,走出这次危机也主要依靠欧洲国家;因此,我们使用欧元作为我们的因变量开始分析。

欧盟中央银行的问题一直存在,寻找解决方案仍然比较困难,这一地区的不稳定性不断成为市场新闻的头条,这会对迷你标普500期货指数合约和黄金期货的价格趋势产生一定影响。

在本研究中,我们将分析欧元的两个方面:首先分析欧元指数期货在06:00至09:00期间的价格变化,更具体地说,我们希望了解欧元在这3小时中的上涨/下跌如何影响两个因变量在09:00至15:00期间的交易情况;分析完这个问题后,我们将重点分析欧元指数期货06:00时的价格,例如,欧元低于1.3000和欧元高于1.4000时,因变量的表现是否会不同?

研究时间从2009年3月1日至2011年12月1,共712个交易日。

图13-3是因变量06:00的价格。

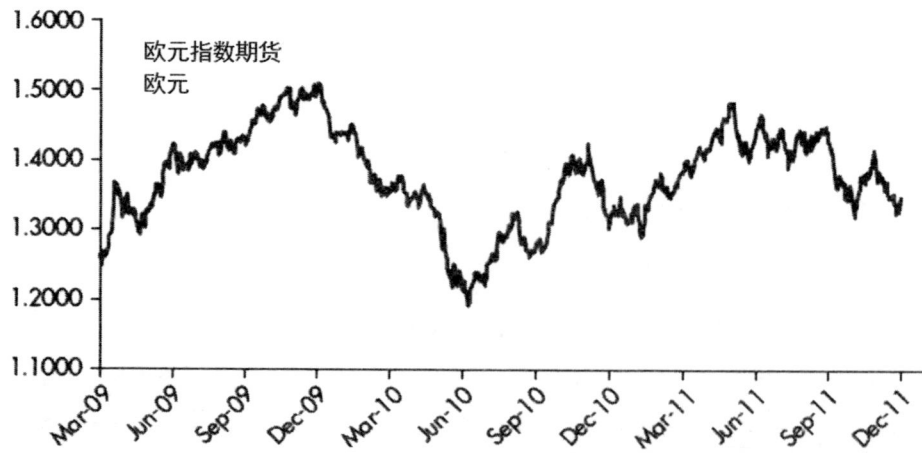

图13-3 欧元指数期货的交易区间较小,波动较大,长期上涨后出现大量抛售,价格小幅下跌

欧元指数期货稳步上涨，之后从1.50美元跌至1.20美元以下，而后又开始回升。2011年春，迷你标普500期货指数合约开始从峰顶下跌，最终跌至稍高于1.30美元。

问题是，两个因变量在这种背景下表现如何？

在分析欧元指数期货的影响之前，最好先了解欧元及两个因变量的价格变动。迷你标普500期货指数合约价格波动，见图13-4；黄金期货价格波动，见图13-5。两个因变量的06:00价格之间有很强的相关性（r = 0-756）；欧元指数期货与迷你标普500期货指数合约的相关性，则不是很强（r = 0.208）。

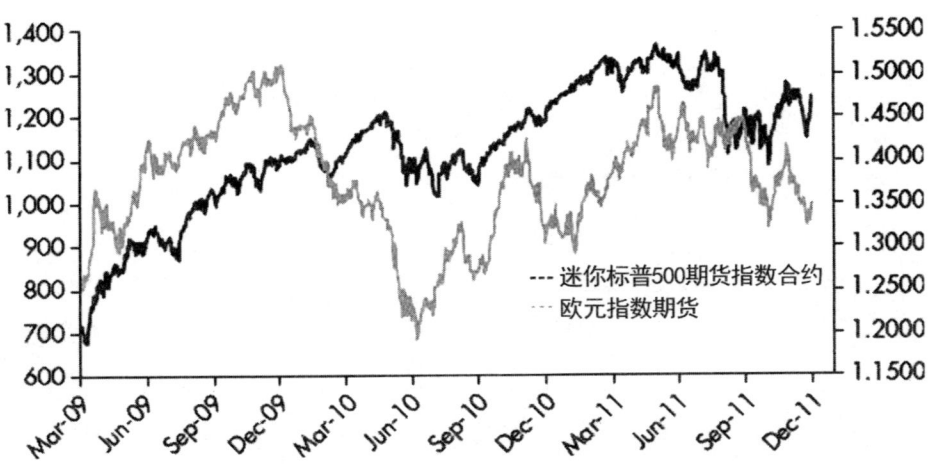

图13-4　虽然相关性不强（r = 0.208），但2010年3月至2011年3月期间例外，这期间两个变量的变化趋势基本一致，这就是我们科学工作假说的理论基础

欧元指数期货与黄金期货的走势有一些差异，牛市开始时二者都有所上涨（2009年3月至2009年12月），但之后欧元指数期货出现了长期大幅下跌，直至跌至其最低价（1.1917）。

欧元指数期货下跌时，黄金期货的价格也停滞不前。当欧元指数期货开始反弹时，黄金期货有所延迟，直到2010年9月才开始上涨。后来两只指数期货都强劲上涨。当欧元指数期货开始下跌（2011年5月）时，黄金期货继续保持上涨,在 2011 年 8 月出现三重底。2011 年秋之后,两个变量的趋势又开始保持一致。

黄金期货价格稳定上涨(图 13-5),但欧元指数期货没有保持一致的变化。两个变量之间基本没有相关性(r = 0.074),两者不存在因果关系。

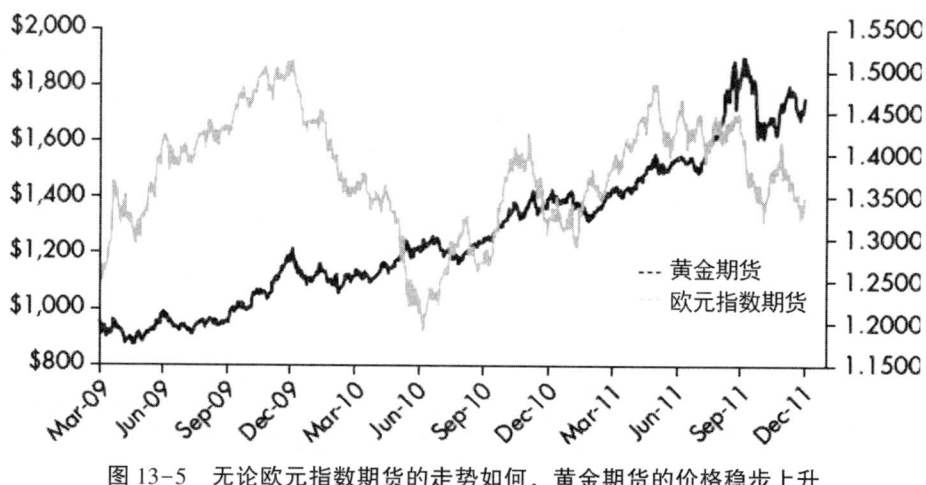

图 13-5 无论欧元指数期货的走势如何,黄金期货的价格稳步上升

在分析了黄金期货的走势后,我们知道正确的策略应该是在最低价(872.60 美元)时买入,一直持有头寸,然后在最高价(1899.40 美元)时卖出。当然,"事后诸葛亮"总能找到最正确的办法,但我们有更实际的方法。我们不需要连续 712 个交易日持有头寸,而是缩小时间范围,用欧元指数期货 06:00 至 09:00 期间的价格趋势,来预测黄金期货 09:00 至 15:00 期间的价格趋势。

图 13-6 是欧元指数期货在 06:00 至 09:00 期间的价格变动范围。

当欧元指数期货强劲上涨时(2009 年 3 月至 12 月),这 3 小时中价格的波动性有所降低。当其价格从 1.50 美元跌至 1.20 美元以下时,价格的波动性变得更为剧烈。

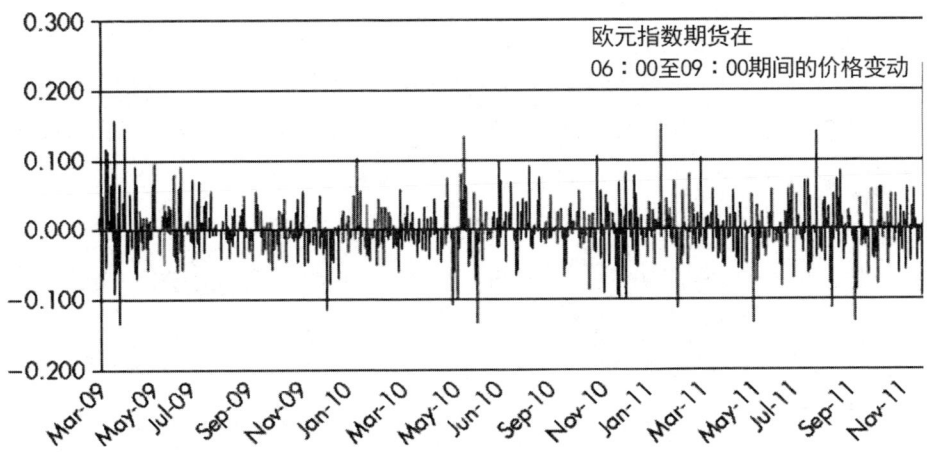

图 13-6 欧元指数期货早盘的价格变动（它将对两个因变量产生什么影响）

以下是本研究中缩写所代表的意义：

es69：06：00 至 09：00 期间迷你标普 500 期货指数合约的价格变动

gc69：06：00 至 09：00 期间黄金期货的价格变动

ec69：06：00 至 09：00 期间欧元指数期货的价格变动

es915：09：00 至 15：00 期间迷你标普 500 期货指数合约的价格变动

gc915：09：00 至 15：00 期间黄金期货的价格变动

ec915：09：00 至 15：00 期间欧元指数期货的价格变动

在 06：00 至 09：00 期间，三个变量的统计数据（表 13-1）都显示不利的交易环境。

表 13-1 3 只指数期货在 06：00 至 09：00 期间的描述性统计数据，与之前表中显示的 06：00 价格上涨走势不同，3 只指数期货在这 3 个小时中都在下跌

	3只指数期货在06：00至09：00期间的交易结果							
n = 712	最小值	最大值	上涨次数	下跌次数	平盘次数	平均每天获利	累计获利	标准偏差
es69	−24.50	40.50	343	344	25	−0.1387	−98.75	4.783
gc69	−40.20	39.20	343	363	6	−0.1562	−111.20	6.881
ec69	−0.0137	0.0236	323	376	13	−0.00023	−0.1635	0.00414

虽然此前的线形图中两个因变量都呈上涨走势，但这 3 个小时没能带来获利。迷你标普 500 期货指数合约在这 3 小时中下跌了 98.75 点，而黄金期货在这 3 小时中下跌了 111.20 点。幸运的是，我们不在这段时间内进行交易，我们希望能在 09：00 至 15：00 期间获利。

表 13-2 中是两个因变量在这 6 个小时（09：00 到 15：00）中的表现结果，在之后的研究中，这些描述性统计数据就是我们的判断标准。

表 13-2　3 只指数期货在 09：00 至 15：00 期间的表现结果，迷你标普 500 期货指数合约在这一时段平均每天上涨 0.3633 点，黄金期货表现稍微逊色，平均每天上涨 0.0410 美元——我们能否将欧元指数期货作为因变量，从而改善这些表现结果呢？

				3只指数期货在09：00 到 15：00期间的交易结果				
n = 712	最小值	最大值	上涨次数	下跌次数	平盘次数	平均每天获利	累计获利	标准偏差
es915	−43.25	46.50	383	325	4	0.3633	258.75	9.647
gc915	−74.50	51.70	388	320	4	0.0410	29.20	10.686
ec915	−0.0204	0.0303	360	347	5	0.00001	0.0068	0.00590

要在迷你标普 500 期货指数合约 258.75 点累积上涨（平均每天上涨 0.3633）的基础上进行改善，是一种挑战，但是 9.65 点的标准偏差预示着有不稳定的价格变动。出人意外的是，相较于黄金期货在 712 个交易日里实现的强劲上涨，其在这一时段中 29.20 美元的累积获利并不出色。另一个需要考虑的因素是 10.686 美元的标准偏差，如此大的偏差让人很难接受这个风险/回报系数。

欧元区危机

欧元危机使所有投资者陷入风险重重的循环中，给人们上了深刻的一课。大家都担心财政困境无法解决，欧元区货币的价格反映了投资者的信心没有得到恢复。

欧元指数期货价格上涨被视为稳定欧元区财政情况的强心剂，而货币价格下跌反映了投资者对欧元区成员国无法偿还债务的担心。[①]自变量是欧元指数期货的早盘（06：00 至 09：00）价格变动，而因变量是迷你标普 500 期货指数合约和黄金期货在 09：00 至 15：00 期间的交易情况。

1. 迷你标普 500 期货指数合约在 09：00 至 15：00 期间的交易情况。
2. 黄金期货在 09：00 至 15：00 期间的交易情况。

我们通常将欧元换算成美元进行计算。例如：1 欧元 = 1.3500 美元。
研究中包含两个因变量，因此我的科学工作假说有以下四类：

1. ec69 价格变动 > 0 时，迷你标普 500 期货指数合约 09：00 至 15：00 期间的价格上涨。
2. ec69 价格变动 < 0 时，迷你标普 500 期货指数合约 09：00 至 15：00 期间的价格下跌。
3. ec69 价格变动 > 0 时，黄金期货 09：00 至 15：00 期间的价格上涨。
4. ec69 价格变动 < 0 时，黄金期货 09：00 至 15：00 期间的价格下跌。

验证工作假说准确性的一种方法是将 ec69（即 06：00 至 09：00 期间欧元的价格变动）分为两类情况：

1. ec69 > 0 06：00 至 09：00 期间欧元指数期货上涨。

---

① 本研究中使用欧元指数期货作为欧元区官方货币的价格。
大多数交易平台使用 6E 作为其交易代码。当欧元指数期货价格上涨时，欧元升值，它价格越高，就需要更多的美元才能兑换一欧元；相反，当欧元指数期货价格下跌时，欧元贬值，它价格越低，兑换一欧元所需的美元就越少。

2. ec69 < 0 06：00 至 09：00 期间欧元指数期货下跌。

当欧元指数期货在早盘的 3 小时中价格上涨（欧元＞0）时，两个因变量在 323 个交易日的 09：00 至 15：00 期间呈反相关（表 13-3）。迷你标普 500 期货指数合约累积上涨 315.25 点，而黄金期货累积下跌 137.70 美元。

表 13-3　在欧元指数期货早盘（06：00 至 09：00）价格上涨的 323 个交易日中，在 09：00 至 15：00 期间做多两个因变量的表现结果相反，迷你标普 500 期货指数合约上涨 315.25 点，黄金期货下跌 137 美元

欧元指数期货价格＞0			09：00 至 15：00 期间的交易结果					
	最小值	最大值	上涨次数	下跌次数	平盘次数	平均每天获利	累计获利	标准偏差
es915	−29.00	27.75	175	147	1	0.9760	315.25	9.407
gc915	−38.80	28.80	159	163	1	−0.4263	−137.70	9.662
ec915	−0.0204	0.0303	176	145	2	0.00044	0.1414	0.00587

当欧元指数期货在 06：00 至 09：00 期间上涨时，在 09：00 至 15：00 期间做多迷你标普 500 期货指数合约，平均每天获利 0.976,0（涨跌平天数之比为 175：147：1），超过了 712 个交易日 0.363,3 的平均每天获利，因此，这种情况支撑了我们的科学工作假说。

此外，黄金期货在 323 个交易日中下跌 137.70 美元（平均每天下跌 0.426,3 美元）的表现结果，也验证了我们的科学工作假说：当欧元指数期货价格上涨时，黄金期货价格下跌。

欧元指数期货早盘价格下跌后，两个因变量的表现结果会不会不同（表 13-4）？

表 13-4　欧元指数期货早盘价格下跌后，3 只指数期货在 09：00 至 15：00 期间的交易结果

欧元指数期货价格<0			09：00 至 15：00 期间的交易结果					
	最小值	最大值	上涨次数	下跌次数	平盘次数	平均每天获利	累计获利	标准偏差
es915	−43.25	46.50	200	173	3	−0.1356	−51.00	9.805
gc915	−74.50	51.70	219	154	3	0.3210	120.70	11.593
cc915	−0.0191	0.0207	177	196	3	−0.00033	−0.1259	0.00594

这次因变量的表现结果与欧元指数期货价格上涨时的表现结果不同。当欧元指数期货在 06：00 至 09：00 期间价格下跌（欧元指数期货<0）时，迷你标普 500 期货指数合约在 09：00 至 15：00 期间下跌 51 点，但黄金期货在这期间上涨 120.70 美元。这再次验证了我们之前的工作假说。

欧元指数期货早盘（06：00 至 09：00）价格情况的汇总统计资料，见表 13-5。

表 13-5　将欧元指数期货早盘价格分为上涨和下跌两种情况，注意 3 只指数期货的在两种情况中的不同表现

09：00 至 15：00 期间总体表现	欧元指数期货06：00至09：00期间表现	
	欧元指数期货价格>0	欧元指数期货价格<0
	n = 323	n = 376
es915	315.25	−51.00
gc915	−137.70	120.70
cc915	0.1414	−0.1259

将欧元指数期货早盘表现分为上涨和下跌的两种情况后，两个因变量的表现结果有所不同，这支持了我们的科学工作假说。es915 有 366.30 点

的绝对差，而 gc915 有美元 258.40 点的绝对差，ec915 有美元 0.2673 的绝对差。显然，这些结果证明了统计的重要性。

因为 ec69 = 0.0000 的 13 个交易日也会出现表现差异，因此没有将这些交易日加入到 ec69 > 0 或 ec69 < 0 的计算中。

在过去的两年中，前所未有的主权国家财政信用崩塌的微小迹象造成了恐慌，使许多公司因为投资者对期货市场的福利的担忧而倒闭。

我们的分析显示出欧元指数期货与黄金期货呈反相关，因此当货币价格下跌时，黄金指数期货会上涨。

异常值

如果欧元指数期货在早盘中猛跌，迷你标普 500 期货指数合约是否也会下跌而黄金期货会上涨呢？

表 13-6 中的分析跟踪了两只指数期货在 2009 年 3 月 1 日至 2011 年 12 月 1 日期间的表现结果。

表 13-6 欧元指数期货在 06：00 至 09：00 期间表现结果的百分位数

百分位数	欧元 06：00 至 09：00 期间
0.95	0.00644
0.90	0.00479
0.80	0.00260
0.50	-0.00030
0.20	-0.00320
0.10	-0.00499
0.05	-0.00635

我们对欧元指数期货下跌最大的 72 个交易日（交易日总数的 1/10，下跌<-0.004,79）进行分析，这 72 个交易日中迷你标普 500 期货指数合约下跌了 -82.50 点，而黄金期货却大幅上涨（72 个交易日累积上涨

118.20美元,平均每日上涨1.64美元)。这是意料之中的情况(表13-7)。

表13-7 欧元指数期货在06:00至09:00期间表现最差的72个交易日(第10百分位数)中,迷你标普500期货指数合约和黄金期货在09:00至15:00期间的表现结果

欧元指数期货<-0.00479			09:00 至 15:00 期间的交易结果					
第10百分位数	最小值	最大值	上涨次数	下跌次数	平盘次数	平均每天获利	累计获利	标准偏差
es915	−43.25	24.25	35	37	0	−1.15	−82.50	11.90
gc915	−37.70	27.60	46	25	1	1.64	118.20	11.60

使用 =PERCENTILE(712个交易日的取值范围,0.10)函数,得出满足条件(<-0.00499)的72个数值。

当然,如果72个最差表现的数值有用,我们是否可以得出第5个百分位数以内的数值,从而获取更精确的关于早盘价格变动信息呢?

=PERCENTILE(712个交易日的取值范围,0.05),可以得出5%满足条件(<-0.006,345)的数值。

=IF(ec69单元值<-0.006,345,ec69"")

这样可以得出满足ec69-0.006,345的数值,这个语句得出的是欧元指数期货在早盘期间价格下跌最剧烈的36个数值。

散点图是最方便的工具,但鉴于有712~36个交易日的表现是空白的,这时应该如何绘制散点图呢?更具体来说,应该如何让得出的36个数值既包含ec69信息又包含因变量gc915的相应表现结果?

一种得出这36个数值的方法是,使用筛选函数(位于查看选项卡下,呈漏斗形状),取消勾选"空白"选项(图13-7)。[①]

[①] 另一种方法(步骤较多)是使用IF语句,使用<>""作为判断为真的返回值。

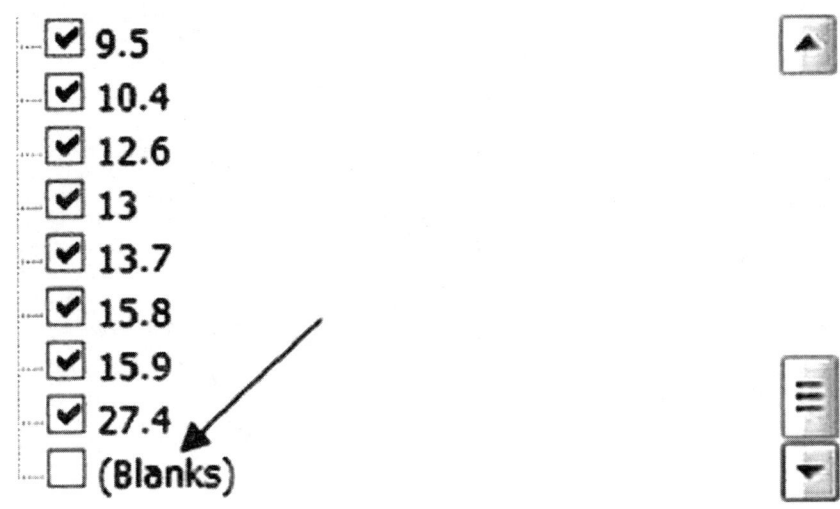

图 13-7　使用过滤函数后，取消勾选"空白"选项，以便获取所需表现结果

图 13-8 是欧元指数期货早盘价格变动小于 -0.006,345 的 36 个交易日所对应的迷你标普 500 期货指数合约的表现。

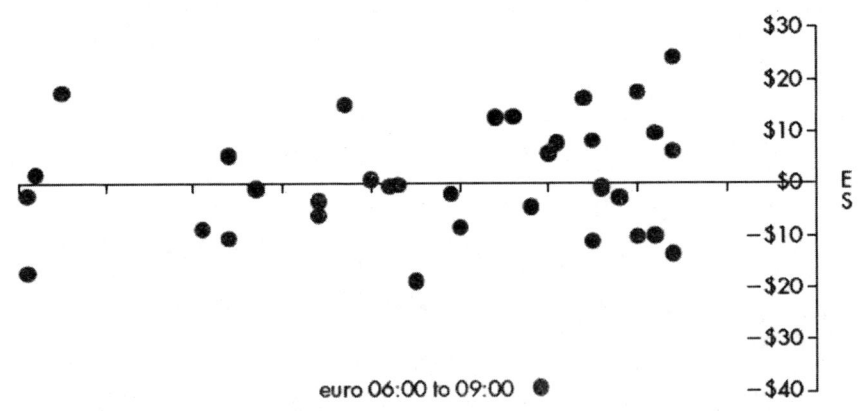

图 13-8　散点图反映了欧元指数期货早盘下跌最大的交易日（第 5 百分位数）所对应的迷你标普 500 期货指数合约在 09：00 至 15：00 期间的表现

在欧元指数期货早盘下跌 <-0.006,345 的 36 个交易日中，迷你标普

500 期货指数合约在 09：00 至 15：00 期间累积下跌 9.25 点（平均每日下跌 -0.2570）。-39.25 点的最大单日下跌，是导致累积下跌的主要原因。

务必随时注意这些最大的异常值，在这个研究中，它们没有对迷你标普 500 期货指数合约的价格产生太大影响，但是每只股票的反应都不同。接下来我们分析欧元指数期货早盘价格下跌最大的 36 个交易日中，黄金期货在 09：00 至 15：00 期间的表现结果（图 13-9）。

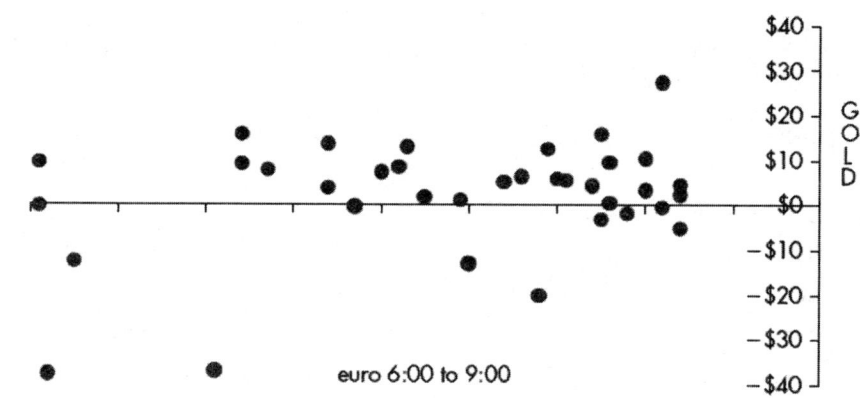

图 13-9　散点图反映了欧元指数期货早盘下跌最大的交易日（第 5 百分位数）所对应的迷你标普 500 期货指数合约在 09：00 至 15：00 期间的表现

当下跌小于第 5 百分位数时，在欧元指数期货早盘下跌最大的 36 个交易日中，黄金期货表现出众，累积获利 74.20 美元（平均每天获利 2.06 美元），但这次分析中 5 个最大的异常值导致了两个超过 30 美元的亏损。

价格分类

我们要考虑的另一个因素是欧元的价格。当然，早盘价格变化是好的预测指标，但是，当欧元价格相对较高（高于 1.4000 美元）或相对较低（低于 1.300 美元）时，因变量的表现会有何不同？

进行分析前，我们首先来了解欧元指数期货 06：00 价格的六个分类情况中交易天数的多少（表 13-8a 和表 13-8b）。

表 13-8a 欧元指数期货 06：00 价格的六个分类情况的交易天数

06：00 欧元价格	分类编号	交易天数
<1.2500	1	34
<1.3000	2	70
<1.3500	3	129
<1.4000	4	194
<1.4500	5	196
≥1.4500	6	89
总计		712

表 13-8b 混合了多个交易日，目的在于展示如果使用 =IF 语句来得出欧元指数期货 06：00 价格所属的分类情况（CAT）

	A	B	C	D	E	F
1	Date	ec6	ec69	es915	gc915	CAT
2	12/01/11	1.3493	−0.0009	1.50	−3.70	3
3	11/09/11	1.3675	−0.0061	−19.00	−24.10	4
4	09/05/11	1.4123	−0.0020	−9.25	13.30	5
5	08/18/11	1.4396	−0.0031	−29.25	8.60	5
6	08/18/10	1.2901	0.0010	3.25	3.90	2
7	06/01/10	1.2130	0.0052	11.75	−2.10	1
8	01/12/10	1.4504	−0.0038	−2.25	−17.50	6

我们随机挑选了几个交易日，用于展示如何在 CAT 列（F 列）中输入公式得出分类代码：

CELL "F2"
=IF(B2<1.25,1,IF(B2<1.3,2,IF(B2<1.35,3,IF(B2<1.4,
4,IF(B2<1.45,5,6)))))
CELL "F3"
=IF(B3<1.25,1,IF(B3<1.3,2,IF(B3<1.35,3,IF(B3<1.4,
4,IF(B3<1.45,5,6)))))
CELL "F4"
=IF(B4<1.25,1,IF(B4<1.3,2,IF(B4<1.35,3,IF(B4<1.4,
4,IF(B4<1.45,5,6)))))

表 13-9 列出了欧元指数期货价格分类情况所对应的迷你标普 500 期货指数合约的表现。

表 13-9 将欧元指数期货 06：00 价格情况分为六类，每一类所对应的迷你标普 500 期货指数合约在 09：00 至 15：00 期间表现结果的描述性统计数据

欧元指数期货 09：00 价格	次数	平均值	累计涨跌
最低值至 1.249,9	34	-1.846	-62.75
1.250,0 至 1.299,9	70	0.639	44.75
1.300,0 至 1.349,9	129	1.448	186.75
1.350,0 至 1.399,9	194	0.161	31.25
1.400,0 至 1.449,9	196	0.188	36.75
1.450,0 至最高值	89	0.247	22.00
迷你标普 500 期货指数合约总体表现	712	0.363	258.75

表格展示了六种价格情况所对应的迷你标普 500 期货指数合约的表现结果：欧元指数期货 06：00 价格低于 1.250,0 的 34 天中，迷你标普 500 期货指数合约累积下跌 62.75 点，但迷你标普 500 期货指数合约在其他五个分类中都有获利。

当 06：00 价格处于 1.30 至 1.35 之间时，迷你标普 500 期货指数合约累积上涨 186 点（712 个交易日总共上涨 258 点），但是当 06：00 价格高于 1.35 时，获利表现不是很出众。

表 13-10 对欧元指数期货在 06：00 至 09：00 期间的价格变动情况进

行分类，展示了各分类所对应的迷你标普500期货指数合约的表现结果。显然，当欧元指数期货在06：00至09：00期间价格上涨时，在09：00至15：00期间做多迷你标普500期货指数合约，是最佳选择。

表13-10 将欧元指数期货06：00价格分为六种情况，再将每种情况细分为06：00至09：00期间价格上涨，价格下跌和无价格变动，以此来分析迷你标普500期货指数合约的表现，列出了迷你标普500期货指数合约的描述性统计数据——实质上，我们关注欧元指数期货早盘价格走势是为了将价格作为因变量

欧元指数期货09：00 价格	欧元指数期货价格>0		欧元指数期货价格<0		欧元指数期货价格=0	
	次数	es915	次数	es915	次数	es915
最低值至1.2499次数	18	-55.50	16	-7.25	0	0.00
1.2500至1.2999次数	43	97.00	26	-53.75	1	1.50
1.3000至1.3499次数	63	96.25	63	81.25	3	9.25
1.3500至1.3999次数	89	99.00	102	-39.50	3	-28.25
1.4000至1.4499次数	79	36.50	113	0.00	4	1.25
1.4500至最高值次数	31	42.00	56	-31.75	2	11.75
迷你标普500期货指数合约总体表现	323	315.25	376	-51.00	13	-5.50

析因设计分析了迷你标普500期货指数合约09：00至15：00期间的表现，将六种06：00价格分类情况细分为06：00至09：00期间价格上涨、价格下跌及无价格变动三类。

对早盘价格进行分析后，我们得出欧元指数期货在早盘价格上涨能带来315.25点的获利，而其在早盘价格下跌则带来51点的亏损，两种情况见差异较大。06：00价格在1.25至1.30之间和1.35至1.40之间时，欧元指数期货上涨和下跌对应的es915表现差异最大。

圆柱图（图13-10）反映出了这些差异，除了06：00价格低于1.250的分类，其他分类在欧元指数期货价格上涨时都能带来获利。

第 13 章 因变量

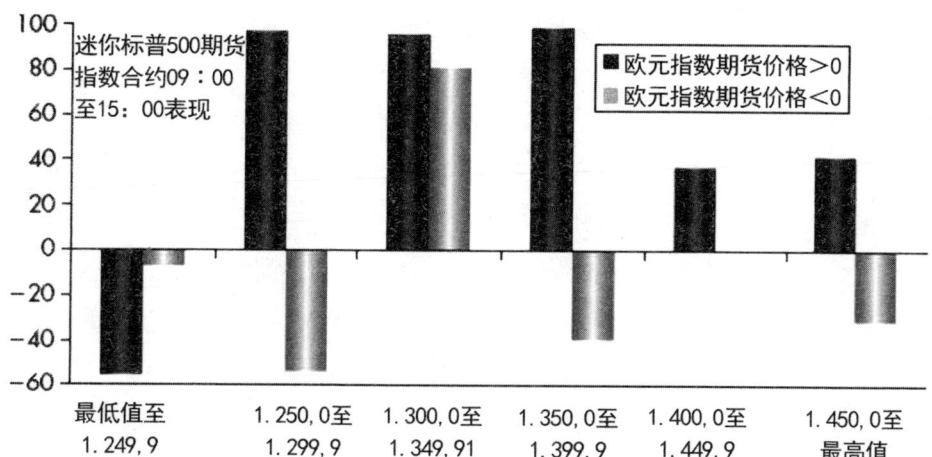

图 13-10 除了 06：00 价格低于 1.250 的分类，欧元指数期货在 06：00 至 09：00 期间价格上涨时，迷你标普 500 期货指数合约能获得更多收益

图 13-11 包含两条线，一条线是当欧元指数期货在早盘价格上涨时迷你标普 500 期货指数合约表现的连续性统计数据，另一条是欧元指数期货 06：00 价格的走势。

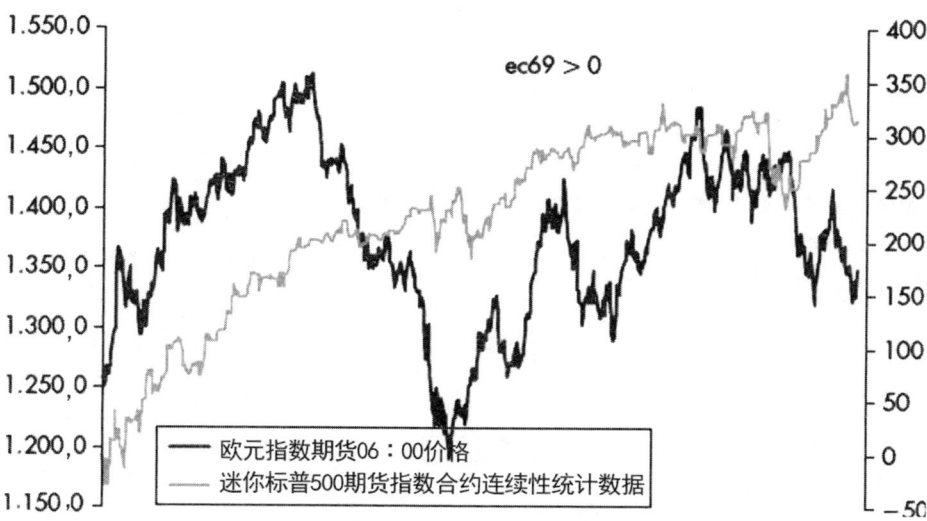

图 13-11 灰线是当欧元指数期货早盘价格上涨（即欧元指数期货在 06：00 至 09：00期间价格上涨）时，迷你标普 500 期货指数合约在09：00至 15：00 期间表现的连续性统计数据；欧元指数期货 06：00 价格在达到 1.50 后开始持续大幅下跌，这时

其对迷你标普 500 期货指数合约几乎没有影响

欧元指数期货连续下跌，使迷你标普 500 期货指数合约涨势暂缓，最明显的，在研究最开始快速偏离起点，但是欧元指数期货在达到 1.500,0 后开始由涨转跌，这次猛跌让欧元指数期货跌至最低价，但未对迷你标普 500 期货指数合约产生消极影响。当欧元指数期货开始上涨时，迷你标普 500 期货指数合约缓慢上涨至其最高价，然后在本研究即将结束时发生微跌。

欧元指数期货的每日价格不会影响迷你标普 500 期货指数合约，遗憾的是在使用因变量时，大多数专家都认为股票间的高相关性是取得成功的必要条件。虽然欧元指数期货与迷你标普 500 期货指数合约的相关性不高（r = 0.208），但当欧元指数期货 06：00 价格高于美元 1.250,0 时，迷你标普 500 期货指数合约能在 09：00 至 15：00 期间取得可观收益（315.25+ -55.50）。

欧元指数期货对黄金期货的影响

表 13-11 分类展示了黄金期货 712 个交易日的表现。

表 13-11 将欧元指数期货 06：00 价格情况分为六类，每一类所对应的黄金期货在 09：00 至 15：00 期间表现结果的描述性统计数据

欧元指数期货 09：00 价格	次数	平均值	累计涨跌
最低值至 1.249,9	34	-0.856	-29.10
1.250,0 至 1.299,9	70	0.820	57.40
1.300,0 至 1.349,9	129	-0.694	-89.50
1.350,0 至 1.399,9	194	0.274	53.20
1.400,0 至 1.449,9	196	-0.045	-8.80
1.450,0 至最高值	89	0.517	46.00
黄金期货总体表现	712	0.410	29.20

表格展示了六种价格情况所对应的黄金期货的表现结果。当欧元指数期货06：00价格在1.300,0至1.349,9之间时，黄金期货价格猛跌，也有分类情况中黄金期货价格上涨，但712个交易日累积上涨29.20美元的表现并不能让人满意。当欧元指数期货06：00价格高于1.350,0时，黄金期货价格更有可能出现上涨。

这些分类的黄金期货表现不具有连续性，我不是很相信它的表现结果，我会在投入资金前密切检测系统的效果。谨慎的推断并不是一个规定程序，但适用于这只特定股票的交易。在分析不同期货时，最好先进行谨慎的推断再下结论。

一个分类中的价格走势

接下来，表13-12将欧元指数期货06：00价格分为六类情况，并按照每个分类对黄金期货09：00至15：00期间的表现进行分析。每个分类细分为欧元指数期货在06：00至09：00期间价格上涨、下跌以及无价格变动。

表13-12 将欧元指数期货06：00价格分为六种情况，再将每种情况细分为06：00至09：00期间价格上涨、价格下跌和无价格变动，以此来分析黄金期货的表现，列出了黄金期货指数的描述性统计数据

欧元指数期货 09：00价格	欧元指数期货价格>0		欧元指数期货价格<0		欧元指数期货价格=0	
	次数	gc915	次数	gc915	次数	gc915
最低值至1.249,9次数	18	-39.40	16	10.30	0	0.00
1.250,0至1.299,9次数	43	-16.60	26	56.30	1	17.70
1.300,0至1.349,9次数	63	-136.10	63	34.30	3	12.30
1.350,0至1.399,9次数	89	12.90	102	22.10	3	18.20
1.400,0至1.449,9次数	79	38.90	113	-46.30	4	-1.40
1.450,0至最高值次数	31	2.60	56	44.00	2	-0.60
黄金期货总体表现	323	-137.70	376	120.70	13	46.20

在此前的研究中,当欧元价格上涨时,黄金期货价格没有上涨,反而在 323 个交易日中累积下跌 137.70 美元,06:00 价格在 1.350,0 至 1.399,9 之间的 63 个交易日就下跌了 136.10 美元。

当 06:00 价格低于 1.350,0 时,欧元指数期货在 06:00 至 09:00 期间的价格走势与黄金期货的价格涨跌相反。当欧元指数期货价格上涨时,因变量（gc915）猛跌,在 124 个交易日中累积下跌 192.10 美元;而当欧元指数期货价格下跌时,因变量在 105 个交易日中累积上涨 100.90 美元。虽然本研究中的统计数据符合这些研究结果,但我们仍需要用更近期的交易环境来验证这些结果的可靠性。

欧元指数期货价格下跌时,黄金期货在五个分类中的价格都有上涨,虽然各分类间价格差异较小,黄金期货在 1.25 至 1.30 的分类中的表现最好。

从圆柱图（图 13-12）中我们可以清晰地看出,当 06:00 价格在 1.35 以下时,黄金期货价格下跌。

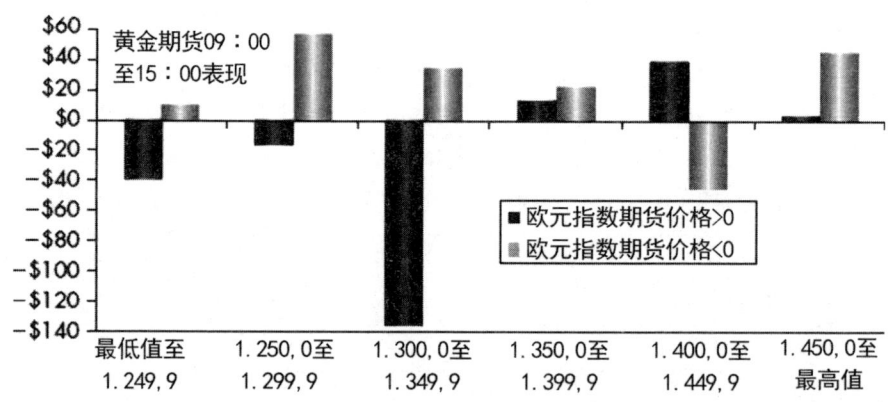

图 13-12　当欧元指数期货 06:00 价格低于 1.3500 且早盘价格上涨时,黄金期货（gc915）累积下跌 192.10 美元

当欧元价格下跌时,黄金期货在 376 个交易日的 09:00 至 15:00 间累积上涨 120.70 美元。黄金期货在五个 06:00 价格分类中价格上涨,只在 06:00 价格在 1.400,0 至 1.449,9 之间时出现下跌。

图 13-13 的线形图是当 06：00 价格在 1.300,0 至 1.349,9 之间，且欧元指数期货价格上涨时，黄金期货累积下跌 136.10 美元的连续性统计资料。

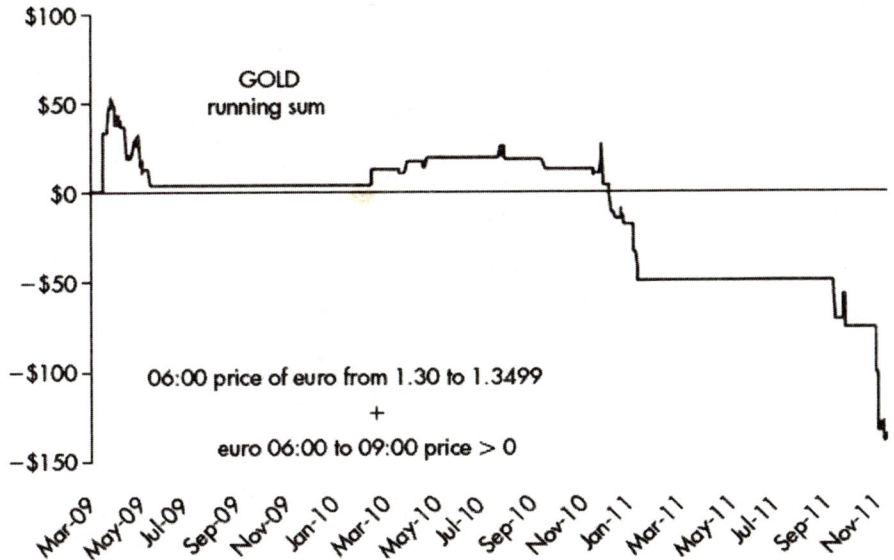

图 13-13　当欧元指数期货 06：00 价格在 1.300,0 至 1.349,9 之间且价格上涨时黄金期货的连续性统计数据，主轴（黑线）是欧元指数期货在 712 个交易日（2009 年 3 月到 2011 年 12 月）中的 06：00 价格

总　结

使用因变量时从来不存在绝对的原则，但有指导方针，例如，当我们的分析结果波动性较小时，我们的预测就更加可靠，我们就可以对分析进行更少的回溯测试。

纳入更多变量能减少误差，从而更准确地预测期货价格。问题是，当研究包含多个变量时，通常需要更多的分析对象来证明我们研究结果的正确性。

你可以通过两个自变量增强研究的预测能力，这样你能看到两个自变量如何相互作用，更全面地了解因变量，从而增加预测的准确性。

技术分析师能根据此前的价格模式很好地持有头寸，但是，关于前项指标如何影响工具价格的研究仍然很少，而前项变量通常会影响指标的可靠性，因为前项变量的作用并不稳定，专家可能不认同其作用。在多变的经济环境中，对期货影响最大的变量不会始终保持其地位，它们可能连续数周对期货产生影响，但最终会有另一个自变量来取代它们的位置。

记住，影响市场变动的因素很多，因此，交易表现始终与其他变量有着千丝万缕的联系。自变量对因变量的影响的精确度在不断变化，过不了多久就会出现其他的自变量，取代此前的自变量。

拥有众多变量时，排除预测能力较差的变量不是件容易的事，但是，有经验的话就能较容易地识别那些不相关的变量。

第14章 交叉套期保值策略

> 以确信而始的人,将终于怀疑;但宁从怀疑开始的人,将终于确信。
>
> ——弗朗西斯·培根

大部分交易者在牛市中表现良好,但当期货市场衰退时,他们就会遭受亏损。对于难以跟上市场趋势但善于选择好股、避免差股的投资者来说,交叉套期保值策略是很好的策略。

交叉套期保值策略有两种力量相互牵制。例如,持有两只股票,对两只股票持有相反头寸:对胜率较大的一只股票做多,对可能表现不佳的一只股票做空。

此外,对于使用该策略的交易者来说,当市场遭遇一连串惊心动魄的下跌时,这是相当完美的补救措施,不会让你的资金遭受损失。在低迷的市场进行交易时,使用交叉套期保值策略就无需担忧。

如果不使用这个策略,你可以选择过往表现较好的股票。

在看跌的交易环境中做多不能带来获利。该策略可以让你不受市场变化的影响,在牛市、熊市或横向环境中都能为你带来获利。但是,如果没有好的选股系统,就可能遭遇不断亏损,这是个现实的问题。

建立交叉套期保值策略时,对不同股票进行分析,往往会增加成功的可能性。事实上,进行交叉套期保值交易通常会为传统交易方式(例如仅对经过分析的股票做多或做空)带来更大的成功可能性。

我们首先对热门交易指数进行交叉套期保值。为更容易辨认这些股票，我们为他们取了一个简称。

简称	代码	指数	交易类别
SPY	SPY	S&P 500	大盘股
IWM	IWM	Russell 2000	小盘股
QQQ	QQQ	NASDAQ 100	科技股

随着研究的深入和经验的积累，我们可以在交叉套期保值策略中加入更多的股票。

这个策略有两种交易方式，例如，如果你的分析结果得出 SPY（标准普尔指数存托凭证，下同——编者注）的表现比 QQQ 表现好，那就做多 SPY 并且做空 QQQ。但是，将这些指数基金混合在一起后，你可能发现胜率更高的交易，这时，你可以只做多或做空，而不进行交叉套期保值。

头寸大小

为避免受到市场波动的影响，最好为每种头寸分配大致相同的权重，但是应该怎么操作呢？你的第一反应，可能是简单地根据股票价格来平衡股份，例如，两个公司进行交叉套期保值时，如果表现较好的一只股票价格为 20 美元，另一只股票价格为 10 美元，似乎应该购买表现较好的股票 100 股（100×20 美元），对于另一只成功可能性不大的股票，则购买 200 股（200×10 美元）空头头寸。

根据价格来看，做多不一定总是能够带来获利，例如，以下头寸组合就导致了 4 美元亏损。

100 股价格为 20 美元的多头头寸，上涨 0.20 美元会带来 20 美元获利，但是 200 股价格为 10 美元的空头头寸，每日上涨 0.12 美元，会造成 24 美元的损失。因此，我们希望多头头寸涨幅超过空头头寸涨幅，这样，不管市场如何波动，我们也能获利。

然而，对两只股票进行股份分配不是简单的事。

首先考虑股票的价格是对的，但其他因素如股票的波动性，也会影响你的决策。

价格差

研究时间从 2010 年 10 月 8 日至 2011 年 12 月 15 日，共 300 个交易日，这三只股票 300 个交易日的平均开盘价，见表 14-1。

表 14-1 300 个交易日平均开盘价格

ETF	平均值	标准差
SPY	125.86	6.3
IWM	76.51	5.87
QQQ	55.68	1.65

各指数间开盘价平均值的比值如下：

SPY/IWM = 1.65
SPY/QQQ = 2.26
IWM/QQQ = 1.37

较简单的计算方法是：

100 股 SPY = 165 股 IWM
100 股 SPY = 226 股 QQQ
100 股 IWM = 137 股 QQQ

这样操作看起来没问题，但我仍然要强调，使用价格计算股份比例的方法是正确的，但它得出的结果不精确。你可以通过评估股票的波动性来提高买入/卖出股票比例的准确性。

深入研究套期保值策略存在许多可能性，但我关注的是每日价格涨跌幅。我们先来看看反映三种指数每日价格涨跌幅之差的线形图（图14-1）。

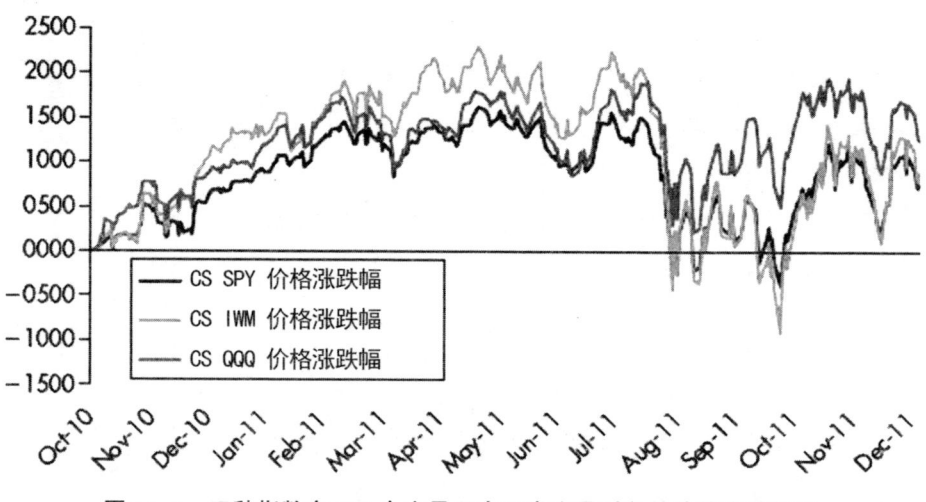

图 14-1　三种指数在 300 个交易日中正常交易时段的价格变动幅度

$$PC = \{[\text{Closing price}(t_{-0}) - \text{closing price}(t_{-1})] / \text{closing price}(t_{-1})\}$$

图 14-1 初步分析了三只基金的每日价格涨跌幅，各条线之间的间隔就是交叉套期保值策略的作用范围，基金间的间隔越大，获利机会就越大；最先，间隔最大的是 IWM，但到了 2011 年秋，SPY 生成了最大的间隔。

我们将注意力转向交易活动更频繁的时段，这需要将三只基金两两组合进行分析：

每日涨跌幅之差……

SPY-IWM

SPY-QQQ

第14章 交叉套期保值策略

IWM-QQQ

分配好组合之后，绘制组合连续性统计数据的线形图，这样做的目的在于发现趋势模式。

图14-2是大盘股SPY与IWM的每日涨跌幅之差。

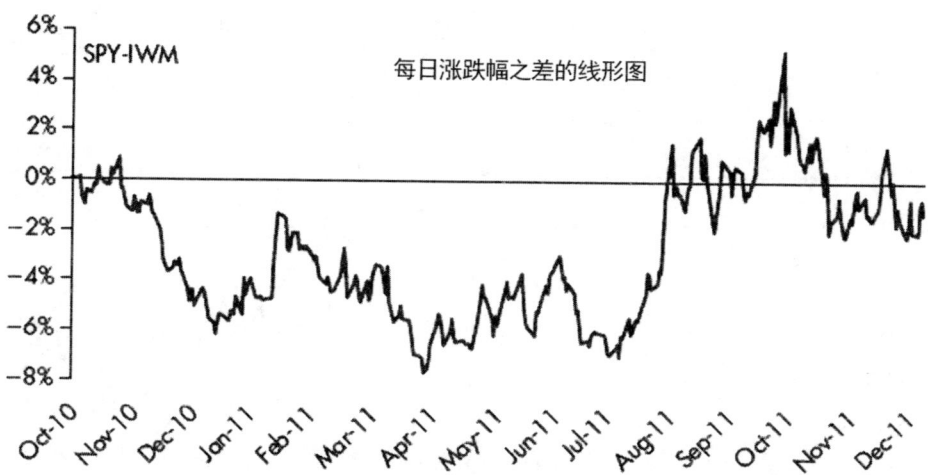

图14-2 SPY与IWM每日涨跌幅之差，SPY的涨跌幅一直较小，但2011年4月再次触底之后实现强力反弹，最终在2011年秋下跌，比IWM低2个百分点

2010年秋，SPY-IWM组合的线形图有所下降，因为我们是用SPY减IWM，因此趋势线下跌表示SPY表现较差。在2010年12月15日跌至-0.0618后，SPY开始反弹，其后再次跌至早期触底点以下。这之后趋势线持续波动，而后从2011年7月13（-6%以下）开始，趋势线强势回升至平衡线以上，在达到5%以上的峰顶后开始回落，最终保持在-2%的复底。

为了实现交叉套期保值策略的作用，7月11日后快速使用这个策略非常关键。

在进行下一步分析之前，这些指数的每日涨跌幅反映了积极的交易环境，其中QQQ涨幅最大（见表14-2）。

表 14-2 SPY-IWM 的线形图（图 14-2）中趋势线下降，因为 SPY 的表现不及 IWM。每日价格上涨从 2010 年 10 月 8 日持续至 2011 年 12 月 15 日。

SPY	7.46%
IWM	8.73%
QQQ	12.47%

图 14-3 是 SPY-QQQ 组合的每日涨跌幅之差的趋势图。

图 14-3 SPY - QQQ 组合的趋势图，趋势线先是在限制性的交易环境中波动，但是 2011 年 7 月后 SPY 表现不及 QQQ，至 2011 年秋 SPY 重新站稳了脚跟

出现剧烈下跌（2011 年 7 月至 2011 年 10 月）时，是使用交叉套期保值策略的时机，这时应该买入 QQQ 做多并且卖出 SPY 做空。在触发交叉套期保值的时机上，市场技术分析师们可能意见不一致，但是当 SPY 跌破之前的最低价（大约-4%）之后，下跌就一发不可收拾了。

但是 SPY 显然卖空了，因为其在年终强势反弹。

第三个组合是 IWM 与 QQQ（图 14-4），它们也出现了各种波动，适合长期交易。IWM 开始表现较好，从 2011 年春开始趋势线持续上涨，但之后下跌至-14%，之后重新开始上涨。

第 14 章 交叉套期保值策略

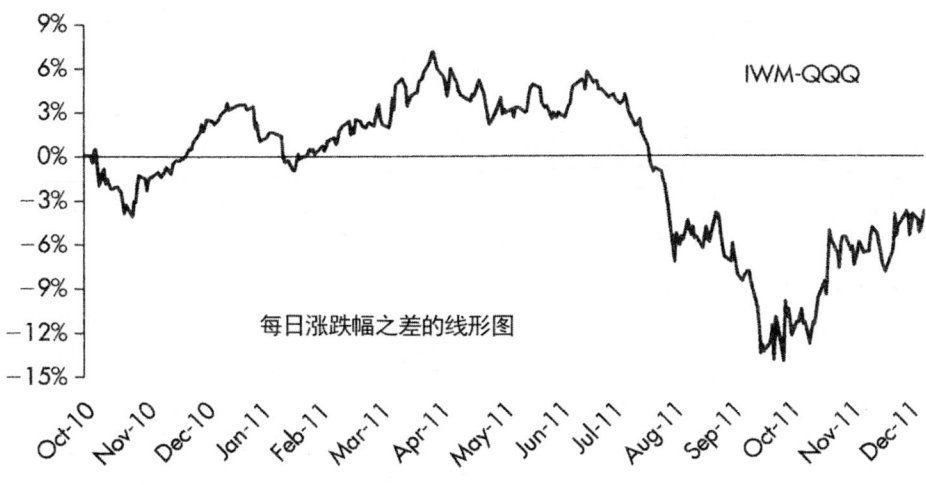

图 14-4 IWM-QQQ 组合提供了使用交叉套期保值策略获利的好机会

这个组合的趋势线非常稳定,是使用交叉套期保值策略获利的好机会。IWM 早期表现较好,但 QQQ 在 2011 年 7 月强势反弹,因此,在 2011 年秋之前使用交叉套期保值策略能获利。此后,IWM 开始回升,趋势线重新上涨接近平衡线。与 QQQ(SPY-QQQ 和 IWM-QQQ)相关的这两个组合之间存在一些相似之处,特别是 2011 年 7 月至 9 月出现下跌并在年末有所恢复。

分析交叉套期保值策略之前,我们先分析两个交易时段之间的差异。

表 14-3 是三只指数在夜间交易时段的累积价格变动。查看夜间交易时段统计数据让投资者觉得似乎没有限制性交易机会,这可以从正常交易时段(表 14-4)和每日价格变动(表 14-5)中看出。

表 14-3 从夜间交易时段的描述性统计数据来看,IWM 具有轻微优势

n = 300	最小值	最大值	上涨次数	下跌次数	平盘次数	累计获利	平均每天获利	标准偏差
SPY	−3.47	3.44	155	144	1	3.34	0.0111	1.024
IWM	−2.83	2.90	160	138	2	4.64	0.0155	0.763
QQQ	−1.65	1.46	153	145	2	3.34	0.0111	0.447

表 14-4 300 个交易日（2010 年 10 月 11 日到 2011 年 12 月 15 日）正常交易时段的描述性统计数据，IWM 累积下跌 2.22 美元，而其他两只基金都是上涨

n = 300	最小值	最大值	上涨次数	下跌次数	平盘次数	累计获利	平均每天获利	标准偏差
SPY	−4.65	4.07	162	137	1	$2.31	0.0077	1.141
IWM	−3.89	4.47	158	141	1	−$2.22	−0.0074	1.025
QQQ	−1.81	1.72	156	143	1	$1.65	0.0055	0.573

表 14-5 三种指数每日价格变动的描述性统计数据，从涨跌幅来看，IWM 是表现最好的基金

每日交易时段

n = 300	最小值	最大值	上涨次数	下跌次数	平盘次数	累计获利	平均每天获利	% Sum	标准偏差
SPY	−7.82	5.22	167	133	0	$5.65	0.0188	0.0746	1.641
IWM	−6.21	4.34	163	137	0	$2.42	0.0081	0.0873	1.359
QQQ	−3.24	2.44	162	135	3	$4.99	0.0166	0.1247	0.765

在这 300 个交易日中，IWM 在夜间交易时段中略占优势，但在正常交易时间中不具备优势。

股票与组合对象之间的间隔为我们提供了长期交易的获利机会，但这只是我们应该如何进行交易决策的一个小示例。

异常值

这个统计问题是关于两种指数间表现差异过大时策略的有效性。

从根本上说，指数间出现异常价格差是我们使用交叉套期保值策略的好机会。例如，如果 SPY 价格实现上涨而其他两种指数价格下跌，那么买入表现不佳的股票做多并对 SPY 做空是否合理呢？

第 14 章 交叉套期保值策略

此前的研究重点在于两种指数之间的表现趋势,目的在于寻找交叉套期保值策略的趋势模式。本系统更多地取决于每日头寸,根据两种指数间的异常差异进行交易决策。

以下是三只指数基金的交叉套期保值组合:

每日套期保值组合(收盘价格 t_{-0} - 收盘价格 t_{-1})

SPY 多头与 IWM 空头
SPY 多头与 QQQ 空头
IWM 多头与 QQQ 空头
SPY 空头与 IWM 多头
SPY 空头与 QQQ 多头
IWM 空头与 QQQ 多头

在这些组合中,我们希望在两种指数的每日价格变动差最大/最小的 30 个交易日实行交叉套期保值策略。我们的分析时间有 300 个交易日,这 30 个差值最大/最小的交易日是 10% 的异常值。

=PERCENTILE(300 个值的取值范围,0.10)= 第 10 百分位数
=PERCENTILE(300 个值的取值范围,0.90)= 第 90 百分位数

将每日价格变动转化为涨跌幅后,30 个变动最大的交易日中 SPY 表现较差(SPY < IWM),而 30 个变动最小的交易日中 IWM 表现较差(SPY > IWM)。

表 14-6 中是三种组合的涨跌幅之差。

表 14-6 将这些基金的每日价格变动转化为涨跌幅后，我们需要分析的是每个组合中的异常值

300 个交易日	各基金之间的每日百分比差异		
	SPY − IWM	SPY − QQQ	IWM − QQQ
第10百分位数	−0.0075	−0.0058	−0.0099
第90百分位数	+0.0085	+0.0057	+0.0087

因为总共有 300 个交易日，10%的异常值就是交叉套期保值组合的 30 个变动最大/最小的值。

30 个价格变动最小值（第 10 百分位数）是负数，这时基金表现最大幅度低于另一只基金表现：

SPY − IWM = 0.75%
SPY − QQQ = 0.58%
IWM − QQQ = 0.99%

30 个价格变动最大的值（第 90 百分位数）是正数，这时基金表现最大幅度高于另一只基金表现：

SPY − IWM = 0.85%
SPY − QQQ = 0.57%
IWM − QQQ = 0.87%

研究问题：根据三个套期保值组合的 30 个最大/最小价格变动差，当出现多头和空头套期保值机会时，使用本策略的表现如何？

我们想知道当比较两只股票时，过大的单日价格差是否会影响后续交易日的表现。

30 个最小价格变动差

表 14-7 是在价格变动差最小的 30 个交易日中，三个交叉套期保值组

合的表现结果。

表 14-8（SPY-IWM）、表 14-9（SPY – QQQ）和表 14-10（IWM-QQQ）展示了三种组合的表现结果。

表 14-7　SPY 价格涨跌幅比 IWM 价格涨跌幅小时，各指数在第二天的累积表现结果，虽然都出现了下跌，但 QQQ2.23% 的单日跌幅好过 IWM8.31% 的单日跌幅

SPY – IWM < –0.75%	SPY	IWM	QQQ
30个交易日综合表现	–$6.69	–$5.66	–$1.34

表 14-8　当 SPY 价格涨跌幅比 QQQ 价格涨跌幅小时，做空是最好的选择，不适合做交叉套期保值

SPY – QQQ < –0.58%	SPY	IWM	QQQ
30个交易日综合表现	–$5.84	–$3.55	–$3.65

表 14-9　在 30 个价格变动差最小的交易日中，进行交叉套期保值可以带来微薄获利，从涨跌幅来看，IWM4.24% 的上涨与 QQQ2.37% 下跌相比具有绝对优势

IWM – QQQ < –0.99%	SPY	IWM	QQQ
30个交易日综合表现	–$0.68	$1.80	–$1.57

表 14-10　三个套保组合 90 个交易日的结果汇总

第10百分位数	SPY	IWM	QQQ
数量	90	90	90
90个交易日综合表现	–$13.21	–$7.41	–$6.56

最值得注意的是这些指数剧烈的单日下跌，接下来我们肯定会对这个重要的表现模式进行监测。

30 个最大价格变动差

以下是 30 个价格变动差最大的交易日中（大于等于第 90 百分位数）

的三个交叉套期保值组合，即三个组合的价格变动差值最大的交易日。

表 14-11 显示了 SPY-IWM 套期保值组合的价格变动差最大的 30 个交易日。

表 14-11　SPY 价格涨跌幅比 IWM 价格涨跌幅大 0.85% 以上时，三只基金指数在 30 个交易日中的表现结果

SPY – IWM > 0.85%	SPY	IWM	QQQ
30 个交易日综合表现	$5.69	$6.84	$2.12

IWM 价格涨跌幅比 SPY 价格涨跌幅小时，是表现最好的指数，它的涨幅比 SPY 涨幅高 6.54%（11.96% - 5.42%），比 QQQ 涨幅高 7.61%（11.96% - 4.35%），累积获利 6.84 美元。

根据 SPY-IWM 组合的价格变动差结果，图 14-5 反映了 IWM（11.96%）与 QQQ（4.35%）之间的每日涨跌幅之差。日期越近（右侧），波动性越大，并且 IWM（黑色部分）涨幅更大。

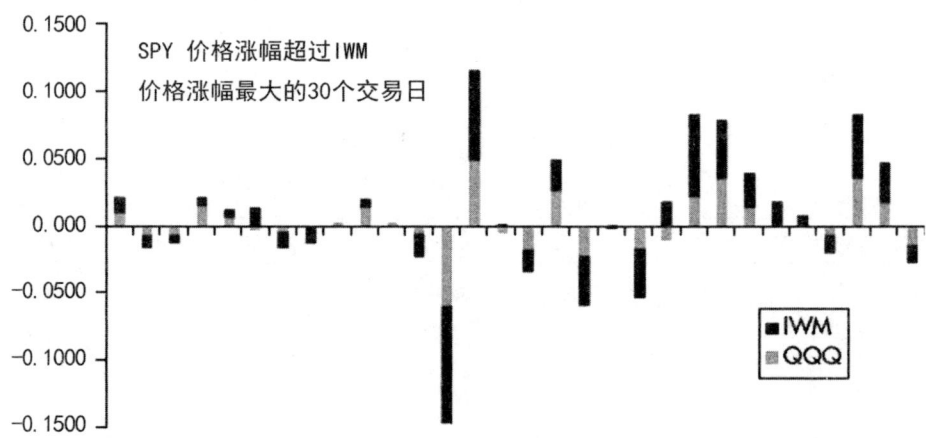

图 14-5　SPY 涨幅大大超过 IWM 涨幅后，IWM 和 QQQ 在第二天的表现结果，柱状图显示了 QQQ（灰色竖线）与 IWM（黑色竖线）在第二天的表现

表 14-12、14-13 和 14-14 显示了套保组合的价格变动差最大的 30

天各指数在第二天的表现结果。

表 14-12 SPY 价格涨幅大大超过 QQQ 涨幅的 30 个交易日的第二天，这些指数都有获利。在这 30 天中，IWM 再次成为涨幅最大的指数，第二天上涨了 6.25 美元

SPY − QQQ > 0.57%	SPY	IWM	QQQ
30个交易日综合表现	$8.60	$6.25	$2.92

表 14-13 IWM 价格涨幅大大超过 QQQ 涨幅是进行套保交易的好机会，30 个交易日第二天的表现结果中，QQQ 比 IWM 多获利 5.40 美元

IWM − QQQ > 0.87%	SPY	IWM	QQQ
30个交易日综合表现	−$3.95	−$4.94	$0.46

表 14-14 三个套保组合的汇总结果能获利，SPY、IWM 和 QQQ 分别上涨 8.57%、13.32%和 9.96%

第90 百分位数	SPY	IWM	QQQ
数量	90	90	90
30个交易日综合表现	$10.34	$8.15	$5.50

这些指数间过大的价格差异，当 SPY 涨幅高于组合中另一只基金时，三只基金在第二个交易日都上涨；当 SPY 涨幅低于组合中另一只基金时，三只基金在第二个交易日中都下跌。

时间段不同，这三只指数的涨跌幅比较可能出现的结果就不同。对比两个研究，此前使用累积表现之差线形图的策略，更适合建立较常规的交叉套期保值策略。我们的目的是寻找趋势模式，因此会分析连续几天或几周的交易情况，这与以前的研究不同：以前的研究不考虑趋势模式。我们的交易行为是单日进行的，交易行为是做多或者做空。

更多的异常值能让系统给出更多的交易机会，但因为系统表现结果并不出色，我们的胜率有所降低，因此不能称之为限制性交易系统。添加另

一个因变量可以弥补这个缺陷。

交易量指标

交易量通常能对价格变动做出正确预测。分析指数的交易量能否得出进行交叉套期保值的机会？

我们可以通过分析一种指数的单日交易量与三个指数的总交易量之间的关系，来进行研究（见表14-15）。

表14-15　计算三种 ETF 的交易量百分比

日期	SPY 交易量	IWM 交易量	QQQ 交易量	总交易量	SPY 交易量百分比	IWM 交易量百分比	QQQ 交易量百分比
12/15/2011	198,559,039	50,080,310	58,674,911	307,314,260	0.646	0.163	0.191
12/14/2011	237,738,827	77,673,450	63,657,276	379,069,553	0.627	0.205	0.168

注意，这里计算的是三只交易所交易基金单日的交易量百分比，计算出单日百分比后，使用 =AVERAGE 函数得出 300 个交易日的平均值。

SUM = SPY + IWM + QQQ 的单日交易量

VSUM =（SPY 交易量 + IWM 交易量 + QQQ 交易量）/3

接下来，我们计算每个指数的单日交易量百分比：

SPY 交易量/总交易量 = SPY 交易量百分比

IWM 交易量/总交易量 = IWM 交易量百分比

QQQ 交易量/总交易量 = QQQ 交易量百分比

表 14-16 是 300 个交易日（2010 年 10 月 11 日至 2011 年 12 月 15 日）的统计数据。

表 14-16 SPY 的单日交易量占比近 61%，所占百分比份额最大，其他两只股票不那么活跃，分别为 19% 左右

300 个交易日	单日交易量百分比	交易量标准差	高于平均值1个标准差
SPY	0.609	0.043	0.652
IWM	0.192	0.029	0.221
QQQ	0.199	0.038	0.237

问题是，如果一只 ETF 占据单个交易日的最大份额会怎么样呢？更具体地说，当这些股票高于其平均百分比份额一个标准偏差时，会怎么样？

大部分交易量分析严格将单日交易量与特定参考点进行比较，我们是计算几个工具的相对交易量，将分析收盘时 SPY 交易量、IWM 交易量和 QQQ 交易量的百分比值高于其平均值一个标准偏差时，夜间交易时段的表现（表 14-17）。

表 14-17 在指数基金收盘时，交易量百分比值高于其平均值一个标准偏差时，夜间交易时段的表现结果：当 IWM 交易量百分比值增大时，夜间交易时段出现下跌；当另外两种指数的交易量百分比值最大时，夜间交易时段价格上涨

夜间交易时段	n	高于平均值一个标准偏差		
		SPY	IWM	QQQ
SPY > 65.2%	46	$5.59	$3.53	$2.07
IWM > 22.1%	44	−$4.52	−$3.23	−$1.92
QQQ > 23.7%	49	$3.29	$3.50	$2.83

SPY 交易量百分比值 > 65.2% 后，夜间交易时段上涨最多。当 QQQ 交易量百分比值增大时，在夜间交易时段交易三只指数基金也能获利——QQQ 的表现最好。

这些交易量分类情况间价格差异较小，并不能完全支持交叉套期保值策略。①

在三种交易量分类情况中，QQQ 最适合交叉套期保值策略。假定100股 SPY = 226 股 QQQ，这一组合（3.29美元至2.83美元）是最好的套保选择；同时，当罗素2000指数交易量最大时，表现结果令人失望。

区分上涨交易时段与下跌交易时段的标准程序显示的交易阶段，如表14-18 所示。

表14-18 根据正常交易时段上涨和下跌，将交易量百分比增长的指数分类，当 IWM 交易量增长最多时，各指数间表现差异最大

单日交易量百分比份额		夜间交易时段		
高于300日平均值1个标准偏差	交易天数	SPY	IWM	QQQ总计
SPY				
RTS of SPY > 0	20	$1.25	$0.63	$0.14
RTS of SPY < 0	26	$4.34	$2.90	$1.93
Summary	46	$5.59	$3.53	$2.07
IWM				
RTS of IWM > 0	21	$0.60	$0.79	$0.24
RTS of IWM < 0	23	−$5.12	−$4.02	−$2.16
Summary	44	−$4.52	−$3.23	−$1.92
QQQ				
RTS of QQQ > 0	25	$2.15	$2.61	$1.75
RTS of QQQ < 0	24	$1.14	$0.89	$1.08
Summary	49	$3.29	$3.50	$2.83

---

① 我们只限定了夜间交易时段的表现，这会降低我们的获利。当我们扩大交易时间段时，较大的价格差异将带来更多机会。

分析 SPY

SPY 的百分比份额超过 65.2% 时，几乎没有套保机会，其大部分获利来自正常交易时段下跌后。

分析 IWM

IWM 的百分比份额超过 22.1% 时，44 个交易日的表现结果是亏损。正常交易时段下跌的 23 个交易日中，SPY 下跌-5.12 美元，IWM 下跌-4.02美元，QQQ 下跌-2.16 美元。

在 IWM 的单日交易量份额超过 22.1% 且正常交易时段出现下跌的 23 个交易日中，SPY、IWM 和 QQQ 在夜间交易时段的表现，见图 14-6、图 14-7 和图 14-8。

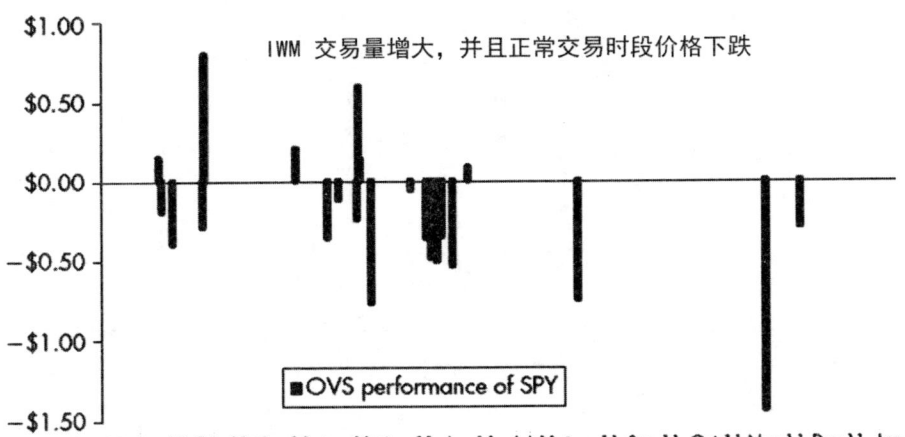

图 14-6 在 IWM 交易量增大（多于总交易量的 22.1%）且正常交易时段出现下跌的 23 个交易日中，大部分交易日在夜间交易时段出现下跌

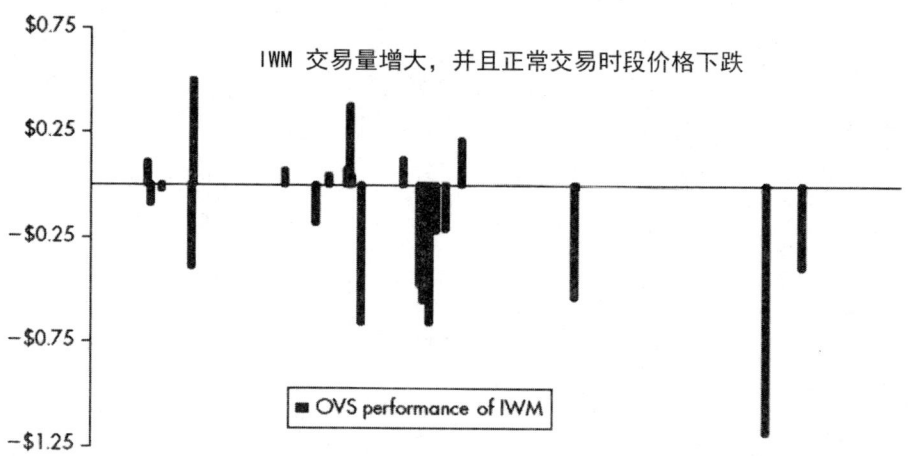

图 14-7　30 个交易日中，IWM 在夜间交易时段中累计下跌 4.02 美元，但较近一段时间交易活动较少

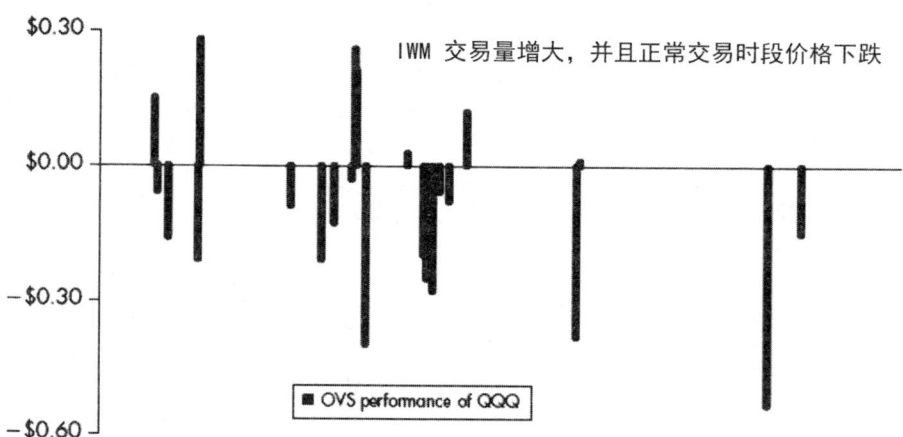

图 14-8　QQQ 夜间交易时段表现与其他两种指数没什么不同，趋势模式相似

趋势模式显示了三种指数之间的互反关系，在类似的价格模式下，它们之间的间隔非常小，因此交叉套期保值策略发挥的空间非常小。在长期趋势模式中进行交易时，如果出现机会（如 IWM 交易量增多，并且正常交易时段价格下跌），我们只需将更多注意力放在对成功机会较小的股票做空上。

分析 QQQ

QQQ 的百分比份额超过 23.7% 时，两个交易时段都实现了获利，并且由于 QQQ 上涨幅度超过了其他两个指数，是很好的交叉套期保值机会。上涨的正常交易时段与下跌的正常交易时段相比，表现略占优势。从涨跌幅来看，QQQ 在这 30 个交易日中表现最好。

当然，套保组合的可能性非常多，我们能将过去表现的不同方面相结合，建立更多的交易系统。下一个研究关注的是，使用比较技术建立趋势线从而制定交易决策。

对比交叉套期保值系统（CXS）

本研究将分析 SPDR（Standard & Poor's Depositary Receipts，即标准普尔指数存托凭证，又称 Spider、SPY）（见表 14-19），这与本章中前一部分所述的交叉套期保值方法不同：除了对比不同的产业，还使用对比交叉套期保值（CXS）方法，即以一只股票为基础（通常是期货指数），与其他股票进行对比，或在两只或多只股票之间进行对比。

本研究以 SPY 为基准来对比股票的表现，例如，如果 SPY 单日价格上涨 1.00%，产业基金上涨 0.80%，则相对变化值为 1.00 − 0.80 = +0.20，如果产业基金上涨 1.20%，则相对变化值为 1.00 − 1.20 = −0.20。

CCS = SPY 单日涨跌幅 − 产业基金单日涨跌幅

表14-19 SPY包含的产业,包含500家公司、9种产业中最大的权重来自科技产业,2012年4月30日,科技产业中最主要的是苹果公司,其权重占科技产业的18.46%

ETF	产业	权重	股份
XLF	金融	14.14%	81
XLE	能源	12.01%	43
XLK	科技	21.89%	78
XLB	材料	3.69%	30
XLI	工业	10.96%	61
XLV	医疗保健	11.80%	52
XLP	必需消费品	11.11%	42
XLY	非必需消费品	10.76%	80
XLU	公用事业	3.66%	33
总计	2012年1月15日	100	500

制定策略

本研究分析标准普尔指数存托凭证(SPDR)中的产业基金。研究时间从2009年8月12日至2011年12月30日(603个交易日)。这些产业基金完全公开,可访问 www.sectorspdr.com 获取九种产业中全部500家公司的综合清单。

图14-9至图14-18的相对线形图显示了每天的累积变化值,与以前一样,我们是用SPY(标准普尔指数存托凭证,下同——编者注)涨跌幅减去每种产业的涨跌幅。

图 14-9　金融产业在遭受亏损后出现大量卖出的情况，这时是做空的好机会

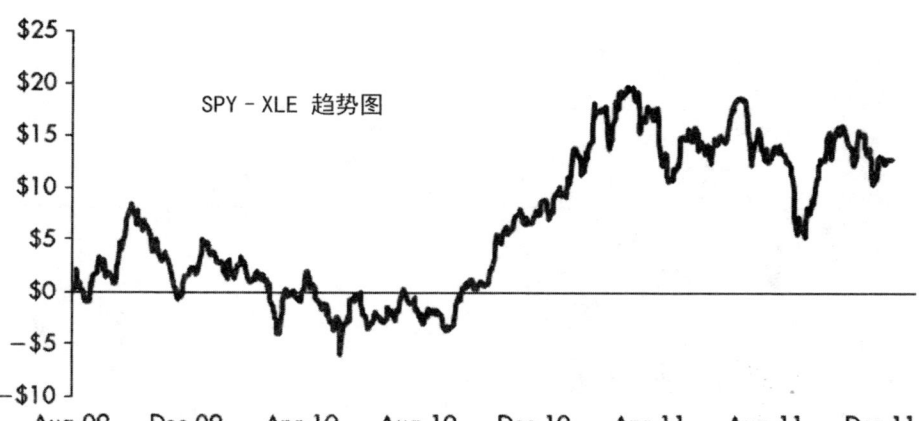

图 14-10　在开始的 200 个交易日中，能源产业下跌趋势明显，但它之后停止下跌，一路上涨至 20 美元的累积获利。达到阻力线后开始下跌，紧接着出现第二次稍低的最高价，在 2011 年 9 月 19 日出现更低的最低价

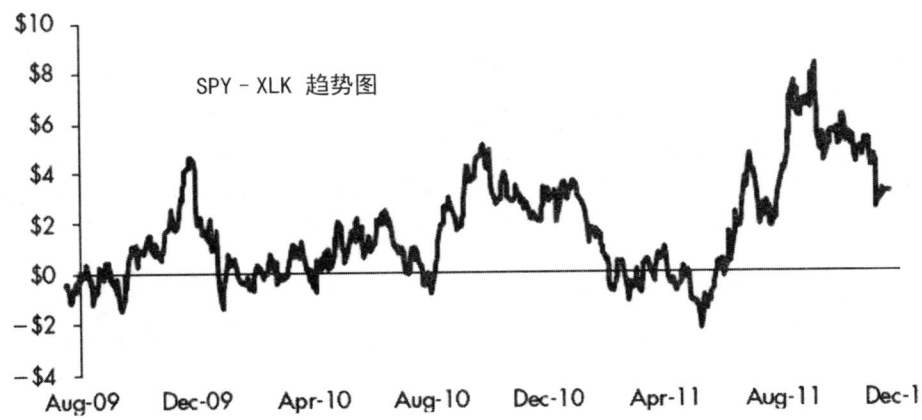

图 14-11 科技产业是不错的通道交易选择,它在突破阻力线之前达到了三重顶,但是更值得注意的是-2 美元附近的复底,这似乎是强势反弹前的推动力

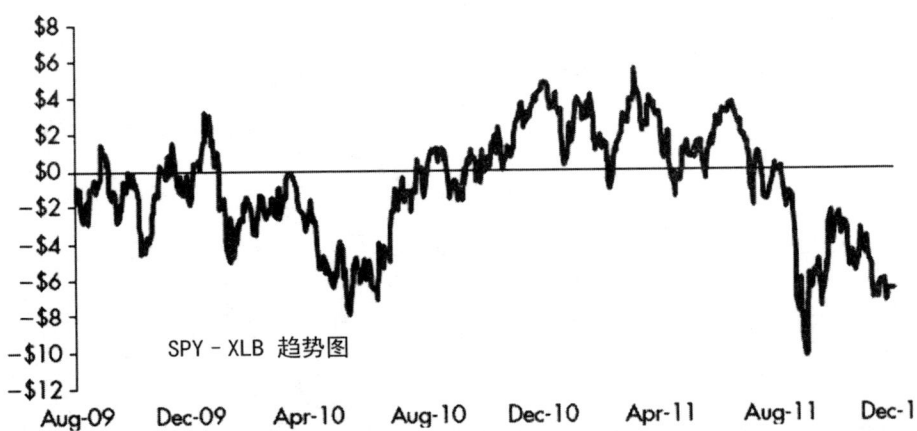

图 14-12 基础材料产业的价格范围为 16 美元,它的波动性非常大,因为有非常多的不确定性。对于安硕黄金指数基金(IAU)来说,基础材料产业是非常好的套保组合

第 14 章 交叉套期保值策略

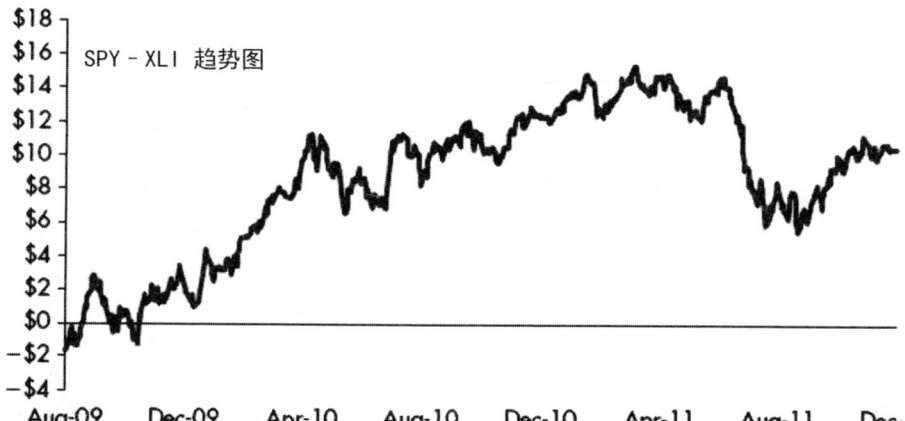

图 14-13 工业产业在达到阻力线之前的 200 天是非常理想的交易机会，持续约 125 天的下跌，使该产业回到了早期（2010 年晚夏）的支撑位，然后开始再次回升

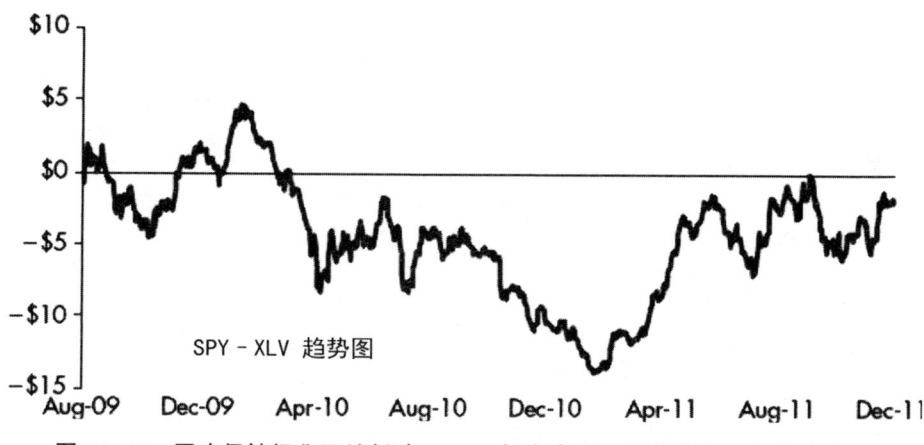

图 14-14 医疗保健行业开端低迷，2011 年春出现了强势恢复，但是未能突破平衡线

图 14-15　必需消费品产业的趋势线与医疗保健产业的趋势线类似，但它在 2010 年 8 月突破了之前的最高价 4.00 美元，之后仍停留在这一位置

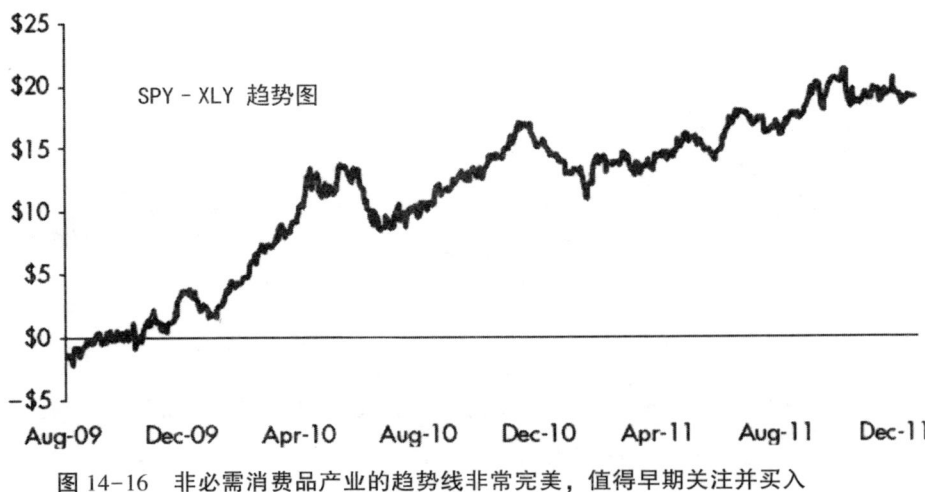

图 14-16　非必需消费品产业的趋势线非常完美，值得早期关注并买入

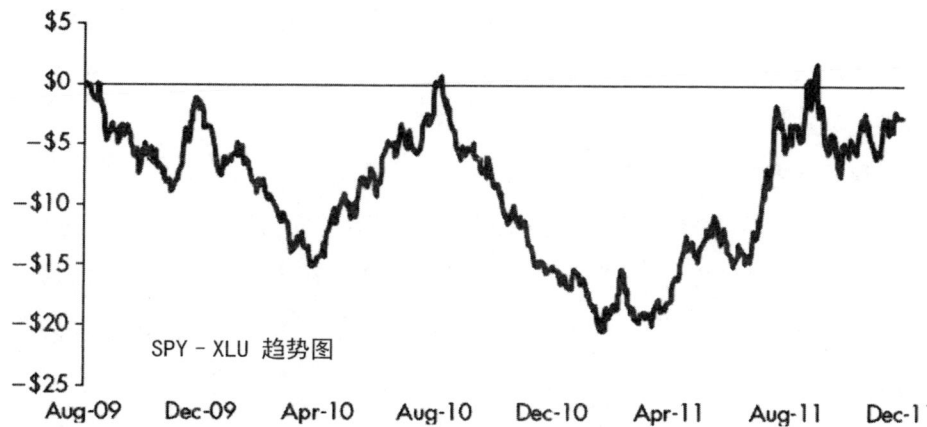

图 14-17 公用事业产业是非常好的交叉套期保值策略,因为它具有长期明确的走势

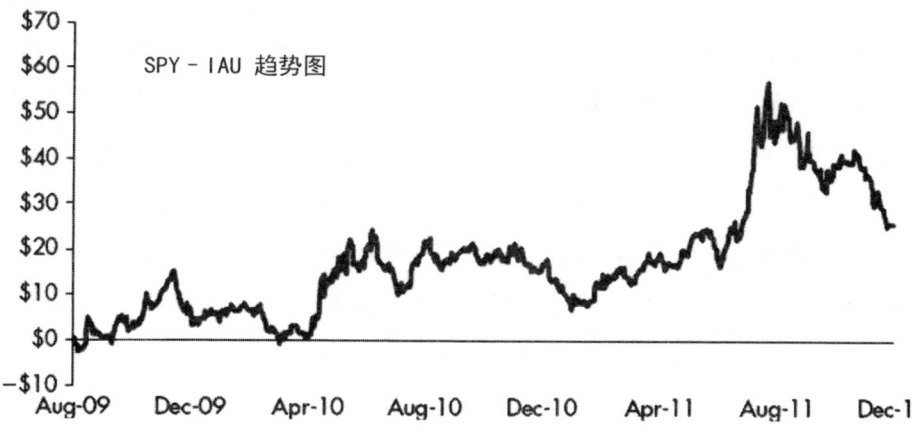

图 14-18 开端缓慢,2010 年 4 月开始上涨,但当年累积获利未能突破 20 美元,2011 年各国都争相购买黄金投资,因此趋势线不断上涨,在 2011 年 8 月价格达到 60 美元,之后开始下跌

某些产业基金的趋势线非常长,使用这个系统进行交易时,对于在相同时间走势相反的产业,持有相反头寸可以带来成功。

由于 XLF 持有大部分银行股（图 14-9），非常适合做空，因为金融产业遭受了部分人所猜测的赌场资本主义的连续打击。这只 ETF 出现微跌时（通常平均每天交易量是 10000 万），就是做空的绝好机会。狂欢可能已经结束了，因为它已触底，累计损失达 25 美元左右，因此它会反弹还是会打破近期支撑位还有待观察。

科技产业在开始上涨时快速飙升，之后有所下跌（图 14-11）。

当 XLU 下跌时有令人振奋的表现，因为其下跌长期并且剧烈，相反，当 XLU 上涨时，两次 15 美元和 20 美元的上涨是买入的好机会，之后其在上涨至平衡线附近时遇到强大阻力，这为我们提供了非常明确的卖出信号。

收敛/发散方法

由于每个产业基金中都包含了多家公司，公司的多样化让每个公司间呈现较大的相关性。因为较大的相关性，我们在确定选择哪个公司做套保时，经常左右为难。在知道产业间的相关性的情况下，要么选择两个高相关性的产业做套保，要么选择一个表现最好的产业和一个表现最差的产业做套保。[①]

接下来我们分析 SPY 单日涨跌幅与其他九种产业基金的相关性。我们将对安硕黄金指数基金（IAU）和其他产业的相关性进行分析。表 14-20 是 SPY 与这只热门指数中 500 家公司的产业的相关性。

表 14-21 是各产业基金与 IAU 的相关性。

表 14-20 2009 年 8 月 12 日至 2011 年 12 月 30 日 603 个交易日中，SPY 与其他 ETF 价格涨跌幅的相关性，公用事业产业与 SPY 的相关性最小（0.823），安硕黄金指数基金（IAU）与 SPY 或标准普尔 500 指数中的任

---

① 当然，交易这些产业时存在很多的交叉套期保值组合，要充分介绍这个策略需要很长的篇幅。

何产业基金的相关性都不强。

	XLF	XLE	XLK	XLB	XLI	XLV	XLP	XLY	XLU	IAU
SPY	0.928	0.919	0.945	0.928	0.964	0.899	0.878	0.947	0.823	0.106

表 14-21 注意 SPDR 产业基金与安硕黄金指数基金（IAU）之间微小的相关性，通过分析 603 个交易日中 SPDR 产业基金与黄金基金的单日价格涨跌幅的相关性，我们发现其相关性不大

	XLF	XLE	XLK	XLB	XLI	XLV	XLP	XLY	XLU
IAU	0.062	0.200	0.093	0.238	0.100	0.080	0.073	0.056	0.081

因为黄金基金与黄金几乎没有相关性，因此使用交叉套期保值策略时黄金基金带来了大量的交易机会。

评估交叉套期保值策略强度的四个主要因素是：（1）操作的频率；（2）操作的持续时间；（3）操作的强度；（4）重复模式。当然，成功取决于你准备验证你的推测。

SPY 与 XLF

XLF（图 14-19）是这只热门指数中 SPDR 基金的九种产业之一，它所占的股份百分比变化很大。当这一指数表现强势时，能在标准普尔 500 指数的 500 家公司中占有超过 20% 的权重，它平均每日交易量为 9882.1 万股，通常是继 SPY 之后单日交易量第二大产业。因此，其买价与要价之差通常在一美分以内，对使用交叉套期保值策略来说是非常适合做空的股票。

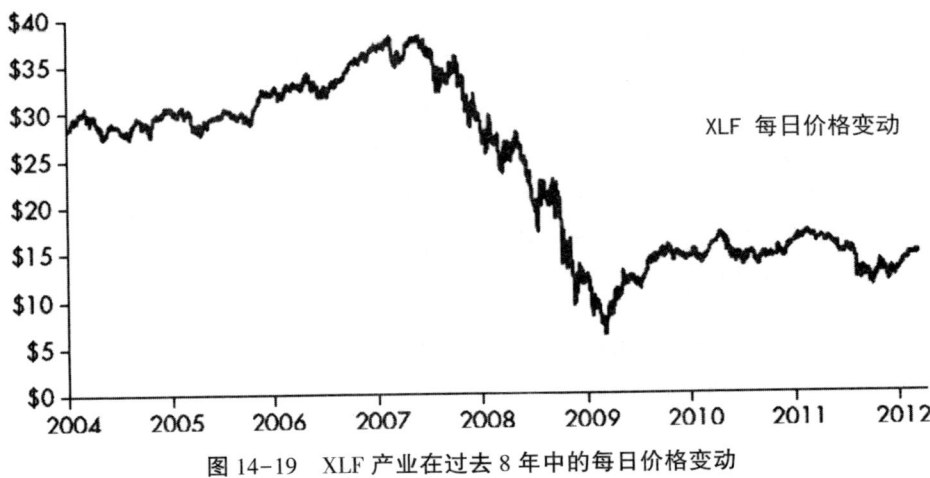

图 14-19　XLF 产业在过去 8 年中的每日价格变动

本研究时间从 2004 年 1 月 2 日至 2012 年 2 月 8 日，共 2040 个交易日。

线形图显示了 XLF 的发展，包括三个不同的价格周期：XLF 先在限制性环境中徘徊近 3 年，之后两次试图突破 40 美元，但没有成功；之后急剧下跌至其最低价，跌至最低价后有所恢复；但 2010 年后，它一直在 12 美元支撑价附近徘徊。

随着研究的深入，这只产业基金并未给我们任何获利的希望，但在看涨的交易环境中，它是我们做空的好机会，因为它的表现比大部分产业基金差。

产业基金之间有非常多的交易组合，这个组合是拿 SPY 与 XLF 做对比。这两只基金每日表现的涨跌幅之差，为我们提供了获利机会。涨跌幅具有两个发展方向，因此有两个对比研究问题。

在任何情况下，我们都希望这两只基金一只上涨而另一只下跌。当 SPY 涨跌幅大于 XLF 涨跌幅时，之后对 XLF 做多并对 SPY 做空是否是好的策略？当 XLF 涨跌幅大于 SPY 涨跌幅时，之后对 SPY 做多并对 XLF 做空是否是好的策略？

研究时间从 2009 年 9 月 28 日至 2012 年 3 月 9 日。

SPY 从 106.32 美元涨至 137.57 美元，上涨 31.25 美元。

XLF 从 15.08 美元跌至 14.89 美元，下跌 0.19 美元。

SPY 在 617 个交易日中的平均价格是 120.14 美元，而 XLF 的平均价格是 14.69 美元。120.28 美元/14.72 美元 = 8.17 的每股调整，也就是 100 股 SPY 头寸对应 817 股 XLF 头寸。

图 14-20 反映了 XLF 产业基金从 2009 年 9 月 29 日至 2012 年 3 月 9 日的每日价格变动，而图 14-9 是两只基金在 2009 年 8 月 12 日至 2011 年 12 月 30 日期间的价格变动对比走势图。

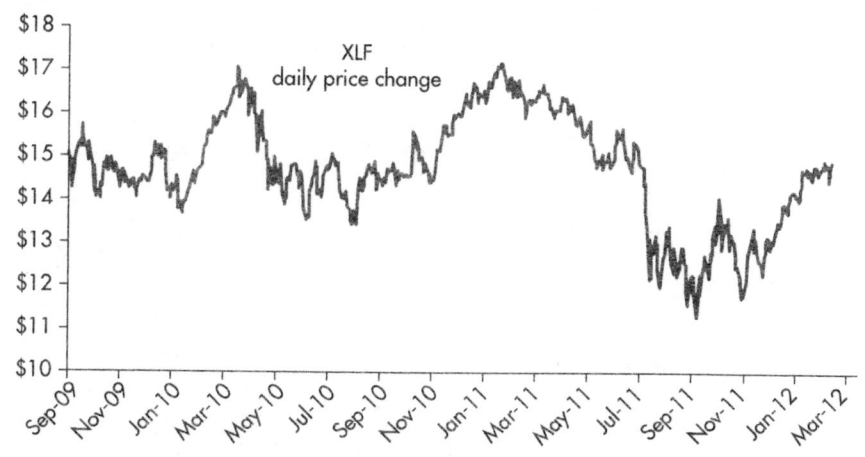

图 14-20　金融产业中的公司似乎交易范围比较紧缩

两只基金的表现差异很大（见表 14-22），交叉套期保值策略是否能为我们带来收益？因为间隔较大（超过 30 美元），需要采用不同的分析方法。

表 14-22 持有 100 股 SPY 多头头寸并持有 800 股 XLF 空头头寸的汇总统计数据，XLF 产业包含众多的金融服务公司

	100 股 SPY 多头头寸	800 股 XLF 空头头寸
交易天数	617	617
累积上涨	$3125	$152
平均每天获利	$5.07	$0.25
上涨天数	346	293
下跌天数	270	312
胜率	0.561	0.475

在这 617 个交易日中，对比交叉套期保值策略为我们带来了 2973 美元的收益（3125 美元-152 美元）。

两种基金间的单日价格变动出现大的间隔后，在第二天做交叉套期保值能否为我们带来收益？计算两只基金的单日价格涨跌幅，用 SPY 减 XLF。

接下来创建两列，一列是 SPY - XLF > +1%，另一列是 SPY -XLF< -1%。

自变量：两种产业基金之间的涨跌幅之差> +1% 或<-1% 时。

因变量：100 股 SPY 做多，800 股 XLF 做空。

出现这两种情况时，在收盘时建立头寸，持有该头寸直到第二天收盘。

SPY - XLF >+1%

虽然每种组合提供的交易机会都很少，但是当 SPY 涨跌幅比 XLF 高 1% 时，对 100 股 SPY 做多并对 800 股 XLF 做空的胜率很大。

SPY － XLF <－1%

在 SPY 涨跌幅低于 XLF 时（见表 14-23），对 100 股 SPY 做多并对 800 股 XLF 做空出现亏损（平均每天亏损 63.58 美元，涨跌天数之比为 23∶34）。如果要获利就需要颠倒两个头寸，对 SPY 做空并对 XLF 做多。

表 14-23 对 100 股 SPY 做多并对 800 股 XLF 做空的表现结果，清楚地显示了三种交易情况的不同表现结果

交叉套期保值	总计	SPY－XLF >+1%	SPY－XLF <－1%	SPY－XLF = +－1%
交易天数	617	60	57	500
总计	$2,973	$6,669	－$3,624	－$72
$ APT	$4.82	$111.15	－$63.58	－$0.14
上涨天数	329	39	23	267
下跌天数	287	21	34	232
胜率	0.533	0.650	0.404	0.534

当然，因为知道两只股票的表现，我们知道对 SPY 做多是最佳策略，但我们不能对过去进行交易。这是另一个可以带来获利的限制性交易系统，系统给出的交易机会不多，但表现记录都非常好。

总　结

虽然交叉套期保值策略近在眼前，但很少有人关注它。现在做空市场更加方便了，尤其是交易不断增长的 ETF，因此你应该将这个策略纳入你的交易系统。

平心而论，本章只能算是使用交叉套期保值策略的入门介绍。要充分说明这个策略的组合、复杂性和建议，需要整本书的篇幅。对于愿意对资金进行套保的投资者来说，这个策略可以带来巨大的机会。

第 15 章 制定交易决策

> 我并没有失败，我只是找到了一万种行不通的方法。
> ——杰米·杜兰特，也被称为"大鼻子"

本章重点讨论制定交易决策。我们首先来看关于使用保护性止损单的争议。

防止亏损扩大

市场策略师一致认为应该建立保护性止损单。如果我说可以不用保护性止损单，肯定会招致批评。在讨论这一个很有争议性的话题前，你是否同意"保护性止损单虽然有用，但价格经常触及不到止损价"？

使用止损单最主要的原因，是它可以在小损失转变为大损失前平仓。除了避免更多损失，建立止损单还能保证你的亏损风险是固定的，让你有一个平静的心态。

虽然尽可能减少损失是可取的策略，但这一措施的基础实际上来源于主观理论，而不是实验证据，因此每次讨论到止损单时，就老生常谈地说一些"不要让小损失变成大损失"之类的话来避开这个问题。比起表面上接受止损单，我更愿意建立统计模型，以数字来衡量这些保护性止损单的效果。

虽然投资类图书都教我们要在小损失变成大损失钱前"止损"，但对于大部分活跃的交易者来说，简单地忍痛平仓和建立敞口头寸后建立保护性止损单，哪一种收益更好？

为了回答这个问题，我用较省钱的方式来投资黄金。

IAU（iShares Gold Trust，安硕黄金指数基金）[1]交易量较少，但是其价格大约是 GLD（SPDR Gold Shares，黄金信托基金）的 1/10。[2]

早盘建立保护性止损单后，我们需要分析以下三种可能性：第一，SPY（标准普尔指数存托凭证，下同——编者注）未跌至止损价以下，因此你仍然可以从做多中获利；第二，SPY 跌至止损价以下，多头头寸卖出平仓后 SPY 价格继续剧烈下跌，建立止损单是正确的；第三，SPY 也是跌至止损价以下，但是之后反弹，价格又上涨超至止损价以上，这是建立止损单后最不愿意看到的结果。

建立保护性止损单之前，先对这只股票在主要市场环境中的过往表现进行分析。我们对这只贵金属副产品隔夜价格下跌 0.005% 的交易日进行分析。如果开盘价为 20 美元，当价格下跌至 20 美元 × 0.995 = 19.90 美元或以下时，执行止损单。

根据上述条件，我们将把时间限制在开盘后 20 分钟内（09：30 至 09：50）。为什么设定为这么短的时间段？在这 322 个交易日中，安硕黄金指数基金（IAU）平均每日交易量为 638.8 万股，而这 20 分钟内的交易量就占了其整天交易量的 8.35%，如此巨大的交易量让价格波动性随之增大，因此执行止损单的机会也更大。

当然，使用止损单的效果取决于很多因素，例如所交易的股票、止损价与开盘成交价之间的差值大小、当前市场环境的波动性、交易活跃期股票价格的波动性、交易活跃期还剩多长时间，以及交易佣金的多少。

因变量是在 09：30 开盘时做多安硕黄金指数基金（IAU），止损价为

---

[1] IAU 是（iShares Gold Trust，安硕黄金指数基金），它于 2010 年 6 月 24 日按 10∶1 进行股票分割，这有效地增加了其流动资产。不是所有下载的程序都能对历史价格做出适当调整。

[2] 2011 年 9 月 14 日黄金信托基金（GLD）开盘价 = 177.55 美元，安硕黄金指数基金（IAU）开盘价 = 17.80 美元。

09：30 价格下跌 0.005%。如果在 09：50 之前未执行止损单，我们将持仓至 11：00。

以下是我们需要回答的问题：

研究时间从什么时候到什么时候？

本研究从 2010 年 6 月 24 日开始，按 10：1 进行股票分割后当天的开盘价为 12.08 美元，至 2011 年 9 月 30 日结束（322 个交易日），当天 11：00 价格为 15.70 美元。

这只黄金基金隔夜下跌 0.005% 的交易日有多少天？

这只基金有 29 个交易日满足建立止损单的条件（交易总天数的 9.006%）。

有 29 个交易日价格跌至止损价以下。11：00 价格减去执行止损单时卖出平仓的价格，所得差价是多少？

建立保护性止损单总共为我们减少了 0.336 美元的亏损。

考虑到佣金以及不太理想的卖出价格，尤其是在瞬息万变的市场中，这 29 次卖出平仓没有为我们带来获利。①

图 15-1 反映了建立止损单的 29 个交易日中执行止损单和没执行止损单的表现结果，负数代表执行止损单为我们减少的亏损，正数代表未执行止损单的获利。

在止损价后猛跌的情况很少出现。除美元继续下跌 0.39 的那个交易日外，保护性止损单的效果并不理想。当然，也有单日下跌超过 1 美元的时候，这时我建议你，不管结果是好（例如上涨 0.41 美元的那个交易日）是坏，接受就好。

---

① 这个结果已经非常不错了，因为它达到了我们的止损价，但是现实中通常将止损价设定得更低（通常是几美分）。例如，09：30 的价格是 16 美元，止损价为 15.92 美元（16 美元 × 0.995）。

29 次执行止损单时都是这个价格，但在现实中我们的止损价比这个估价更低，因此挽回的损失也是不固定的。

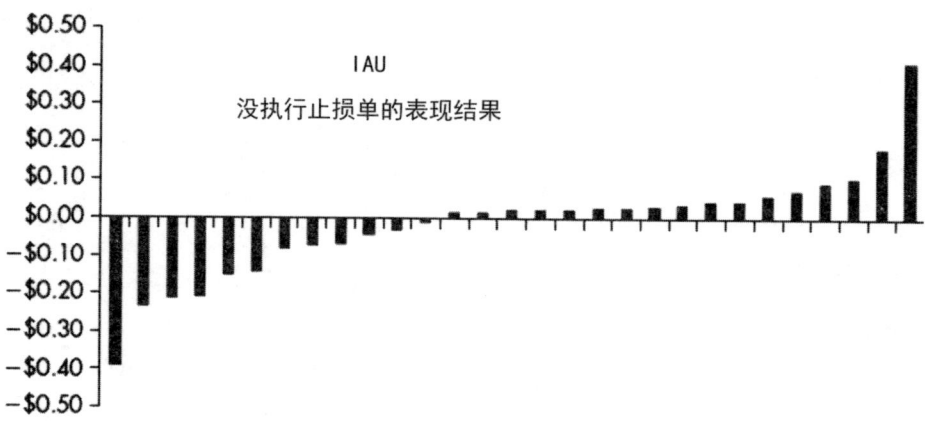

图15-1　柱状图显示了建立止损单的 29 个交易日的表现结果，反映了以止损价（低于 09：30 价格的 0.05%）和以 11：00 价格成交之间的表现差异

虽然避免亏损扩大是自然反应，但因太担心亏损而过度防御，会影响长期的表现结果。风险是投资的一部分，正确的行为方式是不要有过重的情绪负担，把亏损当作进行交易的代价。

但是，如果你没仔细做过功课，就绝对不要屈从于失败。

当然，这些结果仅针对这只黄金基金，并不代表其他股票在这种情况下的反应。没进行分析前不要乱推测，尤其是在比较不同板块的股票时。

我并不反对使用保护性止损单，但是不要在没对股票的下跌风险进行分析的情况下随意建立止损单。①

同时，我的许多系统都能避免因长期持有头寸而带来的风险，例如在 09：00 建立多头头寸，在 11：00 卖出平仓。

---

① 我指的是限价单、止损单、触发机制以及包围单。在我关于情绪交易的书中，我对如何在不同的交易环境中有效使用这些订单进行了深入讨论：安东尼·特龙戈内，《跟福尔摩斯学交易：事投资的成功概率保持平稳》，爱荷华州锡达福尔斯市，交易者出版社，2010。

使用止损单进行交易

出现表 15-1 所示的表现结果时,考虑使用保护性止损单。

表 15-1 虽然胜率非常高,但我们亏损严重,这些虚构数据的第 10 个百分位数是 -0.90 美元,因此建立保护性止损单是明智的预防措施

上涨天数	30
下跌天数	10
平均每日涨跌	$0.30
10%	-$0.90
20%	-$0.60
50%	$0.10
80%	$0.30
90%	$0.50

针对这些虚构数据,建立止损单是正确的策略,因为这 40 个数中存在负偏度。

当异常值偏向负时,保护性止损单是很好的措施。

回到对安硕黄金指数基金(IAU)的分析,如果以每天为基础,建立保护性止损单是否比持有股票至收盘表现更好呢?

在开盘时建立安硕黄金指数基金(IAU)多头头寸,如果要持有头寸直至收盘,那么建立保护性止损单的策略能否为我们带来获利?保护性止损单确实能在发生猛跌时避免亏损扩大,但问题是,这个策略能否带来收益?

$(16.00 \times 0.995) = 15.92$

分析时间从 2009 年 10 月 29 日至 2012 年 3 月 15 日(599 个交易日),因变量是:安硕黄金指数基金(IAU)价格低于开盘价 0.005% 时执

行止损单。例如，如果开盘价是 16.00 美元，止损价比开盘价下跌 0.005%，则止损价为 15.92 美元。

我们将分析执行止损单和不执行止损单安硕黄金指数基金（IAU）的不同表现。如果止损价为 15.92 美元，收盘价为 16.12 美元，该策略少获利 0.20 美元，对我们不利。

当止损价设定为比开盘价低 0.005 时，有 280 个交易日执行止损单，让我们避免了 2.10 美元的亏损，其中 112 个交易日对我们有利，168 个交易日对我们不利。①

考虑到佣金，这个策略不能为我们带来收益。

虽然将止损价设定为与开盘价相差较大可以减少执行止损单的次数，但它能否有效降低风险？

将止损价设定为比开盘价低 1%（例如开盘价为 16 美元，止损价为 16 美元×0.99 = 15.84 美元）会不会更实用呢？这个止损价更低，因此执行止损价的机会更少，但在执行止损单的 104 个交易日中，我们少获利。将止损价设定为低于开盘价 1.5%，结果如何？执行止损单的 54 个交易日中，我们少获利 1.60 美元，其中有 28 个交易日对我们不利。因此，在正常交易时段使用止损单做多安硕黄金指数基金（IAU），不能带来收益。②

罗素 2000 指数（IWM）13∶00 至 16∶00 期间的表现结果

本研究追踪罗素 2000 指数 ETF-iShares（IWM）的价格变动，系统包括两个自变量，即 11∶00 至 13∶00 的价格以及其交易量。研究时间从 2010 年 7 月 1 日至 2011 年 9 月 12 日（303 个交易日）。

除了进行新的研究，我还想分析在开盘建仓时建立保护性止损单的效果。在本研究中，我将分析 303 个交易日中交易量最大的 30 个交易日在

---

① 当收盘价高于你的保护性止损单时，止损单对你不利。当收盘价低于止损价时，出现止损获利。

② 记住，我们并未考虑佣金和较低的平仓价格，以这只基金来说通常是 1 美元。

第 15 章　制定交易决策

这两个小时中的表现。因变量是 13:00 至 16:00 期间的交易情况。

如果 11:00 至 13:00 期间交易量较大，我们是否应该在 13:00 至 16:00 期间持有头寸？分析时间从 2010 年 7 月 1 日至 2011 年 9 月 12 日（303 个交易日）。

对这 3 小时进行分析后，似乎发现比较出众的表现。303 个交易日累积上涨 1.73 美元，平均每日上涨 0.0057 美元。

同意这个研究结果前，我们先来分析 11:00 至 13:00 期间的价格范围，即用这两个小时中的最高价减最低价所得的差值。罗素 2000 指数 ETF-iShares（IWM）在 11:00 至 13:00 期间的价格是 0.64 美元。价格范围无疑为我们提供了更多的信息，但是四分位数结果如何呢？

=QUARTILE（$I$2：$I$304，1）0.40
=QUARTILE（$I$2：$I$304，2）0.55
=QUARTILE（$I$2：$I$30，3）0.77

这为我们提供了广阔的研究空间，但是，它不包括影响我们交易决策的交易日的实际表现结果，即交易量最大的 30 天。

11:00 至 13:00 期间的交易量：
平均交易量 = 1122 万股
第 90 百分位数 = 1760 万股

11:00 至 13:00 期间交易量最大的 30 个交易日在 13:00 至 16:00 期间的表现结果（降序排列）如下：

负数	正数
-2.88	2.03
-2.36	1.07

-1.33	0.85
-1.16	0.61
-1.01	0.57
-0.63	0.54
-0.61	0.49
-0.54	0.42
-0.46	0.34
-0.43	0.30
-0.42	0.29
-0.34	0.17
-0.15	0.01
-0.13	
-0.13	
-0.03	
-0.02	

通过罗素2000指数ETF-iShares（IWM）的交易结果可以看出，5次最大的下跌导致了负偏度。

这30个交易日中涨跌天数之比为13:17，平均每天下跌0.165美元。这个结果对303日的表现产生了很大影响。排除这30天时，罗素2000指数ETF-iShares（IWM）累积上涨6.67美元。

无论实际需要什么工具，一定不要忘了筛选函数。以下示例展示了如何使用这个分析工具。

选择筛选命令（漏斗图标）后，将出现下向的箭头；单击分析对象——交易量（vm）——一列的列标题中的箭头。下一步，选择"数字筛选"旁边的箭头，以打开筛选选项（图15-2）。选择"10个最大的值"，即可查看交易量最大的30天"（图15-3），打开另一个选择框。

第 15 章 制定交易决策

图 15-2 选择交易量列后,将鼠标放到"数字筛选"箭头上,将打开筛选选项

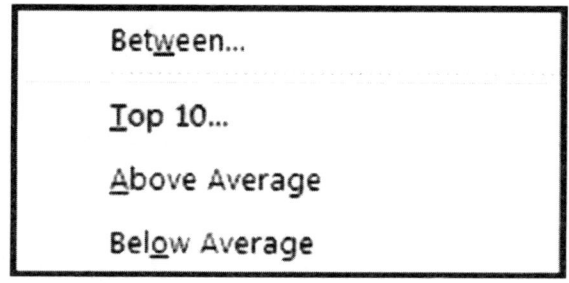

图 15-3 从交易量列中选择"10 个最大的值",即可得出 10 个最大值

图 15-4 展示了得出这只小盘指数 303 个交易日中交易量最大的 30 个交易日的两种不同方法。

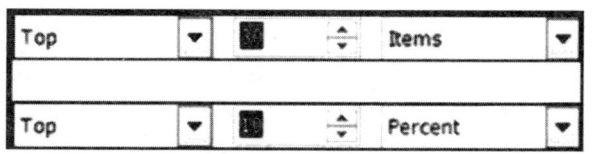

图 15-4 选择任意选项(30 项或 10 百分比)将筛选出交易量最大的 30 个交易日

两个筛选命令都可以筛选出 11:00 至 13:00 期间交易量最大的 30 个交易日。一定要尝试这两种方式,尽可能地发挥筛选函数的作用。

你可能想进行更细致的分析。我们将 11:00 至 13:00 期间的表现分为以下两种情况,来对这 30 个交易日进行分类:

表15-2 下跌超过0.50美元的交易日，表中包括了交易量、价格变动以及最高价与开盘价之差（即13:00至15:00期间的最高价减去13:00价格）。做空后，在获利的8个交易日中，比开盘价高0.50美元的保护性止损（买）单执行了3次

Date	Op	Hi	Lw	Cl	Vm	Pc	Hi-Op
03/16/2011	78.81	78.93	77.76	78.27	44,162,773	-.54	0.12
08/22/2011	65.74	65.93	64.88	65.13	22,704,047	-.61	0.19
05/05/2011	83.44	83.97	82.41	82.81	33,661,258	-.63	0.53
08/05/2011	72.34	72.90	70.91	71.33	43,137,747	-1.01	0.56
08/02/2011	77.94	78.20	76.61	76.78	34,196,320	-1.16	0.26
08/10/2011	67.36	68.83	65.87	66.03	60,195,494	-1.33	1.47
08/04/2011	75.01	75.16	72.59	72.65	50,963,500	-2.36	0.15
08/08/2011	68.02	68.25	65.10	65.14	64,548,508	-2.88	0.23

上涨时段（11:00至13:00期间的价格变化>0）

下跌时段（11:00到13:00期间的价格变化<0）

在进行股票或期货交易时，完全规避风险是不现实的；从长远来看，在不了解实际情况时过度防御，是不健康的行为模式。

在交易中遭受亏损是不可避免的——接受亏损，把它看做交易的一部分。损失可以引发大智慧，至少它能让我们懂得成功是多么令人愉快，但不要让损失变成一种习惯。

定义成功

如果能在一天的交易中获利500美元，你更喜欢通过8次还是16次交易来实现这笔获利？看表15-3。不考虑佣金，你更希望自己是哪种交易者？几种方式在完成一天的交易后获利都相同，你更喜欢交易次数少些每次获利多些，还是交易次数多些每次获利少些？

表 15-3 每个交易者都获利 500 美元，不同之处在于有些交易次数多些

交易者	交易次数	每日获利
A	4	$500
B	8	$500
C	16	$500
D	32	$500
E	64	$500
F	128	$500

在这种情况下，查到合适的方法很重要，这个方法应该与你处理风险的能力相符合。在单个交易日中，通过少数几次交易获利 500 美元对你来说可能风险太大，因为这种获利需要大量的投资，可能超出了你的风险承受能力。

成功的定义取决于你的回答。如果交易次数较少，你就在一旁观望，耐心等待大获利的机会；相反，如果交易次数较多，你的胜率就较高，但每次交易获得的收益就较少。

区别看起来可能不大，但请考虑以下假设情况：

1. 在单个交易日中通过四次交易获利 500 美元需要下重本，因此你可能并不乐于这么做。例如，玩扑克时，每个人都有一个舒适区。如果游戏中每次可加注 1 美元至 5 美元，20 美元封顶，大部分玩家都能够冷静追求获利；但是如果每次加注 50 美元，500 美元封顶，他们就不能冷静对待了：当赌注过大时，情绪就具有了破坏性；在这种情况中，即使手中是一把好牌，如此高的赌注也可能会使玩家过早弃牌。

2. 交易次数较多时，你会紧紧跟随价格变动。交易次数的增多会让你更容易受到情绪化交易的影响。你往往会反射性地进行交易，而不对当前的交易环境进行分析，这对你很不利。一旦这样你很有可能完全放弃自己的交易策略。情绪化交易在短期内可能带来获利，但从长远来看，任何打破你惯有交易方式的尝试都对你没好处。

当然，对于不精通交易的交易者来说，每日获利 500 美元是可望而不可即的，但对于资金雄厚或是已掌握必要交易技巧的人来说，这点获利微不足道。大多数交易者在这两个极端之间，关键在于交易者制定与自身的交易能力、前期资本和风险承受能力相符的合理目标，实现自己的最佳目标。

接受这个交易哲学后，最好将注意力放到改进上。当然，改进意味着熟练掌握各种交易技巧。当你不断改进时，额外回报将随之而来，但是千万不要只关注额外回报，而不思考如何扩展交易技巧。

留在舒适区

除了保护性止损单外，也有其方法可以规避风险。以下是几个有用的建议：

以较少的股票建立头寸（例如买 100 股 SPY 而不是 1000 股）。

减少头寸的持有时间（例如持有两个小时而不是 6 个小时）。

选择价格波动性较小的股票进行交易。

选择交易量较大，并且出价与要价差较小的股票进行交易。

根据历史数据选择波动性较小的时段进行交易（例如在 11：00 至 15：00 期间进行交易，而不是 09：30 至 10：30 或 15：00 至 16：00 期间）。

选择发生不利价格波动较少的交易系统。

不要在发布市场动向消息（例如主要的经济报道、领头羊公司的利润报告或美联储公告）前的时间段进行交易。

交易不顺利时少进行交易，也就是说，当你由于最近的一连串亏损而信心受挫时，谨慎行事，直到重新找回状态。

当你遭遇挫折时，不要进行不合理的调整，避免绝对行事，例如，一直使用止损单或从不使用止损单。

在使用高胜率系统前，监测其最近表现，如果它们不再带来收益，就不要使用它们进行交易。

注意超出分析范围的推测，例如，假设你的分析反映应该在收盘前做多，如果在收盘后继续持有该头寸，很可能会适得其反。

下单后不要进行改动，记住，你的主要目的不是从这个订单上获取少数的额外获利，从来不应该将重点放在短期的金钱收益上，几天后，不停交易的一天不会留下任何记忆。——整天持续不断地进行交易，即使取得一些收益，不久后也会成为过眼烟云。

止损单看起来没用的部分原因，是我们只在 120 分钟的时段中比较罗素 2000 指数 ETF-iShares（IWM）。显然，持续时间增加风险就会增加，但持有较少的股票能有效降低亏损的风险。归根到底，建立保护性止损单的目的在于减轻你对于损失金钱的担忧。

当然，止损单的作用也不仅限于此，准确记录使用这些保护性止损单的表现，是追踪其效果的最好方法。要对止损单效果进行客观公正的评估：它们是否确实在增强你的交易表现？

转型发展

有时系统会将你引向不同的方向。当你收到的信号有冲突时，对每个系统各自的优劣进行筛选、权衡和排列，不是件容易的事。这个问题具有两面性，大部分专业学者通过抵消问题的两个对立面来解决这个问题。如果执行了这些步骤后仍然没有找到成功的对策，那就提出其他工作假说。如果你在进行交易前无法做出决策，按兵不动就是你最好的选择。

有时系统为我们指出一个方向，但事实的发展方向却与我们的决策相悖，比如系统指示做多，但是经济情况仍然在衰退，这时你是否还会赌市场将上升？

也许你的系统指示做空，但期货价格很快变得明朗起来，这时你是否还会赌价格将下跌？你是否仍然会做空但会减少所持有的头寸？要得出这些问题的答案并不容易，因为不存在两个相同的交易环境。最好先制定计划，再进行交易。无论结果是好是坏，如果你进行了必要的分析，就认可你的决策。

不要将精力花在"当时应该怎么做"的后悔上，而应该将重点放在进行分析上，因为浪费精力后悔过去不能为你带来收益，我们应该着眼于未来。

如果你瞄准的是错误的目标，情绪很可能会支配你的交易决策，发生这种情况时，你将无法看清真实的自己，难以避免重复相同的错误。

总　　结

有时最明智的策略是静观市场变化，虽然你的情绪让你很难做到这一点，但不要强迫自己做出交易决策。情况模糊不定时，暂停交易，按兵不动！

记住，在建仓前进行分析虽然有可能获得成功，但失败的可能性也同样存在。在尝试建立新系统时，你可以遇到 10,000 种行不通的方法，但这往往是通往持续成功的道路。

第 16 章　为成功做好准备

所有伟大的天才都有一些疯狂。

——罗马哲学家塞内卡

成功具有传染性，问题是我们要如何行动起来？我将对所有活跃的交易者都会遭遇的障碍进行讨论。在不断变化的经济环境中，取得成功所需要的条件可能各不相同，但人的某些特质是不变的。

自信是取得成功最重要的因素，它可以逐步建立起我们渴望了解、思考市场的动机结构。

所有想要达成更高目标的人都想知道，价格为什么会上涨、走平或下跌，也就是说，他们对于价格如何影响期货市场方向充满好奇。

提出问题

根据历史学家肯尼斯·克拉克的说法，列奥纳多·达·芬奇是"历史上求知欲最强的人"，我们过去常说他是"文艺复兴者的典型例子，但这种说法是错误的"。他接着说："我们越了解他，就越会觉得他机智。"这是因为达·芬奇"永不满足于一个答案，总是与虚构的敌人相对抗，不断求解同样的问题，一次又一次"。[①]

[①] 肯尼斯·克拉克:《文明的轨迹：肯尼斯·克拉克的个人观点》，1969 英国广播公司制作的历史纪录片，该论述摘自主持人在名为"英雄艺术家"的讨论部分的开场评论。

好奇心无疑是一种重要的特质，但有追求的目标才能真正获得知识。将你的好奇心发挥到极致，看起来可能很疯狂，但在交易中取得成功和遭遇失败就如同明智和愚蠢一样，只有一线之差。

一旦建立头寸，你就必须对自己的决定负责。但是，不进行分析就不必对惨痛的亏损负责，就不用给自己标上糟糕交易者的标签。我们总是随随便便找出各种借口，比如声称自己太忙或太累。

除了为我们的交易能力找借口，忽视分析会使事情变得糟糕，因为这会产生倾向于鲁莽交易的环境，而当事情变糟糕时，我们就归咎于外部因素。无论你有什么借口，请改正这种行为。归根结底，一定要进行分析。如果你不能进行分析，那就少做交易。

坚持分析

通常来说，系统推荐的交易头寸与我们实际交易的头寸相差甚远。如果不控制我们的情绪，系统的推荐与你实际进行的交易之间就没多大关系。这样来看，你可能将一个极好的交易系统变成毫无用处的系统。

交易不同于赛马。市场是不断发展的，以前的操作会对现在的情况产生巨大影响，但对赛马来说，上一场比赛不会影响目前的比赛。

我曾在纽约交易博览会上以赛马为例讲解过这个道理。

回想以前赌马的日子，我还记得站在10美元窗口长长的队伍中。你也在那里，手中拿着赛马项目，浏览着过去的比赛表现，同时认真关注着即将上场的赛马的最新派彩。

在分析了场上所有赛马的统计数据后，系统建议我赌6号马赢。

但在等待下注时，屏幕上的派彩不断变化，通过贬损其他马来提高对赌马者某些马获胜的希望，这时你开始重新评估自己选择的马的获胜概率：为什么2号马那么热门？为什么我选的马没多少人关注呢？排队队伍变短一些的时候，你改变主意，决定选择更热门的马。此前3号马的赔率是12:1，但现在变成了3:1，4号马起步速度不错，5号马最近刚赢了几场比赛。快排到你的时候，你能听到队伍中其他人在喊"20美元买9号马赢，50美元买5号马以细微差异排名第二"，最后当你来到柜位前该你下注时，你喊到"30美元买10号马赢"。

你的系统怎么了？

显然，如果你情绪不够坚定，不能克制自己偏离系统，陷入无法获胜的境地——情绪如果战胜了分析，它就会阻碍你获得成功。

资金管理

掌握市场不在于你进行了多少交易，而是源于制定能反映当前交易环境的新策略。对于新手来说，最好的方法就是在较短的时段内持有少量头寸，例如开盘前或收盘后，掌握了一些交易时段后，再继续并扩大你的交易。

努力了解自己，但不是通过计算成功的次数，因为表现好坏通常是由当前市场情况决定的。当上涨的交易日增加时，下跌的交易日就会造成亏损。

大部分日内交易者关注的是当前市场环境下的胜利，当前市场环境不是判断成功与否的标准。要了解你在不同交易时段中的表现结果。你是否虽然获利但仍然落后于市场上涨幅度？当市场微跌时你是否能够保持获利？市场深度回调时，你能否将亏损控制在市场下跌的 1/3？例如，当 SPY（标准普尔指数存托凭证，下同——编者注）上涨 1.25% 时，你获利 0.50%；当 SPY 价格微跌时，你能否在收盘时获得 0.25% 的收益？后者虽然获利较少，但展现出更多的交易专业知识。前者虽然获利更多，但我们自身因素的作用比较小。

计算资金量是件令人高兴的事情，但在市场看涨时，它并不一定能提供有用的信息。

在投资领域，公认的准则通常源于有分歧建议，例如，到底应该见好就收还是放长线钓大鱼？应严肃对待资金管理规则，但这些规则并不适用于所有市场环境。例如，在牛市和熊市都采用相同的资金管理规则，能否让你的交易账户获利？针对不同市场环境制定不同的资金管理规则的效果是否会更好？

交易哲学

如果你无法抑制进行交易的情绪，你就无法掌控市场。一旦市场对你不利，你就迫切想要采取行动。经常不按照自己的交易方式进行交易非常不好。如果你的交易哲学是根据胜率进行交易，那就不要在概率对你不利时进行交易，否则会使资金受损。记住，即使是很拙劣的策略，只要是建立在分析的基础上，都能胜过反射性的交易。

几个表现不好的交易日就能打败你。当信心受挫时你会怎么做呢？交易总是伴随着担忧，担忧市场下跌时做多遭受亏损，也担心市场上涨时错过了获利的机会。我们通常只顾着担心，却不去做其他该做的工作。如果下跌没有放缓的迹象，我们往往会放弃原有计划平仓止损。

当然，一些投资主题非常重要，例如想象力。在建立符合你的推测的系统时，要进行正确的研究设计，并相应地进行操作。有些人将想象与疯狂混为一谈，因为想象也需要激进的思想，但从很多方面来说，想象只是对知识的渴望。

培养耐心！例如滑雪时，没人能一开始就在专业坡道上滑。受用终生的技巧往往是慢慢积累起来的。你可能需要好多年才能滑垂直滑道并一次性完成。从坡道滑下来时，你需要关注前方地带，而不是身后的坡道。当你活跃地进行交易时，你的注意力应放在未来的交易上，而不是纠结于过去的交易。

进行交易时，不要让自己远离舒适区。确保你的亏损是可控制的、不会经常发生的，并且只需要承受较小的亏损就能恢复过来；也就是说，让亏损保持在较小范围内，以便快速回到正道上来。

概率交易也是一样的。将你自己放在安全的环境中，谨慎下注，慢慢来，享受学习的过程，但是在整个过程中都要记住：相较于根据对未来的猜测行事，透彻了解过往表现后进行自主决定，才是更好的方式。①

总之，有好奇心、坚持进行分析、制定客观明智的决策会带来进步，在这个过程中，你将遇到许多适合交易的交易日，同时也会有很多波动性，但是，当遇到大幅度偏离正常价格的情况时，一定要稳定情绪，认清自己的方向。

---

① 安东尼·特龙戈内：《情境交易》，《股票与商品技术分析》，2011年10月。

关于辅助专用网站

本书有一个辅助专用网站，地址是 www.wiley.com/go/trongone，网站中有一个可供下载的 Excel 电子数据表，表中大部分是 spiders（标准普尔指数存托凭证，代码：SPY，下同——编者注）的日内表现结果数据。这个 Excel 电子数据表展示了如何使用各种 Excel 函数，为不同的交易系统生成统计结果。

第 1 章：当 spiders 收盘价与该交易日的最低价相差在几美分以内时，是否可以进行交易？

第 3 章：使用绝对引用命令获取 spiders 20 个表现最差的交易日（以及统计结果的柱状图）。

第 4 章：如何执行自动筛选命令。

第 4 章：该工作表使用了 =IF 函数。除了展示 =IF 逻辑函数的统计结果，它还展示了如何建立柱状图，用于展示 spiders 单日跌幅超过 1% 时的表现结果。

第 5 章：这个工作表为用户展示了如何监测交易系统的表现，它用两个表现线形图分别展示了夜间交易时段和正常交易时段的连续性表现结果。

第 6 章：这个工作表展示了 252 个交易日（2011 年 7 月 1 日至 2012 年 6 月 30 日）中在 06：00 至 09：00 期间交易 spiders 的连续性统计数据。

第 7 章：这个工作表中的散点图展示的是当 spiders 收盘价比最低价高 0.001% 以内时，夜间交易时段的表现结果。

第 8 章：3 日移动平均值的示例，计算过程运用了两种评估函数。

第 8 章：3 日加权移动平均值（3×2×1 权重）。

第 9 章：根据用不同权重的 3 日加权移动平均值在 2012 年前 125 个交易日中进行交易，寻找表现最佳的权重。

第 10 章：散点图反映的是 spiders 每日交易量低于和高于 20,000 万时系统的表现结果。

第 11 章：这个工作表记录的是 spiders 在 16：30 至 19：30 期间下跌超过 0.50 美元后做多的表现结果。

第 12 章：极大和极小交易量的对比，通过使用 =PERCENTILE 函数来分析两个异常百分位数。

第 13 章：这个研究中使用 spiders 作为因变量。spiders 在 06：00 至 09：00 期间下跌大于等于 0.60 美元时，是否适合我们买入这只热门的黄金信托基金（GLD）？

第 14 章：两个制造智能手机的公司能带来较大收益的交叉套期保值策略。